U0563761

| 多维人文学术研究丛书 |

# 《左氏会笺》研究

孙赫男 | 著

**图书在版编目（CIP）数据**

《左氏会笺》研究/孙赫男著．—北京：中国书籍出版社，2020.1

ISBN 978-7-5068-7692-6

Ⅰ.①左… Ⅱ.①孙… Ⅲ.①中国历史—古代史—春秋时代—编年体 ②《左氏会笺》—研究 Ⅳ.①K225.04

中国版本图书馆 CIP 数据核字（2019）第 291157 号

**《左氏会笺》研究**

孙赫男 著

**责任编辑** 周春梅 刘 娜

**责任印制** 孙马飞 马 芝

**封面设计** 中联华文

**出版发行** 中国书籍出版社

**地　　址** 北京市丰台区三路居路 97 号（邮编：100073）

**电　　话** （010）52257143（总编室） （010）52257140（发行部）

**电子邮箱** eo@chinabp.com.cn

**经　　销** 全国新华书店

**印　　刷** 三河市华东印刷有限公司

**开　　本** 710 毫米×1000 毫米 1/16

**字　　数** 268 千字

**印　　张** 16.5

**版　　次** 2020 年 1 月第 1 版 2020 年 1 月第 1 次印刷

**书　　号** ISBN 978-7-5068-7692-6

**定　　价** 95.00 元

# 提　要

《左氏会笺》是日本江户幕末以来至明治时代（相当于晚清道、咸以降至民国初年）的著名中国学家竹添光鸿注释《左传》的重要著作。作者竹添光鸿遍览二十世纪以前中日主要的《左传》注疏之作，尤其是中国清代学者的训释成果，参稽比勘诸家观点，考献征文，折中众意，融旧铸新，撰成《左氏会笺》这部长篇巨帙，其不啻为二十世纪初期《左传》注疏史上的集大成之作。本文以该著为研究对象，将其与西晋杜预《春秋经传集解》、近人杨伯峻的《春秋左传注》进行具体的对比研究，从纠谬订补、申发推衍等几个方面探析《左氏会笺》对杜预注的继承和发展；从基本接受、约取其意、择取一说、订补申发等数端分析杨伯峻注对《左氏会笺》的受容及发展状况，并总结该著的注释特点，以此揭示《左氏会笺》在《左传》学史上的继往开来之功。不唯如此，本书在对比研究的同时，亦细绎该著对清人研究成果的汲取和借鉴，以体现清代考据学对它的影响，拟为研究中日学术的融通与互动提供佐证。此外，考察《左氏会笺》的述作背景、撰述主旨，整理它的版本、校勘成就，亦是本书加以置喙的内容之一，以期为彰显它的文献价值，将来深入探寻该著所蕴含的经学义理和史学观念奠定基础。

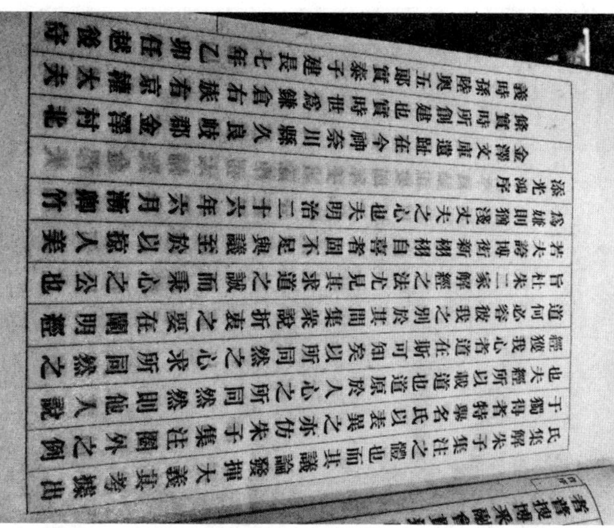

明治卅有六年

井井書屋印行

明治三十六年（1903）井井书屋铅印本

明治四十年（1907）重校再印本

# 春秋左氏傳序

箋曰，宋本春作事，傳作得，石經同，後悉從宋本。

竹添光鴻會箋

春秋者魯史記之名也。箋曰，春秋非獨魯史之名也，昭元年韓宣子來聘，觀書於大史氏，見易象與魯春秋，坊記得春秋猶去夫人之姓曰吳，其死曰孟子卒，若者春秋獨魯史之名，則只言春秋而足矣，不必加魯字也。記事者以事繫日，以日繫月，以月繫時，以時繫年，所以紀遠近，別同異也。箋曰，前年遠於後年，後月近於前月，異其年月，則遠近明也，共在月下，則同月之事，各繫其月，則異月之事，殊其月，則異同別矣，宋本遠作違，後悉從宋本。故史之所記，箋曰，宋本所作[illegible]，後悉從宋本。必表年以首事，年有四時，故錯舉以爲所記之名也。箋曰，言春可以該夏，言秋可以該冬，故舉二字以包四時也。周礼有史官，箋曰，宋本礼作禮，石經同。掌邦國四方之事，達四方之志，箋曰，掌邦國四方之事者，承受他國之赴也。諸侯亦各有國史，大事書之於策，小事簡牘而已。箋曰，說文，簡牒也，牘書版也，襄廿五年，南史氏聞以往，是簡者未編之稱，聘禮記，百名以上書於策，是策者衆簡編連之名，策與簡牘之異，杜所言與聘禮記不合，詳隱十一年。孟子曰，楚謂之檮杌，晉謂之乘，而魯謂之春秋，其實一也。箋曰，春秋爲列國史書之通名，孟子所舉，止楚晉及魯，而所謂乘及檮杌，則其別名耳，周官大卜掌三易之法，一曰連山，二曰歸藏，三曰周易，則連山夏易也，歸藏殷易也，然於夏殷則舉別名，而於周易則舉本名者，周之易無別名也，孟子論春秋，於晉楚則舉別名，而於魯則舉本名者，魯之春秋無別名也。



其議論發揮大義，其考據出于獨得者，特舉名氏以表異之，亦仿朱子集注圈外之例也。夫經所以載道也，道原於人心之所同然，然則他人說經，獲我心者，道在斯可知矣。以所同然之心，求所同然之道，何必容彼我之別於其間。集衆說折衷之，要在闡明經旨，杜朱二家解經之法，尤見其求道之誠，而秉心之公也。若夫誇博衒新，栩栩自喜者，固不足與議，主於以掠人美爲嫌，則猶淺丈夫之心也。夫明治二十六年六月，漸卿竹添光鴻序。

金澤文庫遺趾，在今神奈川縣久良岐郡金澤村，北條實時所創建也。實時世爲鎌倉右族，右京權大夫義時孫，陸奧五郎實泰子，建長七年乙卯，任越後守，建治二年丙子卒，歲五十三。其子曰顯時，顯時子曰貞顯，文永七年庚午，顯時除左近大夫將監，稱越後左近大夫將監，弘安三年庚辰，任越後守，正安三年辛巳卒，貞顯正安四年壬寅，除中務大輔，號金澤大夫殿，嘉元二年甲辰，任越後守，正慶二年癸酉，同相模入道高時自盡於


明治四十四年十一月十五日初版印刷
明治四十四年十一月十八日初版發行
大正十五年十月廿五日二十版發行

（漢文大系第拾壹卷奥付）
正價金六圓

著作權所有

著者　竹添進一郎
編輯者　東京市神田區通神保町九番地　合資會社冨山房編輯部
發行者　合資會社冨山房社長　坂本嘉治馬
印刷者　東京府下瀧野川町上中里一五三番地　菅野久
印刷所　東京府下瀧野川町上中里一五三番地　群山堂

發兌元（明治十九年六月設立）東京神田通神保町　合資會社冨山房


汉文大系本（1911）

# 序　一

吉林大学古籍研究所孙赫男教授以新著《左氏会笺研究》见示，我翻读之后，认识到这是一部学风严谨、论证详密的好书。因此，尽管我近来工作非常繁忙，还是想在这里写几句话，作为向读者的诚心推荐。

关于《〈左氏会笺〉研究》一书的学术意义，我以为至少可以由以下几点来说明。

首先，自然是对研究《左传》本身的意义。

大家可能都会注意到，较长时期以来，《左传》的研究相对比较沉寂，到近年已渐趋兴盛。其重要的标志，是以《左传》作为主题中心的学术研讨会连续两次举行，即“2008《春秋》《左传》学术研讨会”和“2009年两岸四地《春秋》三传与经学文化学术研讨会”。由此可说，从多角度、多层面深入研究《左传》的大趋势已经开始形成。

《左传》的研究十分重要。在那两次会议上，我都谈到“《左传》是研究中国古代历史文化的起点和基础”。探索中国的古代，和其他古代文明国家一样，必须依靠比较晚出的历史文献，作为建立古史系统的根据。例如古埃及史的研究是依据曼涅托的《埃及史》，古希腊史的研究是依据希罗多德的《历史》，而在中国，一般以为是依据司马迁的《史记》。实际上，《史记》的有关内容大多本于《左传》(以及《国语》)。《左传》不仅详细记述着春秋时期的史事，同时也涉及远古以至虞夏商周的古史。应当强调，“这方面的历史，如果今天没有《左传》，我们就没有办法把它整理清楚”。

研究古史须自《左传》出发，然而历代学者注解阐述《左传》的著作，虽然对于我们追溯古史都很有参考价值，因其数量浩瀚，头绪众多，不是任何个人在有限时间内所能掌握了解。《左氏会笺》的特点，恰在于汇集诸家成果，上起汉晋，下及明清，做到融会综合，如孙赫男副教授所说：“擅以会通之道，揭櫫左氏之大义。综观《左氏会笺》，会通及是其注释的重要特点之一，它主要是通过发凡起例、归纳总结、叠见互注、引申推衍、瞻前顾后等几种笺注方式体现出来的。”《〈左氏会笺〉研究》于此多有阐发，所以如说《左氏会笺》可视为探研《左传》的门径，《〈左氏会笺〉研究》则堪为通绎《左氏会笺》的津梁。

其次，是指出了《左氏会笺》在《左传》研究史中的地位。

如上所述，《左氏会笺》成于汉唐至清历代名家之侈，能够博采众说，间有创见。在这方面尤其值得称道的，是《会笺》能做到摆脱当时流行的门户之见。谈到《左传》之学，清人注释最著称的，首推刘文淇以至刘师培一家四世的工作，但自刘文淇开端撰成的《春秋左氏传旧注疏证》，专崇汉学，力斥杜预，失于不够公正。《左氏会笺》则避免了这样的问题，对于前人能兼容并蓄，择善而从。

《会笺》自序历叙《左传》种种古本近注，声明于“古今诸家论说涉左氏省，普搜博采，融会贯通，出之以己意，名曰《左氏会笺》，仿杜氏《集解》、朱子《集注》之体也”。序中还专门讲道：“夫经所以载道也，道原于人心之所同然，然则他人说经获我心者，道在斯可知矣。以所同然之心，求所同然之道，何必容彼我之别于其间？集众说折衷之，要在阐明经旨，杜、朱二家解经之法，尤见其求道之诚而秉心之公也。”这段针砭门户之见的话，很值得我们体味。

孙赫男副教授的这部书，也是对国际汉学史的一项贡献。

这里说的“汉学”，不是上面提及的清代“汉学”学风，而是指外国学者对中国历史文化的研究。《左氏会笺》的作者竹添光鸿，是日本汉学史上的重要人物，《会笺》一书正代表了其时日本汉学所达到的水平。

国际汉学研究是近些年逐渐兴起的一项专门学科，有关方面对于这种意义的“汉学”涉及的范围，理解尚多有不同。一种比较普遍的看法，是将“汉学”等同于西方的汉学，比如最早出版的一本综合性的汉学史，即莫东寅先生的《汉学发达史》，就是这样。其实莫书依据的日本石田干之助的著作，是明确标题为《欧美的中国研究》的。亚洲，特别是邻近中国的国家的汉学，有着长久的历史、丰富的内涵，非常需要考察研究，可惜迄今从事的学者还不够多。

我建议读者在读孙赫男副教授这部《左氏会笺研究》的时候，先看书的附录《〈左氏会笺〉的述作背景》，这样对于竹添光鸿在日本汉学中的位置，以及在中日文化交流历史上的作用，即可得到更多的认识，做到“知人论世，得其著述之大旨”。

李学勤

写于清华大学寓所

# 序　二

欣闻孙赫男《〈左氏会笺〉研究》出版有日，我感到十分欣慰，感受到了那种作为导师得英才而教之的悠然之乐。

《〈左氏会笺〉研究》是孙赫男花费五年心血全面、系统研究《左氏会笺》的力作。

《左氏会笺》(1903 日本出版) 是清末日本汉学家竹添光鸿积二十年之功写出的一部《春秋左氏》注疏学名著。竹添以淹博的学识，采摭中国上百种古代文献，搜罗日本有关资料，并以日本金泽文库古钞卷子本《春秋经传集解》为蓝本，参校中国石经本、宋本后对全文进行笺注汇释，其说荟萃众家之长，考核精审，在《春秋左氏》注疏学史上占有重要地位，是继杜预《春秋经传集解》后的一部划时代《春秋左氏》注疏学巨著。

《春秋左氏传》是儒家经典《春秋》三传之一，是全面记载春秋时期社会政治、经济、军事、思想文化、宗教民俗、国家体制、家族形态的要史要籍，是中外一切研究中国古代社会、古代文化的学者的必读之书，具有极高的史料价值和学术价值。

《春秋左氏传》与《公》《谷》二传不同，主要不是传《春秋》的“微言大义”，而是传它的史事。对此，司马迁《史记·十二诸侯年表序》说得十分清楚：“孔子明王道，干七十余君莫能用，故西观周室，论史记旧闻，兴于鲁而次《春秋》，上记隐，下至哀之获麟，约其文辞，去其烦重，以制义法，王道备，人事浃。七十子之徒口受其传指，为有所刺讥褒讳挹损之文辞，不可以书见也。鲁君子左丘明惧弟子人人异端，各安其意，失其真，故因史记具论其语成《左氏春秋》。”这段话对《公》《谷》二传系由七十子之徒口耳相传之特点，对《左氏传》为鲁君子左丘明所作，特点是具论春秋史实，讲得明明白白。《汉书·刘歆传》、严彭祖《严氏春秋》所引《观周篇》、班固《汉书·艺文志》、王充《论衡》等对此皆予以肯定。后来经今文学家极力否认这段记载，然无显据，不足采信。

中国诠释学的产生，可以追溯到孔子整理六艺的春秋时代，孔子“编次

《诗》《书》，修起《礼》《乐》，赞《易》，作《春秋》"。于是始有诠释六艺的序、记、传、说、解等，统称为传。至汉，六艺的文字训诂之学又兴。最早为《春秋左氏传》作训诂的是贾谊。既得《左氏》训诂之传，又最早提出《左氏》亦传《春秋》"大义"的是刘歆。刘歆是贾谊的六传弟子，他"治《左氏》引传文以解经，转相发明，由是章句义理备焉"。杜预《春秋经传集解序》说："刘子骏创通大义。"即指此而言。刘歆"创通大义"的目的，在于争取《左氏》能像《公》《谷》二传一样，立于学官。但未获成功。

刘歆将其学传于贾徽、郑兴等弟子。于是有贾徽作《左传条例》二十一篇，其子贾逵亦上《春秋》大义三十事；郑兴亦撰有《左氏传》条例、章句、训诂，其子郑众则作《春秋》杂记、条例。马融、许惠卿、颖容、服虔、孔嘉等亦纷纷为《左氏传》作注，以至于魏王肃、董遇等亦有注。其中以贾逵、服虔两家注最为完备。

晋杜预号"《左传》癖"，生平喜读《左传》，积数年之力搜罗汉魏各家注，而撰《春秋经传集解》。他评论汉魏诸家注云："大体转相祖述，进不成为错综经文以尽其变；退不守丘明之传，于丘明之传有所不通皆没而不说；更肤引《公羊》《谷梁》，适足自乱。"他标明自己注的特点说："预今所以为异，专修丘明之传以释经，经之条贯必出于传，传之义例总归诸凡，推变例以正褒贬，简二传而去异端。"志在全面继承刘歆的《春秋左氏》学，既阐发《左氏传》的文字训诂；又发展刘歆所创的义理。所以，他高调提出自己创造的"三体五例"说，再树《左氏传》传《春秋》"大义"的旗帜，甚至把《左氏传》所载的"凡例"远推到周公身上，说"发凡正例"乃"周公之垂法"云云，导致谬误。① 惜乎其说于史无据，属杜预之臆造，故信从者少。

但杜预《春秋经传集解》的影响则超越了汉魏诸儒。虽然因为汲取汉注旧说而掩注者之名备受后人诟病，谓其掠美、攘善，终因其注优于汉注而受人们重视。唐初，孔颖达作五经正义、于《春秋左氏传》即取《春秋经传集解》并评论说："今校先儒优劣，杜为甲矣！故晋、宋传授，以至于今。"直至清代，四库馆臣仍云："有注疏而后《左氏》之义明。"赞成杜氏《集解》。由此以后，杜注大兴，汉魏之注渐趋湮灭。

至宋，诸儒讲经专注"义理"。虽然一致肯定《左氏》为《春秋》的传，从而重视它的史实，但皆贬斥其所传的"义理"。朱熹是位典型代表。他说："《左氏》是史学，《公》《谷》是经学。史学者，记得事却详，于道理便差。经

① 参见拙著《评杜预〈春秋左传注〉的"三体五例"问题》，《史学集刊》，1999 年 3 期。

学者，于义理上有功，然记事多误。”指斥“《左氏》见识甚卑”。在这样的学术背景下，《春秋左氏传》的文字训诂成就当然不会有大的发展。

元明的《春秋左氏》学皆承宋学余绪，重在解说经义，轻忽文字训诂，虽然如此，元赵汸的《春秋左传补注》于杜注有所补，算是难能可贵了。至明，于永乐年间，朝颁行“四书五经大全”，其“《春秋》大全”竟“全袭元人汪克宽《胡传纂疏》”。就经义而言，被批评为“使《春秋》大义日就蓁芜”；就训诂而言，于杜注也没有发展。但个别学者，如傅逊、焦竑两家的《左氏》学则多有可取之处。所以，直到清代以前，杜预的《春秋经传集解》仍是一部划时代的著作。

清代是《春秋左氏传》注疏学发展的一个高峰时期。从清初顾炎武的《左传杜解补正》到清末刘师培《左盦集》中的《左传》类著作多达三十多种。这批著作内容丰富，包括文字训诂、史料考据、音韵、校勘、地理考实、名物制度诠释等，成就大大超越了杜预的《春秋经传集解》。

《左氏会笺》作于清末，竹添有幸充分阅读清人的研究成果，仅就他《左氏会笺·自序》记载就包括顾炎武、王夫之、顾栋高、惠栋、王念孙、王引之、洪亮吉、俞樾等经史、文字学，《左氏》学名家二十九人的成果。而且《会笺》还吸收了日本汉学家中井积德、龟井昱、安井衡、海保元备等七家《左氏》注疏学作品。所以，《左氏会笺》是清末时荟萃中日《左氏》注疏学的名著。

在《左氏会笺》以后，1981 年杨伯峻先生《春秋左传注》出版。这部著作广收经、史、子、集四部参考著作数百种，兼采今人及近代考古学、文字学研究的新成果，又是一部划时代的巨著，代表了当代《春秋左氏》注疏学的水平。

孙赫男《〈左氏会笺〉研究》的特点正是以《会笺》对《左氏》的诠释为主线而与《春秋经传集解》和《春秋左传注》对比研究，从而突显其在《春秋左氏传》注疏学史上的学术成就与学术价值。这一构架形式也就体现了这本书三个最具突破性的内涵。

其一，用专章将《左氏会笺》与《春秋经传集解》进行对比研究，指出《会笺》对《集解》有申发、有补充、有驳正。题目虽只有三条，但内容丰富。因为她将两书的解释逐条分析对比，纤细无遗。如申发条，有发“闇而不明者”，发“郁而不发者”，有申杜注不误而清人误者，有申清人谓杜注攘窃贾、服说而非者，补充与驳正两条也细致如此。凡此种种，表现了《左氏会笺》所具有的超越清代注疏学的水平。

其二，文章将《会笺》与杨注进行对比研究，办法依然是逐条分析比较，共寻绎出九条异同，而各种形式的同者竟然占六条之多，如基本接受、约取其意、取其精粹、加以申发、有所增补、择为一说等。余三条，有两条是参考、参稽，只有一条是提出异说。这就从对比中证明了《左氏会笺》的绝大多数成果是经得起考验的，不愧为清末以来划时代的巨著。实事求是地说，杨注虽为当代《春秋左氏学》集大成之作，其资料之繁富，其考证古国、古地理、古器物之翔实可靠等，对《春秋左氏传》贡献很大。但因其受疑古之风影响，不信《周礼》，所以在对先秦名物制度的诠释上，如国野制、爵制、昭穆制、旗制、称谓等问题上，反而有逊于《会笺》之处。

其三，文章对《左氏会笺》注释特点的研究多有精彩之笔。她在将《会笺》与《集解》、杨注对比研究的基础上，以其较深厚的文献学功力，把《会笺》的注释特点概括为八个方面。这八点既是对《会笺》体例的总结，也是对《会笺》笺注思想的探索。尤其于第五方面又总结出“发凡起例、归纳总结、引申推衍、瞻前顾后、叠见互注”五点；于第八部分又划分出“今古兼采、经史结合、汉宋兼综”三点。这一庞大的体例，不论就其对问题开拓的广度而言，还是深度而言，皆较前贤有所创获。

文章对竹添光鸿撰著《会笺》动因与意图的探讨，对清末学风对《会笺》特点与思想的影响多有论证，对吴静安先生《春秋左氏传旧注疏证续》对《会笺》的吸纳亦有考实，并以附录形式列出竹添光鸿生平及著作，《会笺》撰述意图考察、《会笺》的版本与校勘成就，都是很有价值的。

我以为附录的一些内容宜写进绪论，而现有绪论的内容宜作删改。

孙赫男体质文弱，白灯黄卷，不知牺牲了多少寒暑假期，终以坚韧性格，顽强毅力，完成此作，今书即将付梓，是为序！

陈恩林<br>写于吉大南校逸斋

# 目　录

# CONTENTS

# 绪　论

"国于天地，有与立焉。"（《左传·昭公元年》）任何民族、国家必有其足以立国和发展的文化精神基础。人类文明进化的历史表明，绝大多数民族是在继承传统文化中开拓和发展民族文化的新方向、新进程的。传统文化的累积对于现代文化发展的重要意义是不言而喻的。对于我国来说，由于五千年文明时空的悬隔，传统文化和现代文化之间存在着明显的语言变迁而引起理解上的障碍。因此，对传统经典的诠释，就成了现代人与传统文化建立联系，沟通传统与现代，汲取传统精神，启发现代文明的重要手段；同时，在诠释中，传统文化也获得了进入现代的途径和继续发展的强大生机。

正是诠释的实践活动在人类文化的传承和发展中深深地体现了它的力度，成为"现代人"实现重拾古典智慧①，融入时代思潮，走出传统与"现代"冲突之困境的文化理想之契机，历来诠释文化经典的优秀之作都颇受知识界的重视，在古代文化研究领域占有重要地位。

中国学者对诠释的实践活动与传承和发展传统历史文化思想之关系的深刻认识，从清代学者戴震对训诂与义理关系的探讨中即可窥见一斑。戴震认为故训明则义理明，他说："故训明则古经明，古经明则贤人圣人之理义明，而我心之所同然者，乃因之而明。贤人圣人之理义非它，存乎典章制度者是也。……事于汉经师之故训，以博稽三古典章制度，由是推求理义，确有据依。彼歧故训理义二之，是故训非以明理义，而故训胡为？理义不存乎典章制度，势必流入异学曲说而不自知。"② 他强调考据训诂之学是阐明经典义理的手段，他在给段玉裁的信中说：

① 现代人这里用作相对概念，指历史发展中各个阶段和过去相对而言的现代。

② 《戴东原集》卷11，《题慧定宇先生授经图》，第115页。

（戴震）自十七岁时有志闻道，谓非求之六经、孔孟不得，非从事于字义、制度、名物，无由以通其语言。宋儒讥训诂之学，轻语言文字，是犹渡江河而弃舟揖，欲登高而无阶梯也。①

他在给友人的信中又说：

治经先考字义，次通文理，志存闻道，必空所依傍。……我辈读书，原非与后儒竞立说，宜平心体会经文，有一字非其的解，则于所言之意必差，而道从此失。②

章学诚评价戴震之学，曾说："凡戴君所学，深通训诂，究于名物制度，而得其所以然，将明道也。"③ 可谓理中肯綮。

戴震之学在清代学术中受到尊崇，在传统学术史上获得高度赞誉，正反映出中国学术界对诠释之学的重视。

中国的历史文化有着悠久的经典注疏传统，历代注疏家均是透过诠释经典而将其中精湛的思想文化蕴含揭示出来，并结合特定的历史现实、历史情境加以推衍和发挥，以此传承和发展传统文化。因而经典的注疏之著，就成了研究传统历史文化思想的重要材料。面对多如繁星的经典注疏之作，近现代的学者不仅积极进行文本的整理和研究，还提出了建构古典解释学、发展现代解释学的课题，从各种角度分析、阐释经典注疏的解释观念、原则和方法等理论问题，以建立完整的解释学理论体系，探析传统解释学的特质，并进而为探讨中国传统文化思想的特质提供方法论依据。④

《春秋》《左传》乃金匮石室之书，是中国先秦时代的重要文化典籍，是研究中国先秦社会历史文化的重要资料，历来被学术界所重视。历代学者们对《春秋》经、传的研究和探讨主要也体现为注疏形式。自汉迄清注释颇多，而

① 《戴震全集》第1册，《与段若膺论理书》，第213页。

② 《戴震全集》第1册，《与某书》，第211页。

③ 章学诚《文史通义》内篇二《书朱陆篇后》，中华书局1985年版，第275页。

④ 汤一介、成中英、黄俊杰诸先生都曾提倡"建立中国解释学"，且编有或撰著《本体与诠释》《经学今诠初编》《中国孟学诠释史论》等，对有关促进中国古典解释学和现代解释学的创建和发展的理论问题进行了研究。

《左氏会笺》则是其中一部十分重要的笺注①。它继承了汉唐直至清中叶以来的许多优秀成果，并能提出己见，在《左传》注疏学上占有重要地位，是研究“左氏学”不可忽视的著作。

在学术史上，历来注疏家都以注疏的形式解析历史，表达自己对经典文献中所反映的社会历史生活面貌的认识和理解，实现自己对经典文献所承载的历史及思想文化意义的深入发掘。他们以其学识和智慧对传统经典进行了再认识，其各具特色的诠释使传统文化获得了富有创造性的进程，在这个充满生机和活力的进程中，竹添光鸿先生对《春秋》经、传的笺注也发挥了独特作用。他效法先贤，亦借助注疏剖析《左传》中所见的先秦社会的时代特征，诠释《左传》中丰富的历史、文化意蕴，彰显其历史理念。作为对文化典籍的诠释之作，竹添光鸿的《左氏会笺》不仅在传播和发展传统历史文化上具有特定意义，而且本身也承载着丰富的历史文化思想，是研究中国古代社会历史文化的重要文献。此外，《左氏会笺》融贯中日，汇集众说，借鉴了前人的训释成果、训释原则和方法，亦应成为中国古典解释学领域的重要研究对象。②

《左氏会笺》是有相当功力的《左传》注疏之作。著者竹添光鸿学问淹通，能博涉群书，采掇古今，搜罗中日资料，荟萃众家之长，摒弃逞意强为之弊，故其说能融会贯通，时出新意。他在广泛参考前人成说和相关文献的基础上，加以审慎的按断，辅以精详赅备的辩证考订，对日本金泽文库古钞卷子本《春秋经传集解》全文进行了疏证汇释，编述了该著，于《左传》注疏及研究多有所得。因而它是研究《左传》学史不可逾越的学术成果。要想全面、深入地研究《左传》，研究中国先秦学术史，必须关注《左氏会笺》的学术特点和学术价值。因而对《左氏会笺》的研究其实就是对中国学术史以至于文化史的最重要的个案研究。

迄今为止，对于《左氏会笺》进行的全面、深入、系统的研究在学术界尚属空缺，即便涉及对该著的讨论的成果也寥寥无几。学术史研究的发展亟需打破这种个案研究的沉寂的局面。所以笔者选择它来作博士学位论文，企图通过

---

① 又称《左传会笺》。《左传会笺》三十卷，原刊入日本东京富山房校印之汉文大系卷十、卷十一两册中，明治四十四年出版。该书与大田锦城的《春秋左氏传杜解纠谬》，朝川善庵的《左传诸注补考》《春秋左氏传闻书》，中井履轩的《左氏春秋雕题》《左氏春秋雕题略》，安井息轩的《左传辑释》，海保渔村的《左传补证》等著作被看作是十八世纪日本《左传》学研究成果的体现。（参见日本学者上野贤知的《日本左传研究著述年表》，东京东洋文化研究所 1957 年版，第 18 – 25 页。）

② 沈玉成的《春秋左传学史稿》只是在《后记》中提到竹添光鸿的《左氏会笺》，“是有相当功力的著作”，而对其未做具体的探讨，实乃一憾事。

《左氏会笺》与杜预注、杨伯峻注的对比研究，对《左氏会笺》的学术成果进行一次初步的总结，阐释它在《左传》注疏史中的地位。本书从对比研究的角度，对《左氏会笺》进行的一些具体、细致的探析，在一定程度上可以弥补对《左氏会笺》全面系统研究的缺失和不足，以期推动学者对《左氏会笺》研究的深入展开。本书对《左氏会笺》的创作主旨、创作背景的考察，版本、校勘成就的分析，某些具体笺注的对比研究，重要注释特点的总结，目的都在于深入透辟地理解该著。

两汉以来，治《左传》者纷然驰说，注疏之作继踵问世，形成了源远流长的《左传》学史。《左氏》汉注多至十数家，中以贾逵、服虔注为最备①，西晋杜预的《春秋经传集解》吸收了大量贾、服注，可谓保存了汉注的精华②，而其参酌汉注，又能“总断众家，自成体系”③，是汉注佚失后最重要的古注，也是现存唐以前唯一完备的《左传》注释。孔颖达《左传正义》一出，六朝义疏遂亡。《正义》循守杜注，疏解烦冗，并无多大发展。其后迄至明清，亦未出现较为完整，有较大学术价值的训释之著。加之《正义》的提倡和十三经的经学独尊地位的不断巩固、提高，《春秋经传集解》一直受到重视，在《左传》注疏史上具有深远的影响。清代朴学大兴，训诂、考据之学发达，《春秋》经传的注疏也获得了极大的发展。清人不仅吸收发挥了明人的研究成果，还对杜预注做了更多有意义的补正工作，其取得的巨大成就是有目共睹的。竹添光鸿的《左氏会笺》博采前人特别是清人成说，并广泛利用清代的训诂、考据学成果，进一步发明杜注，成为二十世纪初期《左传》注疏史上的一部注释完备的集大成之作。《左氏会笺》一方面汲取古今东西（中日）《左传》及相关研究的丰富成果，从申发、增补、驳正几个角度出发，继承发展了杜预《春秋经传集解》；另一方面，也为杨伯峻的《春秋左传注》及吴静安的《春秋左传旧注疏证续》

① 刘恭冕云：“汉儒注《左氏》者自贾谊始，其后刘歆、郑众、贾逵、马融、延笃、彭汪、许叔、颖容、谢该、服虔、孔嘉各为之训释。而诸家中，以贾、服为最备，故学者多并称之。”（李贻德《春秋左氏传贾、服辑述》刘跋）

② 清人指责杜预袭用旧注，隐而不言，就曾强调其用贾服义。如王鸣盛云：“左学以服为首，杜解中攘窃其义甚多。”严蔚《春秋内传古注辑存》王序，光绪十五年，味义根斋刊本。丁晏云：“今服注之仅存者，与杜注颇有相同。”丁晏《左传杜解集正》自序，颐志斋稿本，1914 年刻。丁晏在《左传杜解集正》总序中还据孔颖达《正义》，列出杜注与服注相同之处，批评其攘窃服说。刘文淇《春秋左传旧注疏证》对杜注与贾、服观点相同的地方，亦一一说明，谓其本二氏意。对杜注与贾、服注的继承发展关系，当代学者何晋的《左传贾服注与杜注比较研究》一文有非常深入细致的分析，可参见。

③ 沈玉成《春秋左传学史稿》，江苏古籍出版社 2000 年版，第 145 页。

这两部当代重要的《左传》学名著提供了一定的参考，产生了一定的影响。它上系杜注（古注），中承唐宋明清（中古、近古），下启杨、吴二氏注（当代），在左传学注疏史上亦可称有承前启后、继往开来之功。本书拟通过《左氏会笺》与杜预注及杨伯峻注这两部《左氏》学代表作的对比研究，具体说明《左氏会笺》对杜注的发展，对杨注的影响，确定《左氏会笺》在《左传》学上承前继往、开启后学的重要地位。

《左氏会笺》对《春秋》经传的笺注颇具特色。作者竹添光鸿受清代朴学影响极大，不仅直接继承了清人的研究成果，也深刻地濡染了他们求实的治学精神。他在注释疏解中非常重视对版本、校勘的整理，十分精心于文字、名物、典章、制度的训诂和考据，特别深虑于史实的考索，形成了审于版本、校勘，精于训诂，重于考据，详于礼制的注释特色。他集前人注疏成果及注疏方式、方法之大成，在笺注中亦体现了广征博引、注语详赡、融会贯通、博综兼采等特点。本书通过《左氏会笺》与杜预注和杨伯峻注的对比研究，对此加以详细分析，以肯定《左氏会笺》的学术价值。通过对比研究，一方面，对《左氏会笺》中的某些文字、名物、典章、制度的训诂、考证内容做了细致入微的理解，和深刻透彻的体会，旨在通训诂以明义理，为进一步理解《左氏会笺》所阐发的《左传》的微言奥义做些文献董理工作。另一方面，也时或评价其是非得失，指出不足，以推动其补正工作的进行。

《左氏会笺》的作者是位日本的中国学家，他撰述该著，受到了中国学术思想，特别是清代考据学风的影响，本书的对比研究也在对具体笺注的分析中和解释特点的总结中涉及了此问题，这些具体而微的探讨也可以为有关中日学术思想交流、日本的中国学等问题的讨论提供佐证，扶翼其研究。

总之，本文有关《左氏会笺》与杜预注和杨伯峻注的对比研究，其意义不但在于能丰富《左氏会笺》和《左传》学史研究，而且能为中日学术史，乃至文化史的研究提供可资利用的材料。如果从更深远的意义上讲，其研究本身就是《左传》学史、中日学术史乃至文化史的一部分。本书关于《左氏会笺》与杜预注和杨伯峻注的对比研究，究其本质，是从另一角度、另一侧面，对几部《左传》注疏中有关《左传》的某些文字、名物典章制度及山川地理等问题的研究的是非得失进行了一些探讨，本书研究的重点就落在对上述某些问题辨章异同、考镜源流上。①

---

① 有关《左氏会笺》的研究情况，请参见拙作《竹添光鸿〈左氏会笺〉研究述要》（载《北京大学学报》2006 年第 3 期）。

# 第一章

# 《左氏会笺》的作者及述作背景

## 一、《左氏会笺》作者的生平及著述

人是一个历史的存在物，人的一切思想和行为，都深深地浸润在历史传统之中，而被历史经验所陶铸。作为经典诠释者的人，也不可避免地具有历史性，不可避免地带着他自己和他的时代的观点来诠释和研究历史。故孟子云："颂其诗，读其书，不知其人可乎？"① 所以研究其书，必先知其人。本章即拟参酌一些有关材料，来了解竹添先生的生平爵里，学术渊宗及撰述意图，意在知人论世，得其著述之大旨。

竹添光鸿（1842—1917，清道光二十二年至中华民国七年），是日本江户幕府末期（相当于晚清道咸以降）和明治时代（相当于清同治七年至民国二年）的汉学家，本名光鸿，字渐卿，俗号井井，又号进一郎。一生崇信经学，宗主程朱。天保十三年（1842，清道光二十二年）出生于肥后天郡草上村，幼名曰满，后改称进一郎。父讳光强，号笋园，是日本儒医。井井年幼时受家教，十五岁时入汉学名儒木下犀潭之门，与井上毅并称。仕于雄本藩，受藩命游于中国上海。明治维新（1868，清同治七年）之际，又奉藩命使于京都、江户、澳洲。废藩后，井井开家塾授业，讲授儒学经典。明治七年（1874，清同治十三年），上京入修史局、法制局等部门任职。在此期间屡屡奉朝命而赴清国公干，有机会拜谒了中国清朝的硕学鸿儒李鸿章、张之洞、吴大廷、阮元、俞樾等，与其往来交游，诗文酬唱，颇受诸家赞誉。明治八年（1875，清光绪元年）随当时日本公使森有礼出访中国清朝，其间，游于中土，将所见所闻撰成《栈云峡雨日记》，因以诗文才情见长而颇受读者青睐，俞樾之序更为其增色不少。竹添光鸿曾在森有礼领衔的日本驻华公使馆任职，后出任天津总领事，继而又升任朝鲜办理公使。明治十七年（1884，清光绪十年），因遇到京城之变，朝鲜内

---

① 《孟子·万章下》。

乱，亲日派政变失败，竹添光鸿引咎辞职，自此仕途意绝。有的研究者称他为“文人外交官”①，的确，十九世纪中后期许多东亚的历史事件中都有他的影子。明治十二年（1879，清光绪五年），当发生琉球事件时，日本政府派遣竹添光鸿为使臣，与清朝李鸿章等人交涉相关事宜，二人展开“争球笔战”，以笔谈形式做断断之争，竹添先生的政治活动从中可以窥见一斑。

辞官后，应明治政府当时的文部大臣井上强延请，出任东京帝国大学文科教授，主讲中国经学。② 其时，在日本的汉学界竹添光鸿与岛田重礼（按，日本十九世纪末叶著名的版本学家岛田翰之父）被并称为东京大学的“汉学双璧”。明治二十八年（1895，清光绪二十一年），竹添光鸿因患肺部与胃部的疾病而辞去教授之职，隐居相州小田园，埋头著述。明治三十五年（1902，清光绪二十八年）许，《左氏会笺》脱稿，第二年付梓，引起了日本学界重视和《左传》读者的广泛注意。该著是竹添光鸿倾二十余年心血，废寝忘食，数易其稿而成，代表其毕生成绩之作。因著有《左氏会笺》，竹添光鸿于大正三年（1914，民国四年）获学士院奖，且被授予文学博士学位。在日本，《左氏会笺》印行后，可以并不过分地说，大凡阅读《春秋左氏传》的人，几乎都必须参照这本书的注解。③

《左氏会笺》脱稿印行后，竹添光鸿又相继撰成《毛诗会笺》和《论语会笺》，合称“三笺”。这是他一生的重要著作，中尤以《左氏会笺》著名。另外，他还著有《孟子论文》《孟子讲义》《国策抄》《左传抄》《史记抄》《评注左氏战记》《参评清大家诗选》《井井誊稿》《独抱楼诗文稿》等。大正六年

---

① 甲斐政治《文人外交官——竹添进一郎》，《历史残花》，东京善本社 1976 年版。

② 严绍璗在《日本中国学史》（第 281 页）中称竹添光鸿自 1902 年起在东京帝国大学讲学。但据日本竹林贯《汉学者传记集成》所载《竹添井井》知，明治二十八年（1895），他已因病辞去东京大学教授之职，隐居相州小田园著述，且据日本松崎鹤雄氏《柔父随想·议竹添井井翁》，也可知，1902 年前竹添氏已从东京大学退休，隐居著述，1902 年许，《左氏会笺》脱稿。所以严先生的这个时间不准确。

③ 此语见《竹添井井〈左氏会笺〉中的剽窃》一文，日本冈村繁著，陆晓光译，第 227 页。日本的研究者涉及《左传》也常利用《左氏会笺》的解释，如泷川资言《史记会注考证》，其《总论·史记考证引用书目举要》中就列有《左氏会笺》。据台湾学者林庆彰的《〈左传会笺〉的解经方法》一文言，二十世纪八九十年代，台湾各大学中文系的《左传》课，也大多以该书为教本。另外，台湾、香港的学者也常在相关的著述或论文中称引其注，最明显者如《士与中国文化》一书（上海人民出版社 2003 年版），就可为其证。在大陆，二十多年来越来越多的学者注意到它，如杨伯峻《春秋左传注》及沈玉成《春秋左传学史稿》这两部重要的《左传》学研究著作，或直接参考它，或提及其不可忽略的价值。

(1917，民国七年）三月二十九日竹添光鸿辞世，享年七十六岁，走完了他以汉学家从政，最后又复归于汉学的一生。

作为汉学家的竹添光鸿，从出身汉学之家，幼承庭训，师从汉学名儒，到传授和研治汉学，一生备受汉学熏陶，他在中国的古典学问中成长，很自然地形成了他的中国观念，也很自然地把中国当作了他精神的故乡。他向往中国文化，对中国有一股莫名的亲切感，有一种特殊的情绪。但凡读过《栈云峡雨日记》及《栈云峡雨诗草》的，都会感受到那字里行间洋溢着的情感。公元1875年，竹添光鸿一到中国，就准备漫游中国。第二年五月，他即从北京出发，经河北、河南，走函谷关、临潼，进入陕西，然后渡秦栈、蜀栈，到达四川，由成都转道重庆，经三峡，抵武昌，过南京，最后到达上海，完成了历时近4个月的实地考察，足迹遍及大江南北。他急于了解中国的欣喜之情，他对这次大旅行的生动见闻，他对中国文化的新鲜体验，都在《栈云峡雨日记》中反映出来。中华大地壮丽的河山、旖旎的风光、多姿多彩的民风土俗，一一展现在《日记》中。他激情澎湃的描述、赞扬，表达着他对中国风土的情感。“这种情感，正是日本汉学家把中国作为自己的精神母国的一种尊敬的观念。这种观念可能是与大部分日本汉学家相同的。”①

竹添光鸿一面热情拥抱中国的自然风光，一面深沉地关注着中国的现实政治。他在《栈云峡雨日记》的序言中写道：

> 余足迹殆遍于禹域，与其国人交亦众矣。君子则忠信好学，小人则力兢于利，② 皆能茹淡苦考，百折不挠，有不可侮者，但拳业囿之于上，苛敛困之于下，以致萎靡不振，譬之患寒疾者为庸医所误，荏苒弥日，色瘁而形槁，然其中犹未之衰羸，药之得宜，确然而起矣。③

竹添光鸿对满洲贵族统治下的中国积贫积弱的现实充满了惶惑和不安，但他被生活在中华大地上各守其职、人尽其能、积极努力的民众所感动，他怀着深深的敬意赞扬了中华民族的精神美德。因此，他相信患病的中国，但得良药，即可勃然振起。竹添光鸿发现他所接触的现实的中国与他在书本中所了解的理

① 严绍璗《日本中国学史》，第285页。

② 这是儒家“君子”与“小人”之辨的基本观念的体现，君子和小人代表着不同的阶层而已。

③ 《栈云峡雨巴蜀行》，载王晓秋著《近代中日文化交流史》，中华书局2000年版，第243页。

想的中国大为不同，这不能不使他感到困惑和彷徨；一面是充满文化理想的中国，一面是贫困落后的中国，这不能不使他的中国观充满矛盾，交织着现实和理想相分离的斗争。然而他对中国最终并未绝望的心态，他坚信中国将能“确然而起”的信念，则表现了他不愿与中国文化“脱离”的汉学家立场。

总之，竹添光鸿在《日记》中所表述的对中国风土的情感，对中国人民的敬意，及对中国现实的忧患，都真实地体现了一位日本汉学家对中国和中国文化的深深敬意。这种敬意源于他所深受的中国传统文化的教养。甚至于就是这种深厚的汉学教养，使他不曾把中国文化作为异域文化而是作为精神母国来观照。

俞樾的《春在堂随笔》中载竹添光鸿漫游至杭州到西湖精舍寻访俞樾，而俞氏“已还苏。因又至苏寓”，过其春在堂，以诗文见示，并以《栈云峡雨日记》求序，他与俞樾以笔畅谈，提及曾挈眷属游赏西湖。竟言：“东国之人，来游西湖者亦多，然携妻孥，上孤山，吊梅妻鹤子者，止仆一人，颇足夸故乡诸友也。”只此一事一语，足可见中土及中土文化在他心目中的位置。①

也许正是竹添光鸿对中国及中国文化的这份特殊的情愫，感动了我们，促使我们去探究这位异国学者是怎样解读中国古老文明的。②

## 二、《左氏会笺》撰述意图的考察

据日本上野贤知研究，竹添光鸿撰写《左氏会笺》有两个具体目的：其一，以日本金泽文库卷子本《春秋经传集解》为底本，广聚众本，参校互勘，为《左传》校订出善本；其二，兼摄中日，大量采掇前人成果，融旧铸新，注释《左传》，准确地掌握左氏文意，以便深入地讨论《左传》所反映的历史时代特质。③

关于著该书的两个具体目的，台湾学者林庆彰在有关研究中的分析，可以作为对这个问题的详细说明。林庆彰《竹添光鸿〈左传会笺〉的解经方法》指出：

---

① 俞樾《春在堂随笔》卷七，第108页。

② 以上参见（1）日本竹林贯《汉学者传记集成》，昭和三年东京关书院刊，第137页。（2）日本松崎鹤雄氏《柔父随想·议竹添井井翁》，转引自上野贤知《春秋左氏传杂考》，载东洋文化研究所纪要第二辑，第128页。（3）清俞樾《春在堂随笔》卷七，江苏人民出版社1984年版，第107－108页。（4）严绍璗《日本中国学史》，江西人民出版社1991年版。（5）讲道馆发行的《嘉纳治五郎》。

③ 参见《〈左氏会笺〉三稿》。

> 从江户时代中期以来，许多明清时代的经学或考证学的著作，就陆续传入日本，从大田锦城的《九经谈》所引用的清初学者著作，就可以知道这些学者的著作，在当时流传的情形，如顾炎武有《日知录》《左传杜解补正》，方以智有《通雅》，黄宗炎有《图书辨》，毛奇龄有《河洛原舛编》《太极遗议》《推易始末》《古文尚书冤词》《诗传诗说驳议》《白鹭洲说诗》《四书誊言》《论语稽求编》，阎若璩有《四书释地》《毛朱诗说》《尚书古文疏证》，徐乾学有《古文尚书考》《淡园集》，全祖望有《经史答问》，王鸣盛有《尚书后案》。这些著作传入日本后，不但让日本学者开了眼界，也使日本学者研究经学时有更丰富的资料。后来清中叶到晚清的著作陆续传入，竹添氏所见即有数十家之多。日本学者有这些参考著作，要考释经典也变得更容易。所以从江户中叶起，不但经学家辈出，考证学的著作也丰富起来。日本学者如果把所见中国学者的著作妥善应用，再加上他们本国学者的著作，要为各经作注解应该不是很难的事。①

由此可知，从江户中期起，清初的经学及考据学著作就不断传入日本，清中叶以后传入的著作，从《左氏会笺自序》中所列举的几十位著家亦可判断出至少有几十种，即林庆彰所谓“竹添氏所见”者。严绍璗的《汉籍在日本的流布研究》对江户时代汉籍东传情况的分析还可为林庆彰的说法提供一个旁证。该书说，江户时代中国文献典籍东传日本列岛，主要是通过商业渠道。自十七世纪至十九世纪中期的二百余年间，汉籍的买卖，一直是中日两国贸易中的大宗货物。日本江户幕府为确保自己的统治势力，曾经实行过全面锁国的政策。但1636年规定，特准许中国和荷兰商船进港，停泊于九州的长崎。十七世纪至十九世纪中期，中国和日本的商人，便是在这种特殊的条件下，从事汉籍贸易，当时的长崎，便成为中国文献典籍东传日本的主要基地，一些向往中国文化的日本人，前后相继游学于此。从总体上看，江户时代中国文献典籍东传日本的规模，前所未有。据向井富氏提供的日本海关资料，自1693年至1803年间，共有四十三艘中国商船，在日本长崎港与日商进行汉籍贸易，共运进中国文献典籍四千七百八十一种。这个数字，远远超过了平安时代和五山时代中国文献典籍的进口量。此外，当时日本西南海岸存在着范围广泛的走私贸易，不少地方

---

① 林庆彰《竹添光鸿〈左传会笺〉的解经方法》，载《日本汉学研究初探》，东京勉诚出版社2002年版。

诸侯也参与其中，不乏汉籍的买卖。文政九年（1826）一月，中国商船“得泰号”由骏河的下吉田上岸，船主朱柳桥与日人野田笛浦有一段有趣的“笔谈”：

野田笛浦：“贵邦载籍之多，使人有望洋之叹。是以余可读者读之，不可读者不敢读，故不免夏虫之见者多多矣。”

朱柳桥：“我邦典籍虽富，迩年以来装至长崎已十之七八，贵邦人以国字译之，不患不尽通也。”（引自《得泰船笔录》卷三上）

可以说，这一时代的中国文献典籍东传日本的规模是前所未有的。另外，中国文献典籍东传日本的速度，也是前所未有的。在上古时代和中世纪时代，汉籍内中国本土传播到日本列岛，其中常常需要数十年及至数百年的间距，然而到了江户时代，由于汉籍的东传主要是通过商业渠道，传播的速度便大大提高了。由于传递速度的加快，从而使日本列岛接受中国文化的新的信息量大为增加，由此便造成了十七世纪至十九世纪江户文化与中国明末及清代文化会合的可能性。① 明末清初经学、考据学著作的大量和迅速传入，不仅为日本学者研究经典提供了借鉴和参考，也影响了他们的学风。就《春秋》《左传》而言，江户初期，是尊主宋学，以胡安国《春秋传》研究为热的。而到了江户中期，由于清代考据学风的影响，《春秋》学研究方向渐而转向《左传》。研究《左传》和杜预《春秋经传集解》的著作层出不穷。如林庆彰指出：

《左传》何时传入日本，并没有可靠的资料，但大宝二年（702）作《大宝律令》，规定《春秋》采用《左氏传》，注则采用了汉服虔的《解谊》和晋杜预的《集解》，到西元十二世纪，清原家以杜预《春秋经传集解》卷子本代代相传。十三世纪，胡安国《春秋传》传入，到十六世纪，清原宣贤已著有《左传抄》。十七世纪是日本的江户时代的初期，宋学相当发达，研究胡安国《春秋传》的学者也较多。

自十八世纪起，清代考据学著作陆续传入，《春秋》学研究的方向，也逐渐由胡安国的《春秋传》转向《左传》。研究《左传》和杜

---

① 参见严绍璗《汉籍在日本的流布研究》，江苏古籍出版社 1992 年版，第 58 – 62 页。关于明清中国商船载汉籍东渡扶桑的繁盛情况，还可参考王晓秋著《近代中日文化交流史》第二章“汉籍东渐”，北京中华书局 2000 年版，第 20 页；关于唐以来汉籍东渐，日本保存的中国文献情况，还可参考梁容若著《中日文化交流史论》，商务印书馆 1985 年版，第 102 – 108 页。

氏《春秋经传集解》的著作，如雨后春笋。国人较为熟知的，如中井履轩有《左氏春秋雕题》《左氏春秋雕题略》《左氏逢原》等；大田锦城有《春秋左氏传杜解纠谬》；朝川善庵有《左传诸注补考》《春秋左氏传闻书》；海保渔村有《左传补证》；安井息轩有《左传辑释》；竹添光鸿有《左传会笺》；这种研究《左传》的成果，和清代的《左传》学相比，也不遑多让。①

可见，不仅仅竹添光鸿《左氏会笺》的撰述，江户中期以来日本汉学界的考证学著作的撰述都是在清代考据学兴盛的大背景下产生的。当代学者林庆彰曾以日本江户后期著名的考据学家大田锦城为例考论了大田锦城和清初考据学家的关系。

据此可知，日本有研究《春秋》和《左传》的传统。十八世纪考据学著作的传入，更促进了《左传》考释著作的产生和发展。除了上述林庆彰所举诸家，《左氏会笺自序》中亦列有数家，这些竹添光鸿之前或同时代的著作，对《左传》的研究和注释的成果及《左传》研究的传统，为竹添光鸿《左氏会笺》的撰著奠定了基础。

林庆彰在分析中还指出：

从乾隆末年起，即有开始为各经作新疏的事。孙星衍的《尚书今古文注疏》，始作于乾隆五十九年（1794），完成于嘉庆二十年（1815）；焦循有《孟子正义》，始作于嘉庆二十一年（1816），完成于嘉庆二十五年（1820）；邵晋涵有《尔雅正义》，早已于乾隆末年完成。郝懿行有《尔雅义疏》，也已于嘉庆十三年（1808）间始起草。又据刘恭冕《论语正义后叙》所说，在道光八年（1828），刘宝楠、刘文淇、梅植之、包慎言、柳兴恩、陈立等人，曾相约各治一经，加以疏证。可见，从乾隆末年至嘉庆、道光年间，为群经作新疏已形成一种风气。这种风气传到日本，日本学者受影响也有为各经作疏的念头，如安井息轩的《论语集说》《左传辑释》，竹添光鸿的《毛诗会笺》《左传会笺》《论语会笺》等，都和清人的新疏很类似，说是日本学者受乾嘉之

① 林庆彰《竹添光鸿〈左传会笺〉的解经方法》，载《日本汉学研究初探》东京勉诚出版社 2002 年版。

学影响的治经成果也不为过。①

由此可见，清乾嘉学风对日本江户中后期学术事业的影响是十分深刻的，包括竹添光鸿在内的一大批学者的经典注疏之作的产生直接受到了这种学风的启发。或可以说竹添光鸿的《左氏会笺》就是在乾嘉考据学风影响下而出现的日本江户中后期的经典注疏之风潮中产生的。

综合上述林庆彰的分析，可以看出，清代考据学在推动竹添光鸿撰著《左氏会笺》方面，发挥了巨大作用，影响了整个日本十八世纪以来的学风，促使日本掀起了经典考释之风，推动了《左传》在内的一大批经学研究新成果的产生，为《左氏会笺》的出现创造了可能性。另一方面，乾嘉学风及陆续传入的典范之作，直接开启了竹添光鸿借鉴贤达撰述该著的念头，也为他提供了参酌的范例。正是在这种情况下，竹添光鸿充分利用了金泽文库所保存有卷子本《左传》这一有利条件，广备宋本、石经等版本，校勘、汇释了《左传》。

上野氏在研究中强调指出，除了这两个具体目的而外，竹添光鸿撰述《左氏会笺》有一个“大目的”，就是和他所撰述《毛诗会笺》《论语会笺》相始终的一个“大目的”，即探明孔子的道。

上野氏说，他的这个观点来源于大正六年三月二十九日，在大阪新闻上揭载的竹添光鸿的讣告的内容：

> 他的事业的目的是阐明孔子的道。要解决这个问题，他以为先必须得搞清楚孔子时代的时势，而写作了《左氏会笺》一书；又以为不可不搞清其人情风俗而写成了《毛诗会笺》一书，然而对他来讲最重要的著作《论语会笺》也已经脱稿了。②

从这段报道可知道，竹添光鸿为了使人了解孔子所处历史时代的时势，最先撰成了《左氏会笺》；为了使人了解孔子及其门人的仕履活动、所生活的时代风尚及人情风俗，撰成了《毛诗会笺》；而最终为了阐明孔子的道，撰著了《论语会笺》。这就是他依次撰著“三笺”的原因。

对讣告中提供的信息来源，上野氏也做了探寻，他指出是据竹添光鸿的

---

① （台湾）林庆彰《竹添光鸿〈左传会笺〉的解经方法》，载《日本汉学研究初探》东京勉诚出版社2002年版。

② （日）上野贤知《〈左氏会笺〉三稿》，载东京《斯文》复刊1956第14号。

《独抱楼诗文稿》中所收录的《复俞曲园大史书》和俞樾（曲园）的《春在堂杂文补遗》所载的《日本竹添井井〈左氏会笺〉序》这两文中的有关材料而来。

本书为了进一步分析的需要，将这两段材料分别摘录如下：

竹添光鸿在《复俞曲园大史书》中说：

> 《论语会笺》已成书了。然而《左氏》之所以先问世，是因为使学者知道孔子之世而且使之去考虑孔门之事迹的缘故。想来封建之制，虽到周代已完备，但其流弊也以周代为最甚。东迁之后，王室衰亡，诸侯跋扈。此后禄去公室，世卿专政。于是乡举里选之法，不复可问。而只有公族和巨室才能拿到相、将的职位。所以，以孔子之圣之所以终身仆仆于道路，是因为其时世的缘故。然而孔子经世之大作用是，就像“因问而发，触物而见”的那种东西，只要读左氏之传才可窥之。善学孔子者，莫如孔门之诸子也。如其用戈于齐军者，（哀公11年），足于民之冉有也（子路篇）[冉有这个人也曾经当过武人，同时也是为民服务的文人]；三踊于幕庭者（哀公8年），盍彻之有子也（颜渊篇）；学稼之樊迟（子路篇），亦如为弱而戎右（哀公11年），是则学孔子兼武备于文事之中者也。夫季路一言之重，令齐与鲁平（哀公15年），子贡辞令之敏，却寻盟之骄吴，是则学孔子应变制机，樽俎折冲者。此类亦唯可观以左氏之传，故读左氏而知孔子之世，然后三复《论语》，身置于当时，瞑目而思之，孔子之学，其得仿佛，是左氏一书所以为所以为洙泗之津梁也。①

俞樾在为《左氏会笺》作序云：

> 读君《栈云峡雨日记》于吾中国山川向背，物产盈虚，历历言之，如示诸掌，又知君负经世才，非徒沾沾于章句者。既而，君仕不得志，引疾归田，踪迹遂亦疏阔。至于去岁癸卯有嘉纳君来见，则君之快婿也，言君自罢官以后，覃心著述，致力于《左传》一书。
>
> ……
>
> 是年秋，君以书来求序，其书洋洋千余言，大意谓学孔子之道，

① 转引自上野贤知《〈左传会笺〉三稿》。

> 不当求之空言而当求之实事。左氏因《春秋经》而为传二百四十年，事实备焉，故将出其所著《论语会笺》，而先出此《左氏会笺》，以左氏乃洙泗之津梁也。味君之言，盖欲以经术治世，其所见有在训诂名物之外者，而“学人”① 又不足尽君矣。②

俞樾的序文是《左氏会笺》付梓的第二年，即1904年秋天写成的。据俞樾的《序》及相关材料③知，1904年夏竹添光鸿托日本领事白须氏捎去他赠俞樾的《左氏会笺》一书，俞樾接受馈赠，即修书一封致谢。因而是年秋，竹添光鸿复书俞樾，请其作序。俞樾览其复信而为序。所以俞樾《序》文中所谓“以书来求序，其书洋洋千余言”者，即是竹添光鸿这封《复俞曲园大史书》。

从《复书》和俞《序》中知，竹添光鸿撰著《左氏会笺》是为了考察孔子及其门徒生活的历史社会状况和他们的社会实践活动，以便实事求是地讨论《论语》中所蕴含的孔子的思想精神，避免脱离史料，空言其理。这种论从史出的研究方法正是乾嘉考据学风的体现。这种研究方式使竹添光鸿的“三笺”具有了历史性。

另一方面，从《复书》和俞《序》中知，竹添光鸿撰著《左氏会笺》不徒训诂章句之为，而更有通经致用之意。作者这种撰著目的自然就赋予《左氏会笺》以现实性。如果从竹添光鸿所处的历史时代、他受到的深刻的儒家教育及他的生平际遇这些角度出发，考虑一下他诠释《左传》的目的，就会深入地理解他在撰述《左氏会笺》时所追求的现实意义和体道精神。

竹添光鸿生于天保十三年（1842），卒于大正六年（1917），他一生经历了两个历史时段，江户幕府末年和明治维新的初期，遇上了日本封建社会向资本主义社会过渡的转型期。虽然1868年的明治维新使日本走上了自强的道路，但转型期的社会阵痛和无序还是不可避免的。从十九世纪上半期开始，德川幕府的封建统治就出现了重大危机。国内农民起义和市民暴动连续发生，国外从1854年起，美、俄、荷、法等国相继逼迫德川幕府签订开港等一系列不平等条约。不久萨摩、长州、土佐、肥前等藩下级武士发动的尊王攘夷运动更动摇了德川幕府风雨飘摇的统治。1868年爆发的全国性的倒幕运动终于结束了二百五

① “学人”是俞樾在序文前面对竹添光鸿的评价。因1875年竹添光鸿以诗文拜访俞樾时，曾感喟安井平仲之逝，日本古学之亡绝，被俞樾目为非徒诗人而又学人也。

② 俞樾《序》，载《春在堂杂文补遗》。

③ 日本高野静子：《苏峰和他的时代（十九）：天才的目录学家——岛田翰》。

十余年的幕府统治，改元明治。但这场反封建的资产阶级革命运动持续了很长时间，直到1869年6月的北海道五棱郭之战后，幕府的残余势力投降，全国才稍得平定。但封建领主制尚存，1871年推行废藩置县的改革后，才彻底打破它。

明治新政府在急速推行中央集权的专制政治过程中，在进行由上而下的专制性的改革过程中，引起并激化了国内的各种矛盾。1871年新政府开始削夺武士特权，引起武士阶层的不满，1876年发生多起袭击官厅，暗杀政府官员的武士骚乱事件；新政府在“文明开化”口号下，实行了一系列效仿欧美的做法，更引起封建攘夷思想严重的士族阶级的极大反感。终于导致了1877年西乡隆盛领导的鹿儿岛叛乱，历时200余天，才被镇压下。1873新政府改革地税，强行进行资本主义原始积累。1874年以后，自由民权运动在全国风起云涌，屡遭镇压。在对外政策上，明治新政府一方面从1871年起就企图通过外交手段设法修改旧幕府签订的不平等条约，但收效甚微；另一方面奉行“强兵为富国之本”的强权政策，要开拓万里波涛，宣布国威于四方，大力向外侵略扩张。为了转嫁国内危机，在东亚开始了一系列入侵活动，1874年入侵台湾，1875年入侵朝鲜汉江，制造江华岛事件，炮击江华岛。1882年出兵朝鲜，1895年挑起中日甲午战争等，在军国主义的道路上越走越远。明治政府建立初期，为了巩固专制的新政权，对内的武力镇压和对外的军事扩张，必然伴随着杀伐征战活动。

从江户幕府到明治维新，从旧政权的没落、消亡，到新政权的确立、巩固，一面是暴动、起义、暗杀、叛乱、革命，一面是镇压，无数的冲突和对抗将浸满血雨腥风的政治从历史的卷轴中呈现出来，诉说着它的无序。

在文化思想领域，“中国的宋学，于15世纪中期在日本逐步形成为独立的学术。以宋学的独立学术形态为标帜，日本汉学作为日本文化发展中一个特殊的学术领域从而得以诞生。正因为这样，宋学便是日本汉学（作为独立学术形态的‘汉学’不是指一般意义上的‘汉文化’）最早的内容。17世纪之后，由于日本统治阶级把宋学作为官方哲学，成为长达250余年的江户幕府时代占统治地位的意识形态之一，因此，宋学又是日本汉学的主要内容。但是日本汉学作为一个专门研究中国文化的特殊的学术领域，它容纳的内容则要比宋学宽泛得多，在这一领域内发展起来的诸学派，不仅包容了几乎宋明理学的全部而且包容了几乎整个中国的儒学”①。竹添光鸿生活的江户幕末时代儒家文化思想在社会上占有重要地位。明治维新，西学东渐，冲击了包括儒家在内的传统文化思想。新旧观念的冲突，某种程度上，使社会在道德思想上陷入迷茫和无序。

---

① 严绍璗《日本中国学史》，第94页。

这就是竹添光鸿遭逢的时代。他对现实充满了忧患意识。俞樾的《春在堂随笔》中有一段记载：

余与之笔谈，及其国事，渐卿曰："十年以前，封建为治，列国皆有学官，而诸国之士，皆是世爵禄者，自幼入学宫肄业，从其学之浅深，而列之位，故文学颇盛。自封建废而诸侯失国，士亦削禄。列国学宫多用西学，以谋仕进之捷径，孔孟之道几乎扫地，一时殆有焚书之议。近时风俗偷薄，庙堂亦颇悔悟，稍知圣道，而西洋诸国源源而来。交际之道，非通西情，则受彼之侮。故圣学、洋学混为一途，终不能复昔时之盛。"又曰："此番归国后，必当再来中国。然朝廷之许与否不可知，若不得请，惟有退而授读田间，以避西风之逼人也。"味其言，盖亦彼国有志之士矣。①

这段记载是1876年竹添光鸿拜访俞樾时，与之所云之言。从中不难看出，他对儒学是情有独钟的，对原有的社会道德秩序被破坏而产生的传统道德的缺失充满了惶惑和不安。他对明治的新政权并不完全满意，以至于有避去禹域或归隐田园之意。"士志于道"（《论语·里仁》《述而》），"道不同不相为谋"（《论语·卫灵公》）。竹添光鸿从小就接受儒家教育，儒家奉道而行的精神自然影响了他。因而无论经纶世务，还是归隐田园，面对现实，思考如何重构社会的道德秩序就成了他萦怀不去的牵挂。

《春在堂随笔》又载云：

又以其国大槻磐溪所著《爱古堂漫稿》见赠，而为磐溪求书"岳雪楼"三字额。余见磐溪诗中有入狱事，问其故，曰："戊辰之年，萨、长、土三藩毙幕府德川氏，东国诸藩皆不服，合从以拒之。岳雪主亦是迂儒，愤三藩之诈谋，忾西人之跋扈，主张合从之说，故至下狱也。"又自言："是时，亦献言于旧君细川侯，云三藩可讨，德川氏可救，亦几不免于祸，赖旧君保全之耳。"

从这几段记载中可知，竹添光鸿尽管政治倾向曾有些保守，但是他是十分关心国事的。萨摩、长州、土佐等藩发动倒幕运动时，竹添光鸿就是细川侯麾

① 俞樾《春在堂随笔》，辽宁教育出版社2001年版，第89－90页。

下的一介小臣，这种政治大事离他是很远的。但他却不能漠视。儒家的经世思想的确深深影响了他。回顾他的生平，从幕府时代到明治新政，他一直积极参与社会政治活动，尽管他不喜新政，却能兢兢业业于政务，仕途上获得屡屡升迁。如果不是1884年他任朝鲜公使时，发生了金玉均之乱，致使其引咎辞职，他不会退出政坛，隐居田园。

虽然政治遭受挫败，仕途意绝，但是“士志于道”的儒家精神在竹添光鸿那里是根深蒂固的。面对政局变换，他有自己的认识，对由于封建幕府的长期闭关锁国所造成的落后，以至列强欺凌的局面和明治维新的武力杀戮，军事争霸，西化教育政策引起的世风日下，道德浇薄之现状都不满意，这些不符合儒家仁德富强的政治理想，他考虑着国家的正确发展方向。他虽然不再亲身经营世务，却将其经世的理想寄托在著述中。面对西方列强在物质、精神、文化、思想方面的侵略和压迫，面对社会转型期政治思想的动荡，面对儒家思想所面临的道德困境，竹添光鸿又回归儒学传统，深入孔子学说中，以求取经国济世的良方。身处没落的西周，面对礼乐崩坏的局面，昔哲拯救社会道德的精神和经验也许会给有着某些相似处境的竹添光鸿带来些许启发和借鉴？他在《复俞曲园大史书》中对西周社会历史状况的分析确实折射出了许多对现实的思索。正像历代忧国忧民的儒家知识分子在遇到国家社会的政治、道德危机时，必定依据儒家的政治思想和传统人文精神，寻找疗救时代沉疴的办法。竹添光鸿退隐后，在相州小田园里埋头于“三笺”的著述，殚精竭虑地探求孔子的时代特征，阐扬孔子的道德精神，正是起于其对时局的反省。因而“三笺”的撰述，在竹添光鸿那里有着非常深切的现实意义。所以俞樾在为《左氏会笺》作序中说，从“三笺”的撰著，见出了竹添光鸿“盖欲以经术治世”的志士心思。

儒家思想提倡修身、治平，认为修身是治平的前提保证，所以儒家知识分子终身都会坚持修德的操守。他们常常通过研究和注释儒家经典的方式，体悟和追索先贤所构筑的精神圣域。这在宋儒尤为突出，他们有甚者竟把经典的诠释过程，变为其精神体验的过程和企慕圣人精神高境的心路历程的表述过程。诠释经典的学问被当作一种生命体验活动，成了生命的学问。十七世纪的日本儒学占统治地位的思想就是宋明理学。竹添光鸿崇尚儒学，并以程朱为宗，他所受到的儒家特别是理学家这种诠释经典的心理的熏染亦是不可避免的。下面有一段相关记载：

著其《左氏会笺》，拮据二十余年，易稿数次，几乎废寝忘食。明治三十四年成稿但未刊出。偶去东京染疾卧床。时值小田园海啸，居

> 家倒塌，书籍财产皆被水冲去。其信传至东京，家人皆以为《左氏会笺》手稿亦必亡失，痛惜积年辛苦一朝归于泡影，更担心井井若闻此报，悲痛之余，病情将会突变乃发生不测，皆黯然失色。然此事不可隐藏，故让一门生慢慢告于翁。井井抱枕而听之，从容而诲曰："人事皆有天命，我之会笺若有益于世间之处的话，必有保护者也。若非如此，乃天灭之，何足惜哉？吾虽老矣，余命不久，然只要尚存一息，还可立志重新起稿。福祸乃人世之常，事已至此，大悲大惊非学道者之所为，汝等切要铭记。"井井说此话时神色自若。①

从这里完全可以见其亦将诠释经典的著述活动当作了修身、涵养德性的行为过程，视之为生命的学问，可以生死以之。注释经典的过程，变成了体道的过程，多一次注释的过程，就是多一回体道的经验，所以当他面对手稿可能丢失的消息，能够泰然处之。他已经把自我生命的过程融入了经典注释之中，即使付出再多的心血和精力，亦将九死而不悔。

如果从儒家"士志于道"的精神角度看，竹添光鸿撰述"三笺"仅是他政治生涯的一个延续，是儒家修身、治平思想终始体现。这是他撰述"三笺"的最深刻的根源。认识这个问题，将有助于理解、揭示"三笺"的丰富义理。虽然宋明理学成为十七世纪日本江户儒学的主流，但宋学中朱熹每每强调玩索义理，并不可偏废汉唐注疏，竹添光鸿宗主程朱，加之清初顾炎武、王鸣盛等人的经世致用学术思想及乾嘉考据学风的濡染和浸润，从他撰著"三笺"，特别是《左氏会笺》看，他并没有接受理学的空疏学风。以上在对"三笺"撰述目的的层层剖析中，探讨了竹添光鸿的学术渊源，"三笺"撰述的历史性和现实性等问题。

## 三、《左氏会笺》版本源流考

### （一）关于《左氏会笺》撰成的时间记载不一，需要考订

据日本竹林贯《汉学者传记集成》中《竹添井井》载，明治二十八年（1895），竹添光鸿已辞去东京大学教授之职，隐居相州小田园著述，② 再据日本松崎鹤雄氏《柔父随想·议竹添井井翁》载，1902 年前竹添已从东京大学退

---

① 《汉学传记集成·竹添井井》。

② 日本竹林贯《汉学者传记集成》，昭和三年东京关书院刊，第 137 页。

休，埋首著述，1902年许，《左氏会笺》脱稿，第二年梓行，即1903年。① 传记称《左氏会笺》乃竹添光鸿耗二十余年之功，数易其稿，所成之名著。由此而断，竹添于1883年左右就开始投入此著的研究。

但**明治三十六年井井书屋印行的铅印本中**《左氏会笺》自序末题为“明治二十六年六月渐卿竹添光鸿序”。日本明治二十六年，即1893年。一般而言，书成为序，不久将版行。故而作序与成书、出版的时间很近。有些藏本据此序，标注为“明治二十六年（1893）版”。

由此，《左氏会笺》是1902年成书，1903年付梓；还是1893年成书并版行，则疑窦丛生。兹将细考为宜。

**晚清经学家俞樾**《日本竹添井井左传会笺序》云：

去岁癸卯，有嘉纳君来，则君之快婿也。言君归里以来，潜心著述，致力于《左传》一书。今年夏，乃由领事白须君以君所著《左传会笺》寄示。盖以其国金泽文库本为主，参以石经及宋本，而精刻之。②

该序末题识为：“大清光绪三十年冬十月曲园病叟俞樾书。”结合序文中“去岁癸卯”“致力于《左传》一书”“今年夏，乃由领事白须君以君所著《左传会笺》寄示”等叙述，推知既然俞樾序成于清光绪三十年冬，即公元1904年冬，其“今年夏”，即公元1904年夏，得竹添所著《左传会笺》，而“去岁癸卯”，即公元1903年，为农历癸卯年，这年没有癸卯月，序中“癸卯”，唯指年。从序文中竹添之婿的言辞忖度，当时《会笺》的撰写，或出版事宜仍在进行中，否则当年就会由嘉纳君带给俞樾。可见该书初版**藏事不应早于1903年，**但至迟于1904年夏前，已经付之剞劂。

竹添《左氏会笺》后记云：

余罢官之后，养疾于海濒，屏绝人事，专攻经藉。矻矻二十年，殆不知病苦之在身，《诗》《书》《论语》皆有会笺，而左氏之传先脱稿矣。第宿疴与老益加，精神日以衰耗，印本讹谬，徒付扫落叶之叹，是为憾耳。③

据上文竹林贯、松崎鹤雄编撰的竹添光鸿传记知，明治十七年（1884），朝鲜政坛发生京城之变，导致内乱，亲日派政变失败，作为朝鲜办理公使的竹添光鸿引咎辞官，自此抽身宦海。盖后记“余罢官之后”，就指此时。此后“矻矻

---

① 日本松崎鹤雄氏《柔父随想·议竹添井井翁》，转引自上野贤知《春秋左氏传杂考》，载东洋文化研究所纪要第二辑，第128页。

② 俞樾《春在堂杂文补遗》卷二，凤凰出版社2010年版，第750页。

③ 竹添光鸿《左氏会笺》，巴蜀书社2008年版，第2471页。

二十年"，"专攻经藉"，成就《三笺》，而《左氏会笺》先脱稿。这与该书1903初版印行的记载较为相符。

再将日本井井书屋印行的明治四十年（1907）版《左氏会笺》的自序，与其印行的明治三十六年（1903）版对比，内容纤毫无异，仅序末所提"明治三十六年六月渐卿竹添光鸿序"，时间改变，"二十六"作"三十六"，此恰好反映再版时，已发现初版自序题记年代之误的事实。

综合上述相关文献载述及《左氏会笺》版本存传情况，断定该书定稿及初版问世应于1902年、1903年间。而竹添自序题记的"明治二十六年（1893）"，当为"三十六年（1903）"的误写。至于是稿本误题，抑或版印致误，则不得而知。著录为"明治二十六年（1893）"的藏本，盖依自序题记之误，未曾细审牌记而至谬。

（二）关于《左氏会笺》版本流传述略

（1）该书最早的印本是明治三十六年（1903）日本井井书屋铅印本。

此版书前护页后，紧接一页题识"旧抄卷子金泽文库本春秋经传集解三十卷"，继之一页题"明治卅有六年井井书屋印行"及"西乡近司铸字"字样，书后版权页大题"井井竹添先生著左氏会笺"，小题"发行者明治讲学会"，"印刷者西乡近司"字样。这一版准确称"明治三十六年井井书屋铅印本"，现今有些馆藏或影印本称作"明治讲学会明治三十六年版本"不确。这岂不是贩书者与印书单位混为一谈。每半页12行，每行22字，小字双行。楷书，细黑口。行有栏格，四周单边栏。左边栏外上下各有一书耳，上记自序、鲁公年次，下记页码。《总论》后，《春秋左氏传序》前，附有影写诸种文字笔迹。间或页中有金泽文库钤印一枚，诸页共计钤有两枚。末有光鸿识语云："《左传》卷子本三十卷，其笔迹大率相类，兹影写首尾数行、及识语、背记一节，以存古本面目云。"由此其前所附即此类。

目前，该版北京大学图书馆有燕京大学旧藏一种，15册3函，线装，黑灰色硬壳书帙，书帙脊背题《左氏会笺》。有馆藏15册2函一种。复旦大学及内蒙古大学图书馆分别有15册3函、1函一种。北师大图书馆有15册一种。其他不详。

该书有明治四十年（1907）井井书屋铅印本，该版行款、字体与1903版相同。但书前竹添自序末题时间为"明治三十六年六月"，异于1903年版的"明治二十六年六月"。书前有俞樾序，手写体。该版北京大学图书馆馆藏16册2函、16册4函各一种，书帙脊背题《春秋左氏传会笺》，与版权页题"井井竹添先生著左氏会笺"，书名微异。该版有"明治丁未井井书屋重校再印"的钤印。可见该版是明治三十六年铅印本的再印本。

巴蜀书社2008年出版的《左氏会笺》、辽海书社2008年出版的《左传会笺》均系明治三十六年（1903）日本井井书屋铅印本的影印本。

（2）该书有**明治四十四年（1911）东京富山房编辑部编辑的《汉文大系》丛书本。**《左氏会笺》入**《汉文大系》第10～11卷。**

该版每半页12行，行30字，小字双行。行间无栏格线，四周单边栏。书口处边栏外上下分别有“《左氏会笺》第几”“鲁公世次”及“页码”字样。天头有“经”或“传”字样以为标识，亦多有日语注文。文中有日语助读符号。该版是以日本井井书屋铅印本为底本另行编辑和排印的铅印本。为上下两册装。

台湾凤凰出版社1974年出版的《左传会笺》即是以此版为底本的影印本。其他汉京文化事业有限公司、广文书局、古亭书屋等，其底本皆同此。

（3）《左氏会笺》版本源流图

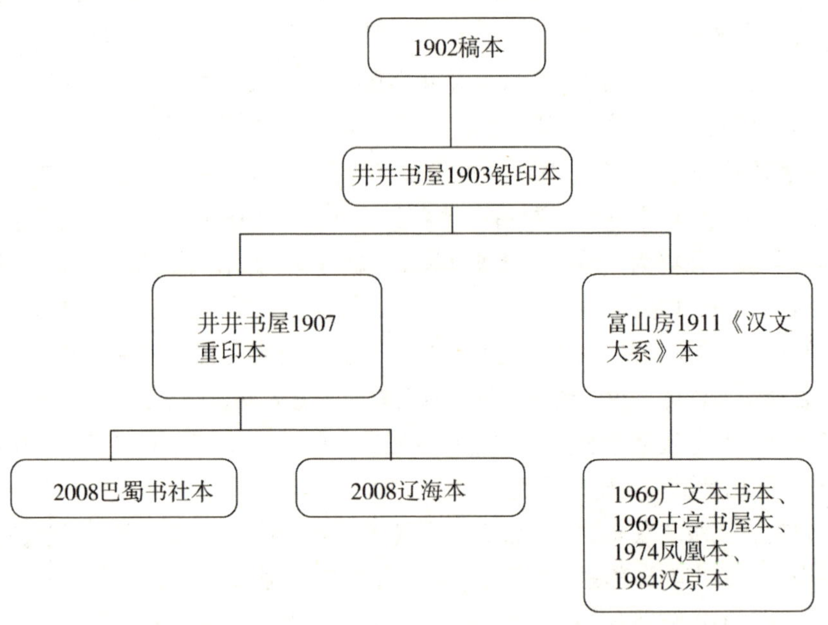

## 第二章

# 《左氏会笺》对杜预《春秋经传集解》的继承和发展

自东汉以来，给《左传》作注的不乏其人，而贾逵、服虔尤为翘楚。至西晋，号称“左传癖”的杜预总结诸家训注①，融会己见，撰为《春秋经传集解》。一方面由于“文义质直”②，适合当时盛行的崇尚清通简要玄学风气；另一方面由于杜预在西晋的统治阶层中位重权高，故此著一出，便风行一时，继而在南学《左传》中取得尊主地位。清皮锡瑞云：“服、杜之争二百余年，至唐始专尊杜。杜作《集解》，别异先儒，自成一家之学；唐作《正义》，扫弃异说，又专用杜氏一家之学。自是之后，治《春秋》者，既非孔子之学，亦非左氏之学，又非贾、服诸儒之学，止是杜预一家。”③ 其说至确。入唐，孔颖达作《五经正义》，《春秋左传》专用杜预注，《春秋经传集解》遂获得了正统地位。汉儒旧注，包括其中荦荦著者贾逵、服虔之训说亦自兹掩熄。

至清，考据学家们又打破唐代以来杜预《左传》学独尊的地位。随着清代文字、音韵、训诂之学的发展，研究《左传》的学者，大都对杜预注不满意。他们开始采用贾逵、服虔等旧注驳难杜注。抑杜之风，肇自顾炎武，其著《左传杜解补正》，即用服注补杜。踵其后者有乾嘉学人惠栋（撰《左传补注》）、沈彤（撰《左传小疏》）、姚鼐（撰《左传补注》）、马宗琏（撰《左传补注》），皆引述贾、服旧注，以纠杜氏。再其后，则有焦循、洪亮吉、梁履绳、李富孙、沈钦韩、严蔚、沈豫、李贻德、丁晏、刘文淇诸家，亦申述旧注，驳斥杜注，各有专门。④ 尤有甚者，则詈骂杜预，否定杜注，要求彻底抛弃杜注，极力推

---

① 杜预注对汉儒旧诂的采择，学者多有论述，如何晋的《〈左传〉贾、服注与杜注比较研究》（刊《国学研究》第四卷，北京大学出版社 1997 年版，第 63 - 96 页）、赵伯雄的《春秋学史》（山东教育出版社 2004 年版，第 281 页）、沈玉成的《春秋左传学史稿》（第 148 页）辨之具矣。

② 《晋书·杜预传》，中华书局 1974 年版，第 1032 页。

③ 皮锡瑞《经学通论·春秋》，中华书局 1954 年版，第 43 页。

④ 说参徐复《春秋左氏传旧注疏证续序》，载吴静安《春秋左氏传旧注疏证续》，东北师范大学出版社 2004 年版。

崇古注。焦循即为一例，他诟詈杜预为“司马氏之私人，杜恕之不肖子，而我孔子作《春秋》之蟊贼”①，沈钦韩亦指斥杜预“起纨绔之家，习篡杀之俗，无王肃之才学，而慕其凿空，乃绝智决防，以肆其猖獗之说，是其于《左氏》，如蟹之败漆，蝇之污白，其义理没于鸣沙礁石中，而杜预之妖焰为鸡为狗，且蓬蓬于垣次矣”，沈氏对维护杜注的孔颖达及其《五经正义》也进行了严厉的斥责，称“孔颖达者，卖国之谄子也，枵然无所得于汉学，蜣螂之智，奉伪孔氏与杜预而甘且旨焉，排击郑、服，不遗余力，于是服氏之学始显终亡，而杜预之义赫然杲日之中天”②。刘文淇则继承沈钦韩之《左传补注》，撰《春秋左氏传旧注疏证》，大力贬斥杜注，力求复原贾、服旧注。他致沈钦韩书说：“窃叹左氏之义，为杜征南剥蚀已久。先生披云拨雾，令从学之士，复睹白日，其功盛矣。覆勘杜注，真觉疻痏横生，其稍可观览者，皆是贾、服旧说。”③

清人对杜预注的一味打击，有失公允。朱一新《无邪堂答问》云：“贾、服与元凯互有得失，……近儒多申贾、服而抑杜，此一时风气使然，非持平之论。”朱说是对的。清代学者广征博引文献材料，利用声音训诂原理转相证发，精心考辨，解决了杜注自身存在的一些问题，撰著了新注新疏，这本来是学术发展的体现。而完全否定杜注，极端推崇汉儒旧注，则是出于门户之见，失之偏颇。客观地说，杜注不仅吸取了汉注，特别是贾逵、服虔注的精华，而且对汉注多有发展，其功不可抹杀。④ 杜注虽有不足之处，但晋魏以来流传既久，影响颇深，杜预也被后世称为“《左传》之功臣”，这些情况反映杜注还是有相当学术质量的。沈玉成说：“杜注详于地理，从郑樵到齐召南都一致肯定这一优点，《释例》中的《释土地名》更是其集中体现。”⑤ 其说甚是。即使是猛烈攻击杜注的清人，也不能不承认他在这一方面的独有所得和精当之处。清洪亮吉《春秋左传诂》、沈钦韩《左传地名补注》、刘文淇《春秋左氏传旧注疏证》、江永《春秋地理考实》、高士奇《春秋地名考略》等对杜注在地理上的注释皆时有采获。

从清代考据学家的角度看，杜注中有些文字、名物制度的训诂较为疏陋，但若溯至雅尚清简的南朝，其简易、通脱则不难理解，盖不应受其咎责。

---

① 《春秋左传补疏自序》，光绪十七年（1891），上海鸿宝斋《皇清经解》本。

② 沈钦韩《春秋左氏传补注序》，中华书局 1985 年版。

③ 《春秋左氏传旧注疏证》附录一，科学出版社 1959 年版。

④ 研究者多有论述，何晋的分析较为具体，参见《〈左传〉贾、服注与杜注比较研究》，他指出，杜预从史学角度释传的指导原则，远比贾、服从经学角度释传的思想进步。

⑤ 沈玉成《春秋左传学史稿》，第 148 页。

《左氏会笺》正是在清代考证学风的影响下出现的。清代考据学家掀起的"恢复汉学"，反驳杜注之风和他们订补杜注与辑佚汉注的大量著作，迅速传入了江户中期的日本汉学界，促使日本的《左传》研究著作亦不断推陈出新，新的训释注疏释之作层出不穷。而《左氏会笺》就是在总结中日前贤时彦注释基础上出现的荟萃众长、博采诸说之作。唐人对于杜预注，"疏不破注"，莫论是非，见其违失罅漏，设法回护，尽力弥缝；而清人多是不辨精粗，进行排斥、打击、否定其成绩。这都是不合理的。竹添光鸿之《左氏会笺》难能可贵之处就在于，他虽然受到了清人攻击杜注风气的影响，但并未拘囿于门户之见，被其所左右。而能以较为客观、公正的态度判定杜注之是非。既能对杜注的不足纠谬补缺；又能肯定其成就，汲取其正确解说。其对杜注是既有继承，又有发展。

从体例上看，竹添光鸿在《左氏会笺》自序中称本书仿杜预的《春秋经传集解》与宋朱熹的《四书集注》。俞樾在《左氏会笺》序中指出，其书体亦有东汉郑玄笺诗之精神。《经典释文》引郑玄《六艺论》云："注诗，宗毛为主。毛义若隐略，则更表明标明，如有不同，即下己意，使可识别也。"据《四库全书总目提要》，"康成（郑玄）特因毛传而表识其傍，如今人之笺记，积而成帙，故谓之笺"。可知郑玄说《诗》是依据《毛传》而更下己意。大抵于前人旧注，既有宗主，又能从而引申发明之，有不同则能补充辨正之，犹如读书时有出于己意之发挥者，标记于旁，久而成卷，故谓"笺"。竹添光鸿以金泽文库卷子本为底本校勘、注释《左传》，全部录存杜预注，凡经、传文意及杜注透彻明白者，不再加以注释。而于经传或杜注晦暗不明者，则引申发挥，揭示其幽隐含蓄之意。对经传杜注有缺漏，或义有不足者，则加以恢廓增补；对杜注之有违失者，则加以驳正。故《左氏会笺》之名盖取其宗主杜注，不为苟同，荟萃众家，镕铸新意之义。就体例而言，《左氏会笺》对杜注的继承与发展亦有所反映。

今将《左氏会笺》与《春秋经传集解》之对比情况，稍加综理，分为肯定、申发、补充、驳正四端。其中肯定杜注者，《左氏会笺》中有两种情况，一者，凡杜注精当易明，《会笺》不做任何解说，仅录杜注而已；二者，直接采用杜注的同时，注明"杜意（言）……为是""故杜谓之""杜得之""杜以……为……似允当""故杜解略为道"之类肯定之语，表明赞同态度，有时也略作发挥。这类事例于《左氏会笺》① 中并不少见，因其显明易晓，故不举例深论。

---

① 《左氏会笺》，台湾新文丰出版公司 1987 年版。以下引用《会笺》皆据此本。

其他三端，则举例阐述。

## 一、申发杜预注

竹添氏凡遇杜注暗而不明，郁而不发者，则每每能参酌他说，尽力深究，探赜索隐，引申发挥杜注，使其晦暗含蓄之意较然而出，以此推见左氏之文旨。如：

**隐公七年传："初戎朝于周，发币于公卿，凡伯弗宾。"**

杜注："朝而发币于公卿，如今计献诣公府卿寺。"

笺曰："发币犹致币也。《吕氏春秋·报更篇》：'因发酒于宣孟。'高诱注：'发犹致也。'《周语》：'刘康公聘于鲁，发币于大夫。'《鲁语》：'宾发币于大夫。'义并同。宾问主国，卿大夫有币，所谓发币也。主国卿大夫请乡之家，谓之宾。详见《仪礼·聘礼》注。汉制郡国岁时上计，师古曰：'若今诸州之计帐'，晋时诸州年终遣会计之吏献物于天子，因令以物诣公府寺卿。自汉以来，三公所居谓之府，九卿所居为之寺，寺，司也。然汉御史府谓之御史大夫寺，是公府亦通称寺。《何并传》'今骑奴还主寺门'，师古曰：'诸官曹之所通呼为寺'，是也。明帝时，四域以白马负经至，舍于鸿胪寺，既死，尸不坏，因留寺中，后遂以为浮屠之居，即洛中白马寺也。僧居称寺，本此。"

案，《会笺》对"发币"意做了补充注释，进一步阐发了杜注对传文的解释，对杜注中公府、卿寺之意义做了引申发明，其中关于寺的诠释本于顾炎武的《日知录》。

**桓公五年传："旝动而鼓。"**

杜注："旝，旃也。通帛为之，盖今大将之麾也。执以为号令者也。"

笺曰："军中以旗为表识。成二年，张侯曰'师之耳目在吾旗鼓，进退从之'，是在军之士，视将旗以进退也。今命二拒，令望旝之动，鼓以进兵，明是可观之物，故知旝，旃也。且旝字从㫃，当为旌旗之类。李贤《后汉书》注：'旝，亦旃'，引此传为证。《马融传》'旃旝掺其如林'，以旝为旗，其说古矣。贾逵以旝为发石，一曰飞石，引《范蠡兵法》作飞石之事以证之。《说文》亦云：'建大木，置石其上，发以机以磓敌。'然《范蠡兵法》于飞石之事不言名为旝也。发石非旌旗之比。《说文》载之㫃部，而以飞石解之为不类。且三军之众，人多路远，发石之动，何以可见，而使二拒准之为击鼓候也①。杜解不可易。通帛为通用一绛帛，无画饰也。"

---

① "贾逵以旝为发石"以下为《左传正义》观点。

案，此旝有两解，其一，贾说释为飞石，惠栋、严蔚、刘文淇等从此说；其二，杜注解作旃，即旗之属，孔颖达等持此说。惠栋、刘文淇均指出杜注系马融说。刘文淇《疏证》云："按《说文》旝字下又引《诗》曰'其旝如林'，当系三家传诗。马融《广成颂》云'旃旝掺其如林'，惠氏谓杜本马融以此。"

《会笺》以杜注为准，并引成二年传、《后汉书》注、马融注及《左传正义》论之，其说有理有据，可信。杨伯峻《春秋左传注》云："段玉裁《说文注》云：'飞石起于《范蠡兵法》，在《左传》云"亲受矢石"，恐尚非飞石。'段说是也，故不取此义（案，贾逵说）。"此又为《会笺》说之一证。

**庄公二十二年传："虢公请器，王予之爵。"**

杜注："爵，饮酒器。"

笺曰："爵，玉爵也。一升曰爵。爵，人之所贵者。"

案，服虔曰："爵，饮酒器，玉爵也。一升曰爵。爵，人之所贵者。"《会笺》引服注以申发杜注。

**闵公二年传："及狄人战于荧泽，卫师败绩，遂灭卫。"**

杜注："此荧泽当在河北。"

笺曰："《禹贡》：'沇水入于河，溢为荧。'是荧在河南。此时卫都河北。故知此荧泽当在河北。"又曰："郑州之荧泽见宣十二年，与此自别。"

案，《会笺》引孔颖达疏申发杜注①。宣十二年传："楚潘党逐之，及荧泽。"杜注："荧泽在荧阳县东。"《会笺》曰："今开封府荧泽县南，相传为古荧泽。此泽旧在荧阳县东，隋唐至今则在荧泽县南也。自东汉时已塞为平地。故周径里数，志家莫能言之。"参考两《传》"笺曰"即知，《会笺》指明闵二年传"荧泽"在河北，宣十二年传"荧泽"在河南，两者有别，以此申明杜注。

关于闵二年传"荧泽"，有两种不同意见。一为在河南荧阳，一为河北另一荧泽。《禹贡》疏及《诗·定之方中》疏引郑玄注、《水经·济水》注引京相璠《春秋土地名》、洪亮吉《春秋左传诂》、沈钦韩《春秋左氏传补注》及刘文淇《疏证》都主前说。他们或据《禹贡》，或据《汉书·地理志》颜师古注有关荧在河南，荧泽在荧阳县东南的观点为说，认定闵二年传"荧泽"在河南。但这个说法与《左传》狄人、卫师战于荧泽，此时卫都河北的史实不符，所以不足

---

① 《左传正义》曰："《禹贡》，豫州荥波既猪，导沇水入于河，溢为荥。是荥在河南，此时卫都河北，为狄所败，乃东徙渡河，故知此荥泽当在河北。但沇水入河，乃洪被河南多，故专得荥名，其北虽少，亦称荥也。"

为据。

赞同杜注，主后说者，多以《左传正义》① 为据。如苏轼曰："沇水入河，溢为荥泽。尧时荥泽常波，而今始猪也。今荥阳在河南，《春秋》卫、狄战于荥泽，当在河北。孔颖达谓此泽跨河而南北也。"② 魏了翁谓："荥波既猪，荥泽波水已成遏猪。《正义》曰，马、郑、王本皆作'荥播'，谓此泽名'荥播'，《春秋》闵二年，卫侯及狄人战于荥泽，不名播也。郑玄谓卫狄战在此地，杜预云此荥泽当在河北，以卫败方始渡河，战处必在河北。盖此泽跨南北多而得名耳。"③ 朱鹤龄谓："《书》疏，郑云，荧今塞为平地，荧阳民犹谓其处为荧泽，在其县东。杜预《左传》注谓此荧泽当在河北，以卫败方始渡河，战处必在河北。葢此泽跨河南北而得名耳。"④ 等等，皆如此。这个说法是对的。

《左传》闵公二年："冬，十二月，狄人伐卫。……及狄人战于荧泽，卫师败绩，遂灭卫。……狄人囚史华龙滑与礼孔，以逐卫人。……狄入卫，遂从之，又败诸河。"据此，《正义》对杜注的疏解，是以《左传》记载的史实为据的，是可信的。杨伯峻《春秋左传注》云："胡渭《禹贡锥指八》谓：'卫、狄战地，或河北自有一荧泽，如魏献子之所田，别是一大陆（定元年），非《禹贡》之大陆，亦未可知。'胡说较是。"也不以荥泽就在河南。又可为"河北说"之一证。

**僖公十五年传："晋大夫反首，拔舍从之。"**

杜注："拔草，舍也。"

笺曰："拔与茇通，《周礼·大司马》：'教茇舍'注'草止也'。《甘棠》诗：'召伯所茇。'《传》：'茇，草舍也。'《正义》：'草中止舍，故云茇舍。'《尉缭子·武议篇》：'吴起与秦战，舍不平陇亩，朴樕盖之，以蔽霜露。'此茇舍之事也。杜曰：'拔草，舍止'者，解拔之所以为草止也。"

案，刘文淇《疏证》谓旧注以"草止"训"拔舍"文自明，杜预用旧注，但分训不确。《会笺》融合孔颖达《正义》、沈钦韩《补注》及洪亮吉《诂》申发杜注，使文意明了。

刘文淇《疏证》又谓，拔舍即状晋军悲伤无度，行军暂息，晓夜不解甲，

---

① 孔颖达《正义》虽循守疏不破注原则，从文字表述上对相矛盾的郑玄注与杜预注之裂缝，尽力弥合，东扯西拉，犹豫不决，但在观点上，倾向还是很鲜明的，肯定杜预河北说。所以刘文淇《疏证》强孔颖达之意以为河南说，不可信。

② 苏轼《书传》卷五"荥波既猪"条，文渊阁《四库全书》本。

③ 魏了翁《尚书要义》卷六"荥波即荥泽，杜预谓当在河北"条。

④ 朱鹤龄《读左日钞》卷二"及狄人战于荧泽"条。

借草而卧之情形。据此，杨伯峻《春秋左传注》以为拔舍者，拔起帐篷随秦而西行之说，既不合古义，又不符传意，不可信。

**僖公二十年传："陪臣敢辞"。**

杜注："诸侯之臣曰陪臣也"。

笺曰："陪，重也其君已为王臣，己又为己君之臣，故对王曰重臣也"。

案，服虔云："陪，重也。诸侯之臣于天子，故曰陪臣。"《礼记·曲礼》："列国之大夫，入天子之国，曰某士；自称曰陪臣某。"可见《会笺》申明杜注，颇有理据。

**文公四年传："曹伯如晋会正。"**

杜注："会受贡赋之政也。《传》言襄公能继文之业而诸侯服从。"

笺曰："《周官·宰夫职》：'岁终令群吏正岁会，岁终令正月要。'注云：'正，定也。'会正者，定岁额以为贡赋也。自齐桓官受方物，使自贡于天子。晋文继霸则敛于列国而代之贡。故诸侯皆朝晋会正。襄二十二年'随于执事以会岁终'是也。"

案，《会笺》引《周礼》及《左传》襄公二十二年事，并结合对齐桓公、晋文公称霸以来诸侯纳贡情况的分析，申发了杜注。

对杜预读正为政，顾炎武在《左传杜解补正》中曾有反驳，云："会正即朝正也，周之三月，晋之正月。"读正为正月之正。刘文淇①从之。今人杨伯峻《春秋左传注》则批评顾氏说："然晋虽行夏正，以周之三月为正月，但曹伯夏季如晋，亦已过朝正之期，恐顾说不如杜。"② 杨说是。刘氏乃强用顾说之陋。

文公十六年经："公子遂及齐侯盟于郪丘。"

杜注："郪丘，齐地。"

笺曰："或云：'郪丘当在今泰安府东阿县境。'③ 然是年公使公子遂纳赂于齐侯，因及齐侯盟于郪丘，其地当近国都，岂远至东阿而与之盟乎?"④

案，《会笺》用江永《考实》说驳斥了顾栋高《春秋大事表》的观点，并申发了杜注，指出郪丘当是齐近国都之地。沈钦韩《左传地名补注》谓此郪丘即汉之新郪，在颍州东八十里。距齐地尤远，其说不可信。《会笺》亦不采。

---

① 刘文淇《疏证》云："如顾说则此传当在'夏卫侯如晋拜之前'。"可见刘虽用顾氏之见，但仍存疑虑。

② 杨氏"亦已过朝正之期"正可释刘文淇"如顾说则此传当在'夏卫侯如晋拜之前'"之所惑，以明顾说之不确。

③ 语出顾栋高《春秋大事表》。

④ 语出江永《春秋地理考实》。

**宣公三年传：“载祀六百。”**

杜注：“载、祀皆年。”

笺曰：“载、祀犹后世所谓岁年也。载取物终更始，祀取四时祭祀一讫，年取年谷一熟，是载、祀皆年之别名，复言之耳。”

案，刘文淇《疏证》引王肃云“载、祀者犹言年也”，并谓杜注系取王说。《会笺》通过“载”“祀”“年”意义的解说并采《左传正义》观点，申发杜注。贾逵以载为虚辞，其训注不确，《会笺》不取。

成公十五年经：“三月乙巳，仲婴齐卒。”

笺曰：“杜注谓婴齐，襄仲子，公孙归父弟。宣十八年逐东门氏。既而又使婴齐绍其后曰仲氏。‘又使’云者，言又绍其父襄仲后，非绍其兄归父后也。”

案，仲婴齐是绍东门襄仲后，还是绍公孙归父后；或说是绍其父后，还是绍其兄后，是有不同意见的。杜注不够明确，《会笺》指出杜注“既而又使婴齐绍其后”，即为仲婴齐绍其父襄仲后。毛奇龄《经问》卷四云：“夫婴齐未尝后归父也。当共仲在宣公朝，季氏失国政，而政在仲氏，归父没，婴齐自当同时为大夫。仲氏死而归父自为卿，即婴齐之卿，或在归父见逐之后。然必非以后归父为名者，故《左氏传》策书并无其文，而《公羊》独有之。殊不知归父自为卿，亦自有子，夫归父之子，即子家羁也。子家羁以大夫从昭公出亡。周旋于亡君八年之间。及其反也，季氏欲卿之，而羁乃遁去。此固春秋之贤大夫，故传称子家懿伯，子家子则嗣归父之后者子家子也，非婴齐也。且其氏子家者何也，正父氏也。归父曾字子家矣。归父以东门襄仲之子称东门氏，子家羁以公孙子家之子称子家氏，正两代皆氏父者，是以季孙行父逐归父曰逐东门氏，季孙意如欲使子家羁为卿曰子家氏未有后，是归父氏东门，子家氏归父，而谓婴齐不当氏襄仲不可也。况季孙明曰子家氏未有后，则婴齐并不曾为归父后，而必待子家羁为卿而然后后之，策书甚明，是归父自有子，子家自有后。婴齐并不曾以归父为父，归父并不曾以婴齐为后，已有明文，乃俨然兄弟。而欲造一故事，使千载以来忽有一兄弟为父子之一节，此非圣经之祸，人伦之祸也。”毛奇龄认为仲婴齐绍其父襄仲后。《会笺》援引毛氏观点，并依据周代丧服、宗法继统等礼制说明大夫、士不得同天子、诸侯之礼，弟无后兄之义，以此证明毛说之可信，并指斥《公羊》“齐孰后，后归父”之误，亦对采纳《公羊》说的明朱大韶《春秋传礼征》作了驳正，从而进一步申发了杜注之意。

襄公元年经：“元年，春，王正月，公即位。”

杜注：“于是公年四岁也。”

笺曰：“九年传曰：‘会于沙随之岁，寡君以生。晋侯曰，十二年矣。’沙随在成十六年，知于是公年四岁也。”

案，《会笺》引孔颖达疏以申发杜注。

**襄公十八年传：“亦舍兵而缚郭最，皆衿甲面缚也。”**

杜注：“衿甲，不解甲也。”

笺曰：“《玉篇》：‘衿亦作紟，结衣也。’《释名》：‘衿亦禁也。’禁使不得解散也，故杜云：‘不解甲。’”

案，《会笺》通过训诂、考据进一步申发了杜注，使之更加可信。

**襄公二十三年传：“季氏以公鉏为马正。”**

杜注：“马正，家司马也。”

笺曰：“《夏官·家司马》注云：‘卿大夫之采地，王不特置司马，各自使其家臣为司马，主其地之军赋。’杜解‘马正，家司马’，是公鉏主季氏地之军赋，为家臣中之尊贵者。”

案，《会笺》用马宗琏《春秋左传补注》之说申发杜注。《周礼·夏官·家司马》曰：“家司马亦如之。”贾疏云：“《序官》云：‘家司马各使其臣以正于公司马。’郑云：‘家，卿大夫采地。正犹听也。公司马，国司马也。卿大夫之采地，王不特置司马，各自使其家臣为司马，主其地之军赋。注听政于王之司马，其以王命来，有事则曰国司马。’”可见，马宗琏说即用《周礼·序官》“家司马”贾公彦疏解郑玄之说为据。

**襄公二十五年传：“丁亥，葬诸士孙之里。四翣。不跸。”**

杜注：“跸止行人。”

笺曰：“《大司寇职》：‘凡邦之大事，使其属跸。’《士师职》：‘大丧亦如之’。”

案，大事、大丧，则跸；而今庄公葬，不跸，则不以大丧待之。《会笺》引沈钦韩《补注》，据《周礼》申明杜注，其解说更深入。

**昭公三年传：“民人痛疾，而或燠休之。”**

杜注：“燠休，痛念之声也。”

笺曰：“燠，温煦之意，《集韵》，燠，音妪，或作噢。休音煦，气以温之也。《玉篇》：‘噢咻，痛念之声。’《集韵》：‘或省作休。’汉《尉氏令郑季宣碑》：‘噢咻。’即用此传语。服虔云：‘燠休，痛其痛而念之，若今时小儿痛，父母以口就之曰燠休，代其痛也。’服说精矣。观《玉篇》‘燠休’字皆从口，更于声，意无可疑者矣。”

案，贾逵云：“燠，厚也；休，美也。”贾氏望文生训，把本来通过拟声而表达意义的复音词语，拆开解释，使文意扞格难通。所以竹添光鸿《会笺》不取贾注而以服虔及汉人说为依据，故申发了杜注，这正反映他受到了清代学者因声求义理论的影响。《会笺》曰："更于声，意无可疑者矣。"表明他有很高的声训修养，能以声音通训诂。

**昭公四年传："成有岐阳之蒐。"**

杜注："周成王归自奄，大蒐于岐山之阳。岐山在扶风美阳县西北。"

笺曰："《竹书》：'成王六年，大蒐于岐阳。'《晋语》：'昔成王盟诸侯于岐阳。'云云。汉之美阳在今武功县境，今岐山县正在武功之西，彼时未有县，故岐山在其境也。后周始置岐山县，今属陕西凤翔府。"

案，贾逵曰："岐山之阳。"《汉书·地理志》云："右扶风美阳。"据此知杜注本贾逵注及《汉书·地理志》而来。江永《春秋地理考实》卷三："《汇纂》：'汉之美阳在今武功县境，今岐山县正在武功之西，彼时未有县，故岐山在其境也。后周始置岐山县，今属陕西凤翔府。'"由此知《会笺》用江永说阐释岐阳汉以来的沿革，并指明今之所在以申杜注。《会笺》据江永说证明清代岐山属陕西凤翔府岐山县。沈钦韩曰："《方舆纪要》：'岐山，在凤翔府岐山县东北十里，山有两岐，故名。'"此又一证。

**昭公二十五年传："隐民多取食焉。"**

杜注："隐，约，穷困者也。"

笺曰："《荀子·宥坐篇》：'奚居之隐也。'杨倞注：'隐，穷约也。'"

案，《会笺》指明了杜注的训诂依据。《会笺》此类申明杜注的地方很多。再如，昭公二十五年传："公徒释甲执冰而踞。"杜注："冰，椟丸盖①，或云椟丸是箭筒，其盖可以取饮之也。"笺曰："《方言》曰：'弓藏谓之鞬，或谓之犊丸。'是犊丸盛弓者也。或说犊丸是箭筒（犊当为韇之误），其盖可以取饮者。《诗》云：'抑释掤忌。'毛传云：'掤，所以覆矢。'谓箭筒盖也。掤与冰字虽异音义同，是一器也，或说可从。"《会笺》引用《方言》《诗·大叔于田》毛传说明冰与掤义同，此句中应释为椟丸盖，即箭筒盖，指出了贾逵注、杜注释冰为椟丸盖的训诂依据，申明了杜注。《会笺》此类训释较之杜注更为精细深入，使人不仅知其然，而且知其所以然。

**定公九年传："载葱灵，寝于其中而逃。"**

杜注："葱灵，辎车名也。"

笺曰："谓装载衣物于葱灵。贾逵云：'葱灵，衣车也。'"

案，《说文》："辎，辎軿，衣车也。軿车前衣也，车后为辎。""軿，辎軿

---

① 此为贾逵注。

也。”由此辎车即衣车。《会笺》引贾说将杜注进一步说明。

**哀公二年传：“庶人工商遂。”**

杜注：“得遂进仕也。”

案，《会笺》考酌清梁英书、沈钦韩、俞樾三家说，对杜注作了申发，曰：“《战国·齐策》‘非不尊遂也’，鲍彪注：‘遂犹达。’《汉书·儒林传》‘弟子遂之者’注：师古曰：遂谓名位成达者。”① 又曰：“《易》大壮上六曰：‘不能退，不能遂’，‘退’与‘遂’为对文，虞翻曰：‘遂，进也。’言能克敌则进之于朝也。”《会笺》此说系由沈钦韩《补注》和俞樾《春秋左传平议》两著而来。由此知竹添氏糅合三家而为一说，为杜注找出了文献依据，同时指出“遂”的本义，以明其引申义。故《会笺》的注释较之杜注更加精确、深入。②

**哀公十二年传：“侯伯致礼，地主归饩。”**

杜注：“侯伯致礼以礼宾也。地主，所会主人也，饩，生物也。”

笺曰：“侯伯，诸侯之长，谓盟主也。致，致之于彼也。下曰行礼，归饩曰致饩，见桓十四年。侯伯为主则诸侯皆宾。礼宾当有以礼之，或设饮食与之宴也。”③

案，《左传正义》云：“服虔曰：‘致宾礼于地主。’”杜注意为侯伯致宾礼于诸侯。服说与杜注异。《会笺》取杜注，并引《正义》等进一步阐发之。又，桓公十四年传：“十四年，春，会于曹。曹人致饩，礼也。”笺曰：“得地主之礼也。哀十二年传，夫诸侯之会，事既毕亦，侯伯致礼，地主归饩，以相辞也。与此相照。”

桓公六年传：“齐人馈之饩。”齐人亦地主，据《左传》则知，归饩乃地主之事。联系《左传》的记载，考察此传与桓公十四年传《会笺》的解说，可知，其符合传意，说为得谊。

沈钦韩《补注》曰：“服意谓宾有所归，即圭璋皮马之类。归饩乃地主之事，杜预混一之，非也。”沈说误解传文，不对，因而《会笺》不取。

**再如，隐公十年经：“辛未，取郜；辛巳，取防。”**《会笺》区分了《左传》中三郜的不同，以此申发杜注。**桓公二年传：“士有隶子弟。”**案，杜注系本服虔说而来。《会笺》赞同杜注而引孔颖达疏以申之，并补采《国语·鲁语》《礼

---

① 见梁英书《左通补释》。

② 对这条杜注，《会笺》曰：“杜不知遂即为进，得遂进仕，则于遂下又增出进字矣。”认为杜注不精确，故申发杜注，使之精确。

③ “礼宾当有”句见《左传正义》。

记》《仪礼》等文献以发明。**桓公二年传：“宋殇公立，十年十一战。”**《会笺》融合贾、服注①以申发杜注。**桓公六年传：“以德命为义。”**案，服注云：“谓若太王度德，命文王曰昌，命武王曰发。”杜注系由服注而来。《会笺》进一步申明了杜注。**桓公九年传：“享曹太子，初献，乐奏而叹。”**案，“初献”，服注：“初献酒。”杜注系由服注而来。《会笺》用服注，并据燕礼对“初献酒”做了进一步解说以申明杜注。**庄公二十年传：“冬，王子颓享五大夫，乐及遍舞。”**案，贾逵云：“遍舞，皆舞六代之乐。”② 可见，杜注用贾说。《会笺》赞同杜注，又进一步引清崔述之说详细讨论上古乐的名称、性质、流传情况，以申发杜注。**闵公二年传：“成季之将生也，桓公使卜……其名曰友，在公之右。”**案，《会笺》从汉字形义关系入手，分析了友、右的意义，以此申明杜注。其训诂释义较杜注更为深入细致. **闵公二年传：“秋，八月辛丑，共仲使卜齮贼公于武闱。”**案，《会笺》引金鹗《求古录礼说》对门、闱散言与对言之异同，及古人闱之尺度按天子、诸侯、大夫、士等级依次递杀的用闱制度做了探讨，并谓“武本虎字，武闱当作虎闱，即闵公之寝门。”由此，《会笺》据礼申发了杜注。**僖公卅三年传：“子墨衰绖。”**案，刘文淇《疏证》云：“贾逵云：‘墨变凶。’”刘又谓杜注即用贾说。《会笺》据《周礼》并结合传文所载晋文公未葬之史实，说明丧服嫌于军败，故墨之，道出“墨变凶”之因，以此申明杜注。梁履绳《左通补释》指出，墨衰绖，除戎事尚袀服外，还因白则易识，不特为兵家所忌。李贻德《辑述》亦谓黑色戎服所宜。皆可证《会笺》说之可信。此外，《会笺》又列举文献所载的凶服从戎事，以增广异闻，丰富注释。**宣公十二年传：“楚子为乘广三十乘，分为左右，右广鸡鸣而驾，日中而说。”**案，《会笺》暗指“说”之本字为“税”，即为“解脱”“舍”之意，以申明杜解。**襄公元年传：“秋，楚子辛救郑，侵宋吕、留。”**案，《会笺》引《汉书·地理志》《郡国

---

① 贾逵云：“一战，伐郑，围其东门；二战，取其禾；三战，取邾田；四战，邾郑宋，入其郛；五战，伐郑，围长葛；六战，郑以王命伐宋；七战，鲁败宋师于菅；八战，宋、卫人郑；九战，伐戴；十战，郑入宋；十一战，郑伯以虢师大败宋。”《左传正义》引服虔云：“与夷，隐四年即位，一战伐郑，围其东门；再战，取其禾，皆在隐四年。三战，取邾田；四战，邾、郑入其郛；五战，伐郑，围长葛，皆在隐五年。六战，郑伯以王命伐宋，在隐九年。七战，公败宋师于菅；八战，宋、卫入郑；九战，宋人、蔡人、卫人伐戴；十战，戊寅，郑伯入宋，皆在隐十年。十一战，郑伯以虢师大败宋师，在隐十一年。”

② 《会笺》引旧注本文皆依严蔚《春秋内传古注辑存》（光绪十五年味义根斋刊本）、刘文淇《春秋左传旧注疏证》、李贻德《春秋左氏传贾服注辑述》（同治五年刻本）、阮元刻《十三经注疏·春秋左传正义》孔颖达引贾逵、服虔注对出。

志》、沈钦韩《补注》及《水经·济水》注，阐明吕、留地理沿革，及“今”之所在，以申杜注。**襄公十三年传：“唯是春秋窀穸之事，所以从先君于祢庙者。”**案，杜注晦暗不明。《会笺》指出本句是楚共王要求定谥之意以申明之，并引《祭法》释祢庙，后人更易理解。**襄公十四年传：“卫献公戒孙文子、宁惠子食。”**案，《会笺》据礼辨析宴食与礼食，结合传文断定此为宴食，并释“宴食”之义，以使杜注更为明了。**襄公二十三年传：“季孙召外史掌恶臣而问盟首焉。”**案，据上下文意可知，盟首应指盟辞，杜注语犹未尽，《会笺》则明了地注出了此义。① **襄公二十三年传：“及旅而召公鉏。”**案，《会笺》据《仪礼·乡饮酒礼》旅酬之礼申发杜注，揭示礼制与等级制度的关系，阐释传文深层意蕴，并用沈钦韩《补注》证成己意。**襄公二十四年传：“齐人城郏。”**案，“经承旧史，史承赴告”的思想是杜预在《春秋经传集解序》中体现的他对《春秋》《左传》的认识。杜预撰写该著，就是以此为基础的。所以杜预对《经》“书”或“不书”的情况，往往用“从赴”“阙文”或“不告”“没有来告”加以解说。这反映他能从史，而非圣人书法的角度探讨经传问题的客观求是态度。《会笺》引顾氏说②申畅了杜预的思想。这也表明竹添先生对《春秋》经、传史书性质具有正确认识。**襄公二十五年传：“丁亥，葬诸士孙之里。四翣。”**案，《会笺》引《礼记·礼器》《丧服大记》及郑玄注和《方言》解说翣之性质、用途、形制、使用制度，申发杜注。**襄公二十五年传：“崔氏侧庄公于北郭。丁亥，葬诸士孙之里。四翣。不跸。下车七乘，不以甲兵。”**案，《会笺》引《礼记·杂记》及沈钦韩、梁履绳说③，据礼申发杜注。李贻德《辑述》谓上公当是饔饩九牢，遣车九乘，那么杜云“齐旧依上公礼”，则今七乘已减损，由此，《会笺》“今以四翣例之，七似当作五，或遣车不减亦不可知”之惑可释。**昭公十三年传：“郑伯，男也，而使从公侯之贡。”**案，此句异说纷纭，归纳起来，实有两种理解。其一，以男为爵，即伯子男为一列；其二，以男为贡服，杜注持此说。《会笺》比照定四年传，用《左传正义》引郑司农、郑玄观点及《国语·周语》韦昭注申发杜解，并驳斥前说。其论符合传意，故为得谊。吴静安《疏证续》对古往今来主要的各家议论都有介绍，可参看。杨伯峻《注》亦对主要的各家观点进行了深入的探讨，其结论与《会笺》同，以范文澜“郑为伯爵，

---

① 按注疏的原则，若用原字能读通者，则不可轻言假借。清代王引之以“首”为“道”之假借，以此驳杜预注，文献依据不足。故《会笺》不取其说。

② 顾栋高《春秋大事表》卷八下。

③ 《既夕礼》以下为沈钦韩说。“《传》见庄公所以不书葬”为梁履绳说。

在外服（候甸男卫称外服）”说为准。**昭公十三年传：“贡之无艺。”**案，《会笺》引文六年传注及《国语·越语》注训解“艺”，申明杜注。**昭公二十五年传：“（季平子曰）臣请待于沂上以察罪。”**案，高士奇《春秋地名考略》和梁履绳《左通补释》均考证了杜所云鲁城南沂水与大沂水之异。《会笺》融合高、梁之说并援引《水经注》进一步辨析了两者不同，以此申明杜注。**哀公二十五年传：“陪臣干掫有淫者，不知二命。”**案，《会笺》据《尔雅·释言》和《说文》训“干掫”，申明杜意，使有所据。**哀公二十五年：“公拊楹而歌。”**案，《会笺》引服注以申发杜注。

## 二、补充杜预注

《会笺》补充杜注的情况有以下几种：第一，汉魏以迄清季（案，竹添光鸿活动于日本江户中后期，相当于清季民国初期）语言发生了很大变迁，使得后人理解古代经典出现了障碍。当西晋时，杜预认为易于理解而未加注释的词语、文化知识，至清季有些已经晦涩难明，需要补充说明。第二，杜注释义不完整或不充分者，更需补充。第三，受清代考据学家的影响，旁征博引，考献征文，为杜注提供更多更充分的佐证材料。第四，对于经传文意难明，而杜预却漏注的，也应加以增补。总之，竹添氏广采诸家，博涉群籍，对于上列问题做了充分的增补。兹举数例，进行说明：

**隐公元年传：“大夫三月，同位至。”**

杜注：“古者行役不踰时也。”

笺曰：“杜意谓大夫待同列自他国归，故三月也。然以上下文例推之，专就他国言为是。”

案，《会笺》的补充说明使杜注更为准确明白。

**桓公十一年经：“十又一年春正月，齐人、卫人、邹人盟于恶曹。”**

杜注：“恶曹，地阙。”

笺曰：“恶曹，疑乌巢之异文，在今卫辉府延津县东南。”

案，《会笺》采沈钦韩《补注》补充了杜注。

**闵公二年传：“卫侯不去其旗，是以甚败。”**

笺曰：“庄九年，乾时之战，秦子、梁子以公旗辟下道，是以皆止。可见卫侯不去其旗。故狄人望而知为君，直趋而四萃，安得免乎。”又曰：“去，藏也，古人以藏为去。鄢陵之战乃纳旌于弢中是也。”

案，“去”，杜预无注。《会笺》采惠栋《左传补注》观点，指明“去”的古义，增补杜注。昭公十九年传：“纺焉以度而去之。”《正义》：“去，即藏也。

字书去作‘弆’，羌莒反，谓掌物也。”《周礼·春官·大司乐》：“凡日月食，四镇五岳崩，大傀异烖，诸侯薨，会去乐。”孙诒让《正义》：“去，弆古今字。”《三国志·魏志·华信传》：“卿今彊健，我欲死，何忍无急去药，以待不祥。”裴松之注：“古语以藏为去。”可见“去”古义作藏，乃为“弆”字。《会笺》能注意挖掘古字古义，见其训诂十分准确精细。或以为“去”如字解即可通，便不若《会笺》能明古义的笺注精到。

**闵公二年传：“卫懿公好鹤，鹤有乘轩者。”**

杜注：“轩，大夫车也。”

笺曰：“王夫之曰：‘车有幡者谓之轩。有车幡者必重较，故轩为大夫以上之车。而重较即轩也。重较者……幡者所以蔽轮𨏥内泼之泥涂，一名车耳。应邵曰，车耳反出，所以为之藩屏翳尘泥，以簟为之，或用革。司马彪曰，幡长六尺……外向若耳，故名车耳。反出故曰车反，又可藩蔽，故曰藩，亦作轓。’”

案，杜注疏漏，《会笺》引王夫之《春秋稗疏》，车有幡为之轩，可藩蔽说增补之。刘文淇《疏证》：“《广雅·释诂》：‘轩，韦车也。’王念孙云：‘轩之言扞蔽也。《说文》：‘轩，曲辀藩车也。’王逸注《招魂》云：‘轩，楼板也。’《周官·小胥》疏引《左传》注云：‘诸侯轩悬阙南方，形如车舆。’皆扞蔽之意也。’按王说是也。《文选·东京赋》薛注：‘属车有藩曰轩。’《巾车》注：‘藩，今时小车藩，漆席为之。’皆与服注合。又作‘轓’，《景帝纪》‘朱两轓’应劭曰：‘车耳反出所以为之藩屏翳尘泥也。以箅为之，或用革。’《舆服志》注：‘车有轓者，为之轩。’”从刘氏所引王念孙《广雅疏证》《文选》薛注、《汉书景帝纪》及《舆服志》注诸文献考察，可见《会笺》对“轩”的解说很精详。

**僖公二十八年传：“栾枝使舆曳柴而伪遁。”**

杜注：“曳柴起尘，诈为众走也。”

案，杜预释“舆”所做之事，而对“舆”本身则未加说明。《会笺》补充曰：“舆，厮役也，其长曰舆尉。掌辎重及薪水之事。”

“舆”在《左传》中多次出现，《会笺》曾多次作解。僖公二十八年传云：“曹人尸诸城上，晋侯患之，听舆人之诵，称舍于墓。”① 笺曰：“舆人，役卒也，不与战争。”又，襄公十八年传：“晋人使司马斥山泽之险，虽所不至，必旆而疏陈之。使乘车者左实右伪，以旆先，舆曳柴而从之。”又，襄公三十年传：“二月癸未，晋悼夫人食舆人之城杞者，……而废其舆尉。”《会笺》以为

① 《会笺》引王引之《经义述闻》证明该传文中“诵”当为“谋”之误。

舆"其长曰舆尉"。又，昭公四年传："大夫命妇丧浴用冰。祭寒而藏之，献羔而启之，公始用之，火出而毕赋，自命夫命妇至于老疾，无不受冰。山人取之，县人传之，舆人纳之，隶人藏之。"笺曰："(《周礼》)《夏官》之属有隶仆，即舆人之类。"又，十八年传："及火，里析死矣，未葬，子产使舆三十人迁其柩。"笺曰："城濮、平阴'舆曳柴'，哀二十三年'使求从舆人'，与此合观则舆是似执推挽之役者；据舆人纳之，或因车舆而得名欤。"又，哀公二十三年传："是以不得助执绋，使求从舆人。"笺曰："舆人盖丧车之人，观舆迁柩，舆曳柴，似执推挽之役者。"

据上列材料知，《会笺》联系《左传》事实说明舆为厮役，从事曳柴、执绋推挽、迁柩、筑城、藏冰之事。其对《传》中"舆"的笺解，颇具总结性。综合《左传》的记载，及《会笺》的解说，可判定舆人为善众服役之人，在军事、丧葬等社会事务中服劳役，是随军役从的军事役徒。

又，僖公二十五年传："限入而系舆人。"笺曰："舆人，众人。"又，襄公三十年传："舆人诵之。"又，昭公七年传："天有十日，人有十等……皂臣舆，舆臣隶……以待百事。"笺曰："自士以下，以其所命之职守别等也。府吏胥徒之等，盖当皂舆隶僚……舆，众也，佐皂举众事也。……自皂以下得相役使，故曰臣也。"又，昭公十二年传："周原伯绞虐，其舆臣使曹逃。冬，十月壬申朔，原舆人逐绞，而立公子跪寻。"笺曰："曹亦舆臣也，下舆人亦舆臣。"

据以上材料知，《会笺》以舆人为众人。这是对的。僖公二十八年传："晋侯听舆人诵曰：'原田每每……'"杜注："恐众畏险，故听其歌诵。"哀公二十三年传："是以不得助执绋，使求从舆人。"杜注："舆，众也。"舆人即众人，舆人为庶民，服务于各有司衙门。

总观《会笺》的疏解，它归纳了《左传》中舆人所从事的劳役内容，概括了舆人的庶民身份。这对于进一步讨论舆在先秦社会中的身份、地位和社会作用等问题都很有帮助。

当代台湾学者黄圣松的《〈左传〉舆人考》① 对先秦文献特别是《左传》中的舆人问题在总结已有的研究成果的基础上，进行了系统的爬梳和考论。他指出，舆人即是国人中被征发以服徭役的庶人。在先秦社会中舆人的工作，主要是与推挽车辇有关的事务，如推挽柩车、运载冰块及筑城时或战场上的物资、工具等物品，有时在战争中也担任机动的工作，如扬起灰尘以欺敌等。其说可

---

① 《文与哲》第六期，《文与哲》编辑委员会，"国立中山大学"中国文学系出版 2005 年版，第 35－67 页。

供参阅。值得注意的是，黄氏援用了《会笺》的观点。

**文公十六年传："麇人率百濮聚于选，将伐楚。"**

杜注："百濮，夷也。"

笺曰："百濮，种族非一，各以邑落自聚，故称百濮。下曰'各走其邑'，是无君长统之也。《牧誓》彭濮人。孔《传》濮在江汉之间，然则其地在楚之西北境也。"

案，孔颖达《正义》引杜预《春秋释例》曰："建宁郡南有濮夷，无君长总统，各以邑落自聚，故称'百濮'。"高士奇《春秋地名考略》云："百濮种族非一，约言其地当在楚境之南而迤西矣。"可见，《会笺》融合孔疏及高氏说进一步解释了"百濮"以增补杜注。但《会笺》谓濮在楚之西北境不确。惠栋《补注》、沈钦韩《左传地名补注》、高士奇《春秋地名考略》及刘文淇《疏证》都指明濮在楚之西南境。

**文公十八年传："少皞氏有不才子，毁信废忠，崇饰恶言；靖谮庸回，服谗蒐慝，以诬盛德。"**

杜注："蒐，隐也。"

笺曰："蒐，聚也。蒐罗奸慝之人，而为群小之渊薮。行谗言以诬盛德之人。"

案，《广雅·释诂》："廋，隐也。"王念孙《广雅疏证》云："《方言》：'廋，隐也。'文公十八年《左传》'服谗蒐慝'，服虔注云：'蒐，隐也。'蒐与廋通。"可见，杜注本服注而来。杜、服注可通传意，但蒐解为聚，于传文更明了，因而《会笺》既保留杜注又能别作一解，以丰富注释，提供参考。《春秋》经传原文可做多种理解的，《会笺》常常于杜注之外提出它说。这样既保留了旧注，又可提供多种观点，以便讨论研究。

**宣公十二年传："前茅虑无。"**

杜注："虑无，如今军行，前有斥候蹋伏，皆持以绛及白为幡，见骑贼举绛幡，见步贼举白幡，备虑有无也。"

笺曰："虑无，虑所无之意，犹曰听于无声，视于无形也。注蹋伏谓踪迹，隐伏也。蹋同蹹。《通典·李靖兵法》云：'或刻为兽足，而印履於中途，或上冠微禽，而幽伏于丛薄，然后倾耳以遥听，竦目而深视，专智以度事机，注心而候气色，见水痕则可以测敌济之早晚，观树动则可以辨来寇之驱驰也。'所谓蹋伏也。"

案，刘文淇《疏证》谓《太平御览》卷三百四十引旧注云："如今斥候持绛及白幡，见骑贼举绛幡，见步贼举白幡，备不虞，有常处。"可见杜注本旧注而来。踢伏难懂，杜注无解，《会笺》参用《通典》所引《李卫公兵法》加以补充说明，指出其为前军隐伏踪迹以行军探道之意。

**成公十六年传："塞井夷灶，阵于军中，而疏行首。"**

案，对该句"行首"的理解意见分歧，以致对"疏行首"的解释纷纭。清王引之《述闻》谓"行首"即"行道"，"疏行首"即通阵列队伍之道，"塞井夷灶"的目的是为了"疏行首"，因"井灶已除，则队伍之道疏通，无所窒碍矣"。而惠栋《补注》和刘文淇《疏证》则称行首即行列，"疏行首"就是在军垒中分开队伍的行列，"塞井夷灶"与"疏行首"是在军垒中从事的两个军事行为。沈钦韩《补注》却谓"行首即领队者"，是《吴语》中的行头。沈氏也指出"疏行首"就是隔开军中队列的行距，是在军垒中完成的。

关于"行首"，杜预未做确解，此句仍有不明。《会笺》补曰："行首犹云行前，谓行伍所向。《战国策》曰：'夫以秦之强，首之'注言以兵向之，是也。"此与沈钦韩的"行头"说可互补为证。

关于"疏行首"，杜注云："疏行首者，当阵前决开营垒为战道。"王引之驳斥云："下文曰'将塞井夷灶而为行也'，则塞井夷灶正所以疏行首，非决开营垒之谓也。"王氏以"行首"为"行道"，有改字之嫌，其说只可算一家言。然杜注谓"疏行首"的行动已不在军垒中发生，与惠栋、刘文淇二家说也相殊异。对此，《会笺》赞同杜注，笺曰："塞井夷灶者，以将结阵于军中也，与疏行首自别。下文'为行'即为行列也。"《会笺》明确反驳王引之的观点，首先认为塞井夷灶与疏行首没有因果关系，其次指出下文"为行"即为行列，与王引之成行，出发而走之义完全不同。由于各家之说纷然，莫辨其是非，而杜注与《会笺》于文理宜通，所以可备一说。

**襄公元年传："郑子然侵宋，取犬丘。"**

杜注："谯国酇县东北有犬丘城迂回，疑。"

笺曰："犬丘地不近郑，故杜以为疑。然是时楚方侵宋之吕、留，郑盖为楚取也。汉为敬丘县，后汉曰太丘，陈寔为太丘长即此。今有太丘集，在河南归德府永城县西北三十里，与夏邑接界，大河经此，东北流入江苏徐州府砀山境。"

案，清高士奇《春秋地名考略》卷十云："犬丘地不近郑，故杜以为疑。然是时楚方侵宋，取吕、留，郑盖为楚取也。汉为敬丘县，属沛郡，后汉曰太丘，仍属沛国……今有太丘集，在归德府永城县西北三十里，与夏邑接界。"据此，《会笺》采高士奇观点为杜注释疑，证成杜说。洪亮吉《春秋左传诂》："犬丘当作太丘，传写误移点在上。《尔雅》'宋有太丘'，《汉书·郊祀志》：'周显王四十一年宋太丘社亡，'是也。”刘文淇《疏证》云：“洪说是也，高氏径以‘太丘’当犬丘，非。”由此知高说与洪说结合，则为确诂。

**襄公元年传：“败其徒兵于洧上。”**

杜注：“洧水出密县，东南至长平入颍。”

笺曰：“洧水出河南开封府密县马岭山，又东过新郑县南，即晋败郑徒兵处。盖近郑都之地。又昭十九年传：‘龙斗于时门之外洧渊。’古郑城在今新郑县治西北，溱水在北，洧水在南，亦郑环卫国都之水也。晋长平在今陈州府西华县。”

案，《汉书·地理志》“颍川郡阳城”自注：“阳城山，洧水所自出，东南至长平入颍。”《水经·洧水》：“洧水出河南密县西南马岭山，又东南过其县南，又东过郑县南。”注云：“洧水又东过新县故城中。《左传》襄公元年：‘晋韩厥、荀偃帅诸侯之师伐郑，入其郛，败其徒兵于洧上。’是也”。据此，杜注出自《汉书·地理志》和《水经·洧水》及注。顾栋高《春秋大事表》云：“昭十九年传：‘龙斗于时门之外洧渊。’盖古郑城在今新郑县治西北，溱水在北，洧水在南，亦郑环卫国都之水也。”《会笺》糅合《水经·洧水》及注和顾说详细阐释洧水沿岸重要郡县沿革、历史掌故，以申发杜注，并指出晋长平今属何地。

**襄公二十五年传：“崔氏侧庄公于北郭。”**

杜注：“侧，瘗埋之，不殡于庙。”

案，陶鸿庆引《尚书·尧典》及疏、《淮南·原道训》及高诱注谓“侧”有隐伏之义，庄公死不殡庙，类此，故曰侧。陶说与杜注同。然“侧”有几解皆通，杜注仅其一说。《会笺》引俞樾《茶香室经说》以侧、堲通，用堲周之法，以砖周棺说，和沈钦韩《补注》无偶曰侧，庄公之殡，有棺无椁说，增补杜注，丰富注释。

**昭公二十七年传：“公如齐，齐侯请飨之。子家子曰：‘朝夕立于其朝，又何飨焉，其饮酒也。’乃饮酒，使宰献，而请安。子仲之子曰重，为齐侯夫人，曰：‘请使重见。’子家子乃以君出。”**

杜注：“辟齐夫人。”

笺曰：“《内宰之职》云：‘凡宾客之祼献瑶爵，皆赞。’注云：‘祼之礼，亚王而礼宾，献谓王飨燕，亚王献宾也。瑶爵所以亚王酬宾也。然则祼献酬后夫人所以礼宾，共三事也。’‘请使重见’，是时献酬之礼不行。故子家以君出也。”

案，深入理解此句需要依据当时的燕、享饮酒之礼和具体历史背景，进行分析说明，而杜预无注。《会笺》引《周礼·天官·内宰》及注和当时夫人献酬之礼不行的实际情况阐释了子家以君出的深刻原因。沈钦韩《补注》引《礼记·坊记》及注和“自阳侯杀缪侯后，其后夫人献礼遂废。并使人摄也。”夫人礼宾这一裸礼的献酬仪式当时已废弃不行的史实，说明齐侯违反时俗，故子家子以君出。其说也证明了《会笺》的确凿。

**哀公十四年传：“魋先谋公，请以鞍易薄。公曰：‘不可。薄，宗邑也。’”**

杜注：“宗庙所在。”

笺曰：“宗，本宗也，汤所尝都，故曰宗邑。”

案，薄称宗邑，因宋公宗庙之所在，不足。《会笺》采沈钦韩《补注》补充杜注。

**哀公十四年传：“司马请瑞焉。”**

杜注：“瑞，符节以发兵。”

笺曰：“《周礼·典瑞》云：‘牙璋以起军旅，以治兵守。’郑众云：牙璋瑑以为牙，牙齿兵象，故以牙璋发兵。若今时以铜虎符发兵也。”

案，《会笺》据礼释传，使解释深入明了。

**哀公十四年传：“初，陈豹欲为子我臣。”**

杜注：“豹，亦陈氏族也。”

笺曰：“陈豹字子皮，文子之孙。”

案，《会笺》引宋程公说《春秋分记·世谱二》增补杜注。

**哀公十四年传：“乃益鞍七邑，而请享公焉。”**

笺曰：“鞍有二，成二年，战于鞍，是齐地；‘益鞍七邑’是宋地。”

案，杜预未注此鞍，《会笺》对成二年及此鞍加以辨析以增补之。杨伯峻《春秋左传注》引王国维云，“鞍，桓魋之邑，地虽无考，当与薄近。是岁魋人于曹以叛，时曹地新入于宋，虽未必为魋采邑，亦必与魋邑相近”，并推断“则鞍当在今山东定陶县之南，河南商邱市之北之某地”。可证《会笺》之可信。

**再如：僖公九年传：“凡在丧，王曰小童，公侯曰子。”**案，杜注经书子者，系父之辞，未得《传》义。《礼记·杂记》“君薨，太子号称子，待犹君也”注谓未逾年也。《会笺》本礼注说明此嗣君在丧之称谓，以补杜。其说有据并符合《左传》史实，确凿可信。有关“公侯”的解说，杜注牵合，《会笺》引《竹书纪年》加以分析，以增杜意，宜理可信。**宣公十八年传：“既复命，袒，括发。”**案，袒，杜预无注，《会笺》据礼辨析了左袒与右袒，袒与袒裼之异，使人明白传文袒为左袒之意。**襄公十三年传：“唯是春秋窀穸之事。”**案，杜注因过于简略，而不透彻。《会笺》不仅引《正义》《晋语》《说文》指出窀穸的古字、本义，而且揭示其引申义，并联系上下文指出“春秋窀穸之事”的言外之意，即议定谥号。《会笺》为杜注增补了词语、传文的深层蕴含的解说。**襄公十四年传：“卫北宫括不书于向，书于伐秦，摄也。”**案，“摄”之意，杜注解说不透辟，《会笺》引《说文解字》及俞樾《左传评议》增补之。**襄公十四年传：“乃祖吾离被苫盖。”**案，盖、苫，杜注粗疏。《会笺》引《尔雅》及孙炎、郭璞注，丧礼、《丧服》郑玄注，《说文解字》徐本，和《经典释文》加以详释，以补杜注之未备。**襄公十四年传：“卫献公戒孙文子、宁惠子食，皆服而朝，日旰不召，而射鸿于囿。二子从之，不释皮冠而与之言。”**案，杜预对“皮冠”及“释皮冠”的原因未注，《会笺》补出，这对深刻理解“二子怒”及卫献公的“不君”十分必要。**襄公二十三年传：“王鲋使宣子墨缞冒绖。”**案，晋悼夫人之兄杞孝公卒，夫人丧之。宣子伪为夫人侍御，依礼，故墨缞。宣子墨缞首绖的具体原因，杜注无解，《会笺》引沈钦韩《补注》并参他说加以增补，使其明了。**襄公二十三年传：“若能孝敬，富倍季氏可也。”**案，“富”，杜注仅以本字解，《会笺》采俞樾说又增补“富即福”一意。本句“季氏”不好理解，杜预无注。《会笺》引《左传正义》加以补充。**襄公三十一年传：“无若诸侯之属，辱在寡君者何？”**案，这句话是春秋时贵族间的外交辞令，是一种委婉客气的表达语式，“辱”在该句式中为表谦敬的副词，并无深义。“在”的古今词义发生了很大差别。由于此句式及句中字词意义由先秦至清代已随时间发生了很大变化，所以今人不好理解。而杜注无解。《会笺》特为补注，“《聘礼记》：‘子以君命在寡君，君以社稷故在寡小君。’郑云：‘在，存也。谓存问之。’”点出了此句中的关键词“在”的古义，该句之意自然可明。**昭公二十三年传：“士伯御叔孙。”**案，“御”，杜解无注，后人难明传义。《会笺》引俞樾《左传平议》，据声近义通之原理，释“御”为圉，增补之，则文意霍然而解。**昭公二十五年传：“九月戊戌，伐季氏，杀公之于门，遂入之，平子登台而请。”**案，此句杜注无解，《会笺》参魏禧《左传经世》增补之。**哀公二年经：“二年，春，王二月，季孙斯、叔孙州仇、仲孙何忌帅师伐邾，取漷东田及沂西田。”**案，对此沂，杜注无解。《会笺》引顾栋高《春秋大事表》增补之。**哀公十四年经：“夏四月，齐陈恒执其君，寘于舒州。”**案，舒州，杜注无解。《会笺》引江永《考实》说明舒州为东平舒，清属顺天府大城县，非薛城之徐州。以此增补杜注。李富孙《春秋三传异文释》云：“《齐世家》作田常执简公于徐州，弑其君壬于舒州，亦作徐州。《田完世家》亦作徐州。《元命苞》曰：‘徐之为音舒也’。《释名》：‘徐，舒也。’《楚策》：‘楚威王战胜于徐州。’高注：‘徐州或作舒州，二字音近义同。’”此可证《会笺》所采江永说有理据。**哀公二十**

**年传："子之尚幼。"**案，《会笺》引杜预《世族谱》及《世本》增补杜注关于"子之"的解释①。

### 三、驳正杜预注

《左氏会笺》中有很大一部分注释是纠正杜注之谬误的。竹添氏或直接爰述已有的研究成果，特别是清人的观点，订正杜注之失；或利用清代考据学的成果和理论转相发明，辨正考索，指论杜注之违异，证成其说。竹添氏在《左氏会笺》中许多注释里还都注明诸如"杜误""杜谬""杜非""杜云……恐非""杜云……（其说）非也""杜解恐非""杜……非是""杜疏""杜说甚疏""杜……之疏矣""杜失之""杜失其义""杜诬文""不成辞""观此则杜之说不得其实""杜不知传意所在"，"乃云……妄矣""杜云……（似）失其义""杜……误也""杜……之说误""杜……之说凿矣"、"杜……迂矣""杜以为……然亦未安""杜说（穷、疏）迂矣""杜说（……）穷矣""杜以意言之""杜以为……（臆断）臆说也""杜不知……故谬""如杜说，下文皆不可通"之类否定语，以表明其规杜之义。如：

**隐公元年前传："孟子卒。"**

杜注："无谥，先死不得从夫谥也。"

笺曰："夫人系夫谥，《诗》称'庄姜''宣姜'是也。然景王未崩，妻称'穆后'。而鲁十二公夫人，《经》有九人皆书其谥，其从夫谥者，独有定姒。他列国齐姜、夷姜、戴妫、厉妫、辰嬴之类，皆别有谥。则从夫谥之说，未必然也。"

案，上古妇人称谥号，一般是配偶死后在自己的姓上冠以配偶的谥号，如：武姜，郑武公妻；穆姬，秦穆公妻；文嬴，晋文公妻。而妇人死后，则在姓上冠以本人谥号，如文姜，鲁桓公妻，"文"即她本人谥号。也就是说妇人从夫谥并不是必然定例，由此，《会笺》订正了杜注。

**隐公元年前传："继室以声子，生隐公。"**

杜注"声子为媵"，并云："元妃死则次妃摄治内事，犹不得称夫人，故谓之"继室"也。"

笺曰："继室言继于室也。室为正妻。《礼记·曲礼》上：'三十曰壮，有室。'郑注：'有室，有妻。妻称室，是也。'"又曰："此继室非称呼。襄二十三年'继室以其侄'，亦同。其作称呼用者，昭三年'请继室于晋'是也。即

① 梁履绳《左通补释》云："弥牟官卫之将军，故《檀弓》称将军文子。"

后世所谓‘继配’。《丧服》（案《仪礼·丧服传》）‘有继母如母’之条，‘有父必三年然后娶’之文。则古得以继娶为正。‘继室’之为夫人亦何疑。”又曰：“《白虎通》或曰：‘嫡死不复更立。’明嫡无二，防篡杀也。然《曾子问》（案：《礼记·曾子问》）云：‘宗子虽七十，无无主妇。’果如或说，是大夫以下则祭必夫妇亲之，故不可以无主妇。而天子诸侯则无之可乎？不通之甚。”

案，《会笺》辩驳了杜注。《会笺》依据文献所载的天子、诸侯、宗子有“再娶”之礼，及《礼记·曲礼》郑玄注证说“继室”为正妻，较可信。《礼记·曲礼上》：“三十曰壮，有室。”孔疏：“壮有妻，妻居室中，故呼妻为室。”《左传》昭公十九年：“费无极为少师，无宠焉，欲谮诸王，曰：‘建可以室矣。’”《韩非子·外储说右下》：“大夫三十而室，妇女十五而嫁。”《左传》宣公十四年：“卫人以为成劳，复室其子。”杜注：“以有平国之劳，以女妻之。”孔颖达疏：“男子谓妻为室。”可见室皆有“娶妻”“以女妻人”意。

清毛奇龄《春秋属辞比事记》曰：“《周礼》天子诸侯有‘始娶’‘再娶’之礼。始娶名‘元妃’，名‘始适夫人’，再娶名‘又娶夫人’。若继室，则媵妾之当室耳。盖始娶无子则再娶。卫庄公始娶于齐，曰‘庄姜’。无子，则又娶于陈，曰‘厉妫’。及厉妫生孝伯早死，则又以厉妫之娣戴妫所生子完，立为桓公。虽前此媵妾之子实长于完，如州吁者，而皆不得立。何则？以再娶者夫人也。若始娶者，或卑微，或不成礼，则亦可再娶。鲁庄公始娶孟任。已为夫人矣。后以其卑微，且以筑台于党氏而私娶之，不成礼，故又娶于齐曰‘哀姜’。及哀姜无子，则仍以孟任之子般立为适子。虽哀姜有娣叔姜，已生闵公，即前此媵妾之子成风，又早生僖公，而皆不得立。何则？以始娶者夫人也。此周礼也。今隐公为继室声子所生子，而惠公再娶仲子实为夫人。则其立桓公为適。而隐公居摄，于礼实然。或曰：‘此春秋之礼，何以必知为周礼’。曰：‘若非周礼，则庄姜知礼者，岂甘以身在，而令其再娶？且是时州吁已长，不患无公子也。又况子般之立，成季主之，甚至鸩叔牙，缢仲庆父，手杀二兄，而历春秋十二公二百四十二年，而未尝以为过。何则？礼在故也。’故曰：‘此周礼，非春秋礼。’”① 据此，周代天子、诸侯有再娶之礼。《会笺》之说为确。

关于惠公娶仲子为夫人事，《会笺》又曰：“文六年，杜祁以君故让偪佶而上之，以狄故让季隗而已次之。盖声子以手文之祥故，让仲子而下之也。”其以为据文六年史实和隐元年事可知声子是先做了夫人而后迫于形势让于仲子之下，此实乃并后匹嫡的情形，因而引起内乱，即隐公十一年传载羽父与桓公谋弑隐

① 《春秋属辞比事记》“即位”目，“隐元年”条注。

公事。这就证明不能以‘毋以妾为妻’的盟约否定声子曾做过夫人。《会笺》又曰：“声，谥也。既有谥，谓非夫人可乎？”其以“有谥”为据，再次断定声子曾做过夫人。

**隐公元年传：“庄公寤生，惊姜氏，故名曰‘寤生’，遂恶之。”**

杜注：“寤寐而庄公已生，故惊而恶也。”

笺曰：“《郑世家》云：‘生大子，寤生，产之难。’据《史记》则‘寤生’者，产难之称。此说近理。”又曰：“‘寤’字当属庄公，‘寤’即‘啎’之假借。《尔雅·释言》：‘逜，寤也。’《释文》云：‘孙炎本“逜”字作“午”。’《说文》：‘午，啎也。’寤、啎皆以‘吾’为声，声同则义通。《列女传》：‘不拂不寤。’《新序·难事篇》：‘卫灵公蹴然易容，寤然失位。’皆‘啎’字之义。《说文》：‘啎，逆也。’凡妇人产子，首先出者为顺，足先出者为逆。庄公逆生，所以惊姜氏也。”①

案，杜预之后以迄明季，世人多用杜预这一说法。而实际上，杜预望文生训，做出了错误解释。《诗·大雅·生民》云“先生如达”，即所谓的首先出者，顺产达生；反之足先出者则为难产逆生。据杜注则姜氏睡着不知不觉中生了庄公，虽醒来吃了一惊，并未危及生命安全。按常理，姜氏不该厌恶庄公。所以杜预以“寤”之本字本义释之，则句子文理不顺。

《会笺》肯定了《史记·郑世家》的难产之说，反驳了杜注。并糅合明焦竑和黄生的观点，详说其释难产之故。焦竑《焦氏笔乘续集》云：“杜预注：‘寤生，难产也。’② 不言其详。据文理，寤当作逜，音同而字讹。逜者，逆也。凡妇人产子，首先出者为顺，足先出者为逆。庄公盖逆生，所以惊姜氏。”③ 黄生《义府》指出，寤是“啎”的假借字，啎义为逆，所以“寤生”就是“逆生”，即难产。竹添光鸿据《尔雅·释言》《经典释文》及《说文》证明逜、寤、啎、午各有相通处，融合焦、黄之意，并利用声训原理揭示了寤、啎通假之故。由此发展了明代学者的说法。

现代学者陈绂更将个解说推向深入，探究寤之本字“啎”训为“逆”的原因。④ 他引《说文解字·午部》：“啎，逆也，从午、吾声。”又：“午，啎也。五月阴气啎屰阳，冒地而出也。”又引段注：“午者，阴阳交。”据此陈绂指出，

① 此条竹添光鸿征引了各种异说，皆不足据，唯焦竑和黄生说为可信据者。

② 此非杜预原注，焦竑盖未加核对，而误记误载。

③ 卷五，“庄公寤生”条，奥雅堂丛书，第15页。

④ 陈绂《训诂学基础》，北京师范大学出版社1990年版，第50－51页。

用“午”表示时间，是指太阳正中的时刻，即一天之“交”，有“交”，方向就必定相反，这就是“逆”。凡以“午”为意符的字，多有“逆”意。“牾”又从“吾”得声，从声音的线索去追寻也可以找出它表示“逆”的原因。“吾”从“五”得声，“五”，《说文解字》云：“阴阳在天地间交午也。”“五”的古文写作×，交叉的形象，所以“五”“吾”都有“逆”的意思。如“言”，是自己主动说的意思，加上“吾”成“语”，就要有言语的往来了，即与人交谈或回答问题就叫“语”。言语的往来就有方向相反的因素，而这一含义恰恰来自“吾”。不仅如此，陈绂先生又从古韵考虑，找到“午”“吾”“牾”与“逆”声音上的密切联系：前三者为模部字，韵母是a（阴声），“逆”是铎部字，韵母是ak（入声），它们的主要元音相同，故声音相近，意义相通。陈绂先生从几个方面分析解决了牾之训为逆之所以然问题。这样经过几代学者的努力，对该句该词的解释可以说是较为完善了。

**隐公四年传：“君为主，敝邑以赋，与陈、蔡从，则卫国之愿也。”**

杜注：“言举国之赋调也。”

笺曰：“赋，兵也。调者，《汉·食货志》‘调旁近县’注谓选发之也。《晋·食货志》亦云：‘晋平吴制户调。’”

案，杜注不确，《会笺》正之。刘文淇《疏证》引服虔注云：“赋，兵也。以田赋出兵，故谓之赋。”又云：“《诗》疏引服注申之云：‘正谓其以兵从也。’《论语》‘可使治其赋也’① 郑注：‘赋，军赋也。’”《国语·鲁语》“悉率弊赋”注及《淮南·要略篇》“悉缩薄赋”注皆云：“赋，兵也。”可见，《会笺》说确凿。

**桓公六年传：“九月丁卯，子同生，以太子生之礼举之，接以太牢。”**

杜注：“以礼接夫人，重嫡也。”

笺曰：“‘接以太牢’言以太牢之礼接见太子。《内则》曰‘国君世子生，告于君，接以太牢’，文在‘三日负子’之上，则三日之内接之矣。《记》云‘凡接子择日’言三日内必选其吉也。杜以‘接’为接母，然‘负之’，负子也；‘食之’，食母也；‘命之’，命子也，而独以‘接’为接母，不伦。《内则》又云：‘接子，庶人，特豚；士，特豕；大夫，少牢；国君世子，太牢。其非冢子则皆降一等。’”

案，“接”有两解，服谓接太子②，杜谓接夫人。李贻德《辑述》云：“案

① 《论语·公冶长》：“千乘之国，可使治其赋也。”

② 服虔云：“接者，子初生，接见于父。”

《内则》云：‘国君世子生，告于君，接以太牢。’郑注：‘接读为捷。捷，胜也。谓食其母，使补虚强气也。’王肃曰：‘以太牢接待夫人。’杜此传注云‘以礼接夫人’，是王本郑义，而杜又本王义也。”由此，杜注系取自郑玄、王肃说。刘文淇《疏证》亦有此言。

杜注不确，《会笺》本服注，并据《礼记·内则》及上下文意驳之，其说符合《左传》记载，是对的。刘文淇《疏证》云：“李贻德云：‘《内则》，“三月之末，择日，妻以子见于父”，若然则初生时，子惟接见于母而不接父。而服不同者，《曾子问》，“君薨而世子生，三日，子升自西阶，祝立于殡东南隅。祝声三，曰，某之子某敢见”，郑注云，三日，负子日也。《礼·中庸》曰，事亡如事存，君薨之后犹以三日见于殡，则父在之日，亦当以三日见于父也。《内则》不言，文不具也。’”《内则》与《曾子问》关于初生子接不接父说法不同，礼不能决，则应以《左传》史实为准。可见《会笺》不误。

《疏证》又云：“顾炎武引傅氏云‘以太牢之礼接见太子’，则用服说也。”傅逊、顾炎武、刘文淇皆从服说。杨伯峻《春秋左传注》亦谓郑玄“接母说”恐非《经》义，而取服说。

**桓公十三年传：“己巳，及齐侯、宋公、卫侯、燕人战。齐师、宋师、卫师、燕师败绩。”**

杜注：“卫宣公未葬，惠公称侯以接邻国，非礼也。”

笺曰：“春秋，诸侯虽未葬，逾年则称爵。……成三年，宋公、卫侯亦同，杜失之。”

案，《会笺》参考顾炎武《补正》逾年即位则得称君之说，并联系《左传》史实提出称爵的观点，以此订正杜注非礼说。刘文淇《疏证》谓杜注本贾、服之讥卫侯不称子说而来，违于左氏家说。据此亦知杜注不符《左传》事实，《会笺》说可信。

**庄公二十年传：“郑伯闻之，见虢叔。”**

杜注：“叔，虢公字也。”

笺曰：“《周语》韦注：‘王卿士虢公林父也。’然林父是虢仲，桓十年‘虢仲谮其大夫詹父’是也。僖五年‘虢公丑奔京师’，此虢叔当是丑。仲是世号，今不曰虢仲而曰虢叔，盖以弟嗣兄，故仍以行次称耳，非字也。”

案，《会笺》谓叔为虢公丑之行次，非其字。文公五年经：“五年春，王正月，王使荣叔归唅且赗。”笺曰：“叔其行。凡王朝侯国卿大夫书伯、仲、叔、季者，皆行次而非字。《记》云：‘幼名、冠字、五十以伯仲。’与字别为二矣。而说《春秋》者一之。是文王之子十人，其六称叔，为兄弟同字？晋赵孟世称孟，知伯、栾伯世称伯，为父子同字？有是理乎！盖伯、仲者所以代名与字，为尊称也。故五十以伯、仲，尚齿也。而王朝之卿视诸侯，既无爵可称，又不可降于诸侯而斥其名，舍伯、仲曷称乎？在礼，为尚齿；在《春秋》为贵贵，其义一也。王卿以伯、仲系氏，如南季，仍叔、荣叔，是也。其诸侯兄弟次当承国者，以伯、仲系国。未立称之，如蔡权、许叔、祭叔、萧叔、蔡纪、纪季，是也。侯卿以伯、仲系谥，没则称亡，如经书夷伯、陈原仲，传鲁共仲、戴伯、成季，齐高敬仲、国懿仲、卫孙武仲、陈辕宣仲，皆是也。内卿加礼者，以伯、仲系名。于卒称之，如季友、仲遂、叔肸，是也。凡此皆非字也。"《会笺》依据礼经并结合《春秋》经传所载事实，阐明凡王朝侯国卿大夫伯、仲、叔、季之称，皆行次而非字。订正了杜注之误，确为可信。

当代学者陈恩林先生的《〈春秋左传注〉辨证六则》中广泛运用《白虎通·姓名篇》《述盘铭》《春秋大事表》等材料更充分详细地论证了此说①，可参阅。

**闵公二年传："齐人取而杀之于夷。"**

杜注："夷，鲁地。"

笺曰："《公羊》以夷为齐地。齐人取而杀之，言取之于邾而杀之，则夷为齐地无疑，盖隐元年：'纪人伐夷'之夷。纪先灭之，后入于齐耳。"

案，杜注误。《会笺》参王夫之《春秋稗疏》订正之。

**闵公二年传："归公乘马，祭服五称。"**

杜注："衣，单复具曰称。"

笺曰："《丧大礼》：'袍必有表，不禅；衣有裳，谓之一称。'然则称，副也。衣、裳相副，谓之一称，杜误。"

案，《会笺》据《礼记·丧大礼》说明祭服一称为一套，订正杜注之误。刘文淇《疏证》引钱泰吉《史记校语》谓贾注即本《丧大礼》，而杜预"本贾义而失之"，指斥杜预误解贾注而失注。此可证《会笺》之确。

僖公五年经："五年春，晋侯杀其世子申生。"

杜注："书春，从告也。"

笺曰："申生死年四年冬，而经书在五年春。此亦晋用夏正之一证。"

案，《会笺》否定杜预"从告"之说。顾栋高《春秋大事表》四十八曰："经书春，不书月数，盖春二月也。晋用夏正（见杜预《春秋后序》），晋之十

① 见《古籍整理研究学刊》2005年9月，第五期。

二月，为周之春二月。晋以十二月告，鲁史自用周正改书春耳。[①] 杜谓以晋人赴告之日书之，非也。”杨伯峻《春秋左传注》肯定顾说，亦分析了杜预致误之因。杨注云：“《传》云‘晋侯使以杀大子申生之故来告’者，释《经》杀之之故，告则书，不告则不书，非谓书春，因告之日在春也。杜预误会《传》意，因以致误。”顾、杨说皆可证《会笺》之确。

**僖公六年传：“许男面缚，衔璧，大夫衰绖，士舆衬（当为榇）。”**

案，古籍中“面缚”，究其实质，有两解。其一，反接。反缚而面之及反偝而缚之，不面向之说皆属此。清洪亮吉《春秋左传诂》以面与偭通，偭即偝，背也。属此说。惠栋《补注》与刘文淇《疏证》从之。刘并引朱骏声面之为背，犹乱之为治的反训观点以佐证此说。其二，缚手于前。清黄生驳斥《史记·宋世家》索隐解面缚以为反缚向后，仅见其面的说法，提出此论。而另有“系颈以组”说，持此说者以面为颜面之面，但手或系于前，或系于后，终可归入以上两说。

杜注属前说，《会笺》以为不确。其引《山海经》《汉书·陈平传》解面缚本反接之对，即缚手于前，以驳杜注。并用黄生《义府》[②] 证明其说。同时对洪亮吉、惠栋、朱骏声的观点提出否定。其说甚确。《左传》襄公十八年载，齐晋平阴之战，晋州绰俘获齐殖绰，“乃弛弓而自后缚之。其右具丙亦舍兵而缚郭最，皆衿甲面缚，坐于中军之鼓下”。说者以为“自后缚之”与“面缚”为一事，我们以为晋州绰、具丙先将投降的齐殖绰、郭最自后缚之，因二人是自降，则后又改以面缚，本是两件事，混而为一则误。

杨伯峻《春秋左传注》虽倾向于洪亮吉说，但又云：“或如殷墟出土人俑，女俑两手缚于前，男俑两手翦于后。”其惑于襄公十八年传，多解并举，犹豫不决。其实，自降者与女俑（弱者）皆无力反抗，以面缚待之，而男俑反接予以防备，此正黄生观点。所以杨说不可取。

**僖公九年传：“凡在丧，王曰小童，公侯曰子。”**

杜注：“在丧，未葬也。”

笺曰：“在丧者，未除丧之谓也，非言未葬也。昭十年晋平公既葬，新君曰孤斩焉，在衰绖之中，此既葬，未除丧之明证也。

---

① 清刘文淇《疏证》谓经用夏正，误。

② 黄生《义府》云：“凡缚者，必反接，所以防他变。若微子则是自为出降之礼。但缚手而不反接。故以面字著之。此古人用字之妙。”黄生以《史记·宋世家》载微子肉袒面缚，左牵羊，右把茅事为证。

案，《曲礼》："其在凶服曰嫡子孤"注"凶服亦谓未除丧。"据此，杜注不确。《会笺》引传文史实加以订正，其说符合礼制和《左传》事实，可以信据。

**僖公十五年传："使以免服衰绖逆。"**

杜注："免、衰绖，遭丧之服也。令行人服此服，以迎秦伯。"

笺曰："使人斋丧服，以迎秦伯也，意谓我死秦伯当服是服耳。下文'丧归'句相应。遭丧之服，始死则有免，服成则衰绖。"

案，《会笺》从《左传》文本出发，订正杜注之误。沈钦韩《补注》及刘文淇《疏证》均以为晋侯将至，免服、衰绖为穆姬服则误。杨伯峻《春秋左传注》从《会笺》说，谓杜注误，并亦云以衰绖为穆姬自著之服不符《传》旨。

**僖公二十八年传："遂伐其木，以益其兵。"**

杜注："伐木以益攻战之具，舆曳柴亦是也。"

笺曰："舆曳柴以扬尘耳，非兵也；伐木实用，曳柴虚形，不可相浑。"

案，杜预误将增加兵器和舆曳柴两事混而为一，看作伐木之用。《会笺》加以驳正。清刘文淇《疏证》谓"《御览》二百九十四引注：'伐木以益攻战之具，盖亦示强也'，当是旧注。舆曳柴别一事，杜注非。"刘氏之意与《会笺》观点相合，以见《会笺》之说为确。

**僖公二十八年传："背惠食言，以亢其雠。"**

杜注云："亢犹当也，雠谓楚也。"

笺曰："亢、抗同，凡扞御人谓之亢；为人扞御，亦谓之亢，义相因也。昭元年云'吉不能亢身，焉能亢宗'、二十二年云'无亢不衷以奖乱人'，皆是扞蔽之义。'其'字指楚，楚雠即宋也，亢楚之雠者，楚攻宋而晋为之扞蔽也。《外传》所谓未报楚惠而亢宋，是其明证。如杜注，'其'字不通矣。"①

案，《会笺》认为杜解不通，做了驳正。其说出于清王引之《经义述闻》，是对的。

**文公四年传："昔诸侯朝正于王。"**

杜注："朝而受政教也。"

笺曰："襄二十八年：'公在楚，《传》曰：释不朝正于庙也。'朝正言朝正月也。杜与会正混，误矣。"

---

① 本句是《左传》叙述晋楚城濮之战的内容之一，通观全文，城濮之战中晋楚双方冲突的焦点是围宋救宋，晋为解宋围而伐曹卫，楚释宋国则战争停止。从上下文看，晋是为了保卫楚仇宋国而卷入战争。所以《左氏会笺》释此句中"其"为楚雠，即宋，指出杜预以雠为楚之误；释亢为扞蔽，暗示了杜预以亢为当，即抵抗之不确。《会笺》这个着眼全篇的解释，出于清王引之《经义述闻》（卷十七"以亢其雠"）。

案，可知《会笺》据传文驳正杜注，其说为确。刘文淇《疏证》云："朝正如本年'曹伯如晋会正'之正，以正月朝京师也。杜注朝而受政教也，非。"刘将朝正与会正混，其指斥杜误而已亦误。

**文公六年传："八月己亥，晋襄公卒，灵公少，晋人以难故，欲立长君。"**

杜注："立少君，恐有难。"

笺曰："连年有秦狄之师，楚伐与国。今春夷之蒐，八卿皆死而舍二军。此皆国之难也。服虔云'晋国数有患难也'，得之。"

案，杜注不确，《会笺》引顾炎武《补正》及服注加以反驳。刘文淇《疏证》从之。据《左传》史实可知《会笺》说为确。

**文公十六年传："先君蚡冒，所以服陉隰也。"**

杜注："蚡冒，楚武王父。"

笺曰："《楚世家》蚡冒卒，弟熊通杀蚡冒子而代立，是楚武王。此蚡冒者，武王兄，非父也。《韩子·和氏篇》谓：'厉王薨，武王即位。'《外储说左上》亦称'楚厉王'《楚辞》东方朔《七谏》云：'遇厉、武之不察兮，羌两足以毕斮。'是蚡冒谥厉王矣。"

案，《左传正义》引刘炫云："按《楚世家》'蚡冒弟熊达，弑蚡冒子而代立，是为楚武王'，则蚡冒是兄，不得为父。"梁玉绳《史记志疑》云："《韩子·和氏篇》谓：'厉王薨，武王即位。'《外储说左上》亦称'楚厉王'。《楚辞》东方朔《七谏》云：'遇厉、武之不察兮，羌两足以毕斮。'是蚡冒谥厉王矣。"据此，杜注以蚡冒为楚武王父误。《会笺》汇合刘炫与梁玉绳说驳斥杜注，指出蚡冒为楚武王兄，非父。刘文淇《疏证》云，刘寿曾谓《国语·郑语》韦注楚王世次虽与《史记·楚世家》异，却不言蚡冒为武王父，"《内传》旧说当亦同以为武王父者，乃杜氏一人之说，妄不足据"，并称："今本《史记》熊达，作熊通。通、达形近而歧。"刘说又可为杜注失误之一证。

**文公十七年传："（郑子家）又曰：'鹿死不择音。'"**

杜注："音，所休荫之处也。古字声同，皆相假借也。"

笺曰："鹿得美草，呦呦相呼，至于困迫将死，则不暇复择善音也。《庄子·人间世》：'兽死不择音。'郭象注，譬之野兽，蹴之穷地，意急情迫，则和声不至。《后汉书·皇甫规传》称，鹿死不择音，谨冒昧略上。刘逵《吴都赋》注，凡闲暇则有好音，逼急不择音。凡兽皆然，非惟鹿也。皆主音声言。惟鹿声可爱，故子家云'鹿死不择音'，而诗人亦咏之。不择音者，以喻出恶声也。杜读音作荫，非古训矣。"

案，杜注以音为荫之假借，不符合上古文献事实，误。孔颖达《正义》引服虔云："鹿得美草，呦呦相呼，至于困迫将死，不暇复择善音。"顾炎武《补正》云："鹿死不择音，言其鸣急切。《庄子》：'兽死不择音。'郭象注，野兽蹴之穷地，意急情迫，则和声不至，是也。当从服虔之说。"洪亮吉《诂》亦引《庄子》注，并云："刘逵《吴都赋》'兽死不择音'注：'凡闲暇则有好音，逼急不择音。凡兽皆然，非惟鹿也。主音声言。'杜注以音作荫，义转迂曲，而无所承。刘炫规之最得，《正义》非也。"刘文淇《疏证》云："文淇案，《后汉书·皇甫规传》：'中外诬规货赂群羌，令其文降，规惧不免，上书自讼曰：'臣虽污秽，廉洁无闻，今见覆没，耻痛实深，《传》称'鹿死不择音'，谨冒昧略上。'亦是读从本字。顾、洪说是也。"顾、洪、刘都以"音"作如字解。《会笺》融合各家说以订正杜注，指出杜注非古训，语中肯綮。孔颖达《正义》引刘炫说、洪颐煊《读书丛录》及章炳麟《春秋左传读》都持此观点。刘文淇《疏证》及李贻德《辑述》对孔颖达《正义》逢迎杜注之说进行了有力的驳斥，指出"鹿死不择音"，《传》意言其困迫将死之状，非论其依止之处。亦可证《会笺》之确。

**文公十八年传："少皞氏有不才子，毁信废忠，崇饰恶言。"**

杜注："崇，聚也。"

笺曰："《周语》：'容貌有崇，威仪有则。'韦注：'崇，饰也。'崇有尊严之义，故曰饰也。杜训'聚'，不确。"

案，《会笺》以《国语·周语》韦注为据，订正杜注之误。《国语·楚语下》"容貌之崇"韦注云："崇，饰也。"则"崇饰"为同义词连用。此观点详参杨伯峻《春秋左传注》。可见《会笺》释"崇"为"饰"很准确。

**文公十八年传："公子朝卒，使乐吕为司寇，以靖国人。"**

杜注："乐吕，戴公之曾孙也。"

笺曰："据《世本》，戴公生乐甫术，字乐父，术生硕甫泽，泽生夷父须，子孙以王父字为氏。须生大司寇乐吕。此乐吕于戴公为五世玄孙。杜云曾孙，误也。"

案，《尔雅·释亲》："孙之子为曾孙，曾孙之子为玄孙。"郭璞注："玄者，言亲属微昧也。"据此，玄孙既可具体指自身以下的第五代，又可泛指远孙。戴公距乐吕已经五代，所以《会笺》以乐吕为戴公玄孙。

但曾孙有两解，一为孙子的儿子。如昭公七年传："余将命而子苟与孔烝鉏之曾孙圉相元。"另一解为对曾孙以下的统称。《诗·周颂·维天之命》："骏惠我文王，曾孙笃之。"郑玄笺："曾，犹重也，自孙之子而下，事先祖皆称曾孙。"由此，杜注取此意，以乐吕为戴公曾孙亦不误。当然，《会笺》解作玄孙更具体。

**宣公元年经："三月遂以夫人妇姜至自齐。"**

杜注："称妇，有姑之辞也，不书'氏'，史阙文也。"

笺曰："或称妇姜，或称妇姜氏，文相变而具详略，与曰天王、曰王，其议一也。如杜说则传亦阙文，是不成解矣。"

案，《会笺》参沈钦韩《补注》以驳杜注之误。

**宣公十二年传："广有一卒，卒偏之两。"**

杜注："十五乘为一广，《司马法》百人为卒，二十五人为两。车十五乘为大偏，今广十五乘，亦用旧偏法，复以二十五人为乘副也。"

笺曰："《夏官·司右》：'凡军旅会同，合其车之卒伍，而比其乘。'注云：'车亦有卒伍。'贾疏引此传：'广有一卒，卒偏之两。'以明车之有卒。杜注此传及成七年引《司马法》：'十五乘为大偏。'盖车、徒各有卒伍之法。徒法，五人为伍，五伍为两，四两为卒；车法，两偏为卒，五偏为伍。楚广及成七年巫臣之偏，皆十五乘者也。一偏十五乘，两偏三十乘，故云'广有一卒，卒偏之两'，言楚广以三十乘为卒，卒居偏之两，故下文'楚子为乘广三十乘'，正是两偏一卒之乘，又云'分为左右'，谓有左、右二广，合之则六十乘也。杜意'分为左右'，谓分三十乘之半为十五乘，于是卒、两之数不明，而以'百人为卒，二十五人为两'释之，误。"

**又，成公七年传："巫臣请使于吴……以两之一卒适吴，舍偏两之一焉。"**

杜注："《司马法》：'百人为卒，二十五人为两。车九乘为小偏，十五乘为大偏。'盖留九乘车及一两二十五人令吴习之也。"

笺曰："巫臣适吴欲教吴人车战。素习楚国卒乘偏两之法。'以两之一卒适吴'，谓合两偏成一卒之车，即是三十乘也。'舍偏两之一'，谓留其卒之一偏。此偏居卒两之一，即是十五乘也。质言之，以三十乘适吴，留其半耳。左氏欲明卒偏两之法，故辞繁不杀。此皆言车未论其人。下别云'与其射御'，此则并其上射御者留之，十五乘则三十人也。杜引《司马法》：'百人为卒，二十五人为两。'谓留其九乘及一两二十五人，则'两之一卒'句不可通，岂可云二十五人之百人乎？车法两偏为卒，详宣十二年。"

案，杨伯峻《春秋左传注》云："楚王或主帅所乘之兵车曰乘广。"① 互参宣公十二年及成公七年传两段"笺曰"，可知《会笺》采纳江永《群经补义》的主要观点对楚车战的有关制度进行了详细介绍，并指出杜注以《司马法》解

① 见定公四年传："子常奔郑，史皇以其乘广死。"杨伯峻注。

楚乘广之卒、两，是混淆车兵之制与徒兵之制，导致宣十二年传“广有一卒，卒偏之两”及成公七年传“两之一卒”的史实记载不可晓喻。并注明“楚子为乘广三十乘，分为左右”谓有左右广，合之则六十乘。笺注清楚明白。

关于楚广之制，注家聚讼纷纭，但亦多因车法与徒法相混而致误。刘文淇《疏证》所引服虔、郑玄、刘炫、孔颖达、惠栋、沈彤、洪亮吉、沈钦韩、李贻德、梁履绳诸家论说皆属此类。《会笺》辨明车法与徒法之别，指出楚广两偏合为一卒，即三十乘兵车，每偏两是十五乘。与《司马法》‘百人为卒，二十五人为两’的徒兵法不同，澄清了注家的错误认识。

**宣公十二年传：“代御执辔，御下，两马，掉鞅而还。”**

杜注：“两，饰也。”

笺曰：“训两为饰，于古无证。《释文》引徐曰：‘两或作桶。’《玉篇》‘桶训松脂’，于马无涉，或作掚，然掚字，《说文》《玉篇》皆不收之，非古所有。俞樾曰，两者，两两排比之也，一车有四马，两马在中曰服，两马在边曰骖。《诗》曰‘两服齐首’‘两骖如手’，皆言其整齐也。是时车右入垒，而车在垒外留待之，故御者下车，排比其马，使两骖、两服不至儳互不齐。亦示闲暇之意也。《周官·太宰》‘以九两系邦国之民’，郑注曰：‘两犹耦也。’然则两马者，使服与服耦，骖与骖耦也。俞说得之。”

案，《左传正义》谓服虔云：“两，饰也。”可知杜注本服说而来。《周礼·夏官·环人》郑玄注引两为掚，孔疏谓旧说，掚犹饰也。刘文淇《疏证》云：“两、掉，杜用服义，疏云，两，饰；掉，正，皆无明训。服虔亦云是相传为然也。惠栋云：‘郑康成引作桶。’徐仙民曰两或作桶，按此则两本桶字，故服、杜训为饰，古文省，故作两。”又云：“案惠谓郑引作桶，即据《环人》注，徐仙民音见《释文》，亦云饰也。《礼》疏引旧说作掚，则服本或与郑同，《释文》误本掚作桶，《玉篇》桶训松脂，传字必非桶字，然《说文》无掚字，《集韵》：‘掚，整饰也，用服义。’”据此知服、杜释两为饰，无依据。郑玄以两为掚，字书无收。文献或误作桶，字书训作松脂，其意与传文渺无关涉。所以《会笺》驳正郑玄注及惠栋《补注》以两为掚或桶的说法，颇为有理。且杜训两为“饰”，此解不合上下传文之意，两军对垒，致师者无论如何洒脱从容，从常理上说，都不可能跳下战车，刷治，清洁战马之毛，而整齐排列战马却是宜情宜理的。可见杜注不确。《会笺》以俞樾《左传平议》“两两排比”说对其加以驳正，甚得传意。

**宣公十二年传：“夫武，禁暴、戢兵、保大、定功、安民、和众、丰财者也，故使子孙无忘其章。”**

杜注："著之篇章，使子孙不忘也。"

笺曰："凡功之显著者谓之章。《鲁语》曰：'今一言而辟境，其章大矣。'《晋语》曰：'以德纪民，其章大矣。'韦注并云'章，著也'，义与此章字同。'使子孙无忘其章'，即上文所云：'示子孙以无忘武功。'则章者非谓篇章也。"

案，这是晋楚邲之战，楚胜晋后，楚臣潘党向楚子建议造"京观"，"以无妄武功"，楚子不同意而讲了上面的话。从上下文看杜释"章"为"篇章"，于文意不符。《会笺》用王引之《经义述闻》进行了订正。隋刘炫的注释与王氏此意实同。孔颖达《正义》引"刘炫云：'能有七德，故子孙不忘章明功业。'横取下文'京观'，为无忘其章明武功，以规杜失，非也"。孔氏曲护杜预注，以刘炫为误而己实误；但从其援引，可知更早于清人的刘炫已提出类似意见。

**成公十七年传："与妇人蒙衣，乘辇而入于闳。"**

杜注："蒙衣亦妇人服，与妇人相冒。"

笺曰："蒙衣是妇人服，以自蒙冒也。非与妇人同被一衣。哀十五年'二人蒙衣而乘'亦同。庆克与妇人并载，各自蒙衣，使人认为二妇人并乘辇。杜注虽简，意必然。'亦'字方见克与妇人各蒙衣。"

案，哀公十五年传："二人蒙衣而乘。"服虔曰："蒙衣为妇人服，以巾蒙其头而共乘也。"据此，杜注、《会笺》本服注而来。李贻德《辑述》曰："知妇人之服者，下云以姻妾告，故知为妇人服也。《礼记·内则》：'女子出门，必拥蔽其面。'故知以巾蒙其头也。"据此知杜注、《会笺》可信。

但杜注谓"与妇人相冒"，误。《会笺》联系哀十五年传，说明"与妇人蒙衣"，是"以自蒙冒"，二人各自蒙衣，而非共蒙一衣，以订正杜注之误。

**襄公十四年传："将执戎子驹支，范宣子亲数诸朝，曰：'来！姜戎氏！昔秦人迫逐乃祖吾离于瓜州。'"**

杜注："四岳之后皆姜姓，又别为允姓。"

案，《会笺》引全祖望及钱大昕说，指出春秋之世，诸戎种类繁多，由瓜洲徙中国者有二种即姜姓之戎和允姓之戎。《会笺》进而辨析了姜戎与允姓陆浑之戎的不同。从而订正了杜注将姜戎与陆浑之戎混而为一之误。

**襄公十四年传："公使子蟜、子伯、子皮与孙子盟于丘宫，孙子皆杀之。"**

杜注："三子，卫群公子，疑孙子，故盟之也。"

笺曰："成十七年，国佐以穀叛。齐侯与之盟于徐关而复之，此时伯玉出奔，林父叛形益明，故盟以求和也。杜注不是。"

案，杜注以为此时卫献公仍不清楚孙子将叛，只因前此失礼，而虑孙子别生异心，故盟以定疑心而已。杜预误解传文，注释不确。《会笺》依上下传文说明卫献公已知孙子将叛，故盟以求和。其指出杜注之失，并加以订正。《会笺》之说值得信据。沈钦韩曰："此时献公稔林父将作乱，故与结盟，以掩前失。明己无他心，岂是不知孙子之事，而复欲要盟乎！"杨伯峻《春秋左传注》也认为杜注此句有误，卫献公盟以为求和解，而非仅为稳定孙子之心以释先前疑虑。沈氏、杨氏亦表明杜注之误。

**襄公二十二年传："遂帅群臣，随于执事，以会岁终。"**

杜注："朝正也。"

笺曰："十二月戊寅会于萧鱼，庚辰赦郑囚，而后晋侯还。郑伯从而会岁终也。文四年'曹伯如晋会正'，朝正、会正不同，何必以会终为朝正乎？诸侯朝正于侯伯，亦无明征。"

案，文公四年传："曹伯如晋会正。"《会笺》谓"定岁额以为贡赋也"，此传"会岁终"《会笺》解为"会正"，与文公四年同义，而非朝正，是对杜注的否定。陶鸿庆《左传别疏》曰："《周礼·天官·宰夫》夫职云'岁终则令吏正岁会'，春秋列侯尊事霸主，亦有此法。文四年传'曹伯如晋会正'注云：'会受贡职之政是也。'此年郑始服于晋，而会适当十二月，故子产以为言耳。杜解朝正未确。"今人杨伯峻全用陶氏之说，未加注明。见其以杜注为误。由此《会笺》之说为确。

**襄公二十三年传："及旅而召公鉏，使与之齿。"**

杜注："使从庶子之礼而在悼子之下也。"

笺曰："'之'字指众主人与旅者。使公鉏与众主人齿也。齿是齿列序次之义。《特牲馈食礼》：设堂下尊之后，兄弟之子，举觯为旅酬，此'旅而召公鉏'正当其节。悼子设席，自在堂上，所旅酬之人，堂上无位，公鉏胡能与悼子为齿乎。杜注非是。"

案，杜注以为"使与之齿"是公鉏与悼子齿列序次，依先秦礼制，误。《会笺》据《仪礼·特牲馈食礼》指出公鉏与众主人齿列序次。以订正杜误。沈钦韩《补注》据《乡饮酒礼》《燕礼》《仪礼·特牲馈食礼》考证亦指出公鉏非与悼子齿，而齿于子姓兄弟间。《礼记·丧大记》："既正尸，子坐于东方，卿大夫父兄子姓立于东方。"郑玄注："子姓，谓众子孙也。"《仪礼·特牲馈食礼》："子姓兄弟如主人之服，立于主人之南，西面北上。"郑玄注："言子姓者，子之所生。"贾公彦疏："云子之所生，则孙是也。"可见沈氏认为公鉏是与同族兄弟序齿。《会笺》与沈说皆确。

杨伯峻《春秋左传注》云"使公鉏与一般宾客齿列坐次，则视公鉏为庶子"，误，据传，"及旅而召公鉏"，则"使与之齿"之齿，是论年齿，而非

“齿列坐次”。

**襄公二十五年传：“崔氏侧庄公于北郭。丁亥，葬诸士孙之里。四翣。不跸。下车七乘，不以甲兵。”**

杜注：“下车，送丧之车。”

笺曰：“下车谓纳圹中者也。服云下车，遣车也。以路车等皆不纳圹，送形而往，迎精而返。惟遣车实圹，故服以遣车当之，是也。”

案，杜注不确，《会笺》引沈钦韩《补注》订之。《周礼·春官·巾车》：“大丧饰遣车”，由此知服虔、沈钦韩说之所据。

杨伯峻《注》谓诸侯遣车本七乘，今不减，与上下文庄公丧葬礼数皆降损不符，因以杜注送丧车为准。李贻德《辑述》云：“《周礼·巾车》‘大丧饰遣车’注：‘遣车，一名鸾车。’《车仆》‘大丧廞革车’注：‘言兴革车，则遣车，不徒戎车，广阙、苹轻皆有焉。’《司裘》‘大丧廞裘饰皮车’注：‘皮车，遣车之革路。’《冢人》‘大丧及葬言鸾车’注：‘鸾车，巾车所饰遣车也。’郑司农云：‘言，言问其不如法度者。’若然则遣车是明器，当如法度。今葬庄公之遣车，是不如法度，故云‘下车’也。《杂记》云‘遣车视牢具’，注言车多少各如所包遣车奠牲体之数也。然则遣车载所包遣奠而藏之者，与遣奠，天子太牢，包九个，诸侯亦太牢，包七个，大夫亦太牢，包五个。郑云天子九，服云上公九，文异者，郑据《檀弓》言国君七个，遣车七乘，云国君则当包公侯言之，公侯既同七个，则天子九矣。服以《杂记》云‘遣车视牢具’，齐是侯爵，今得遣车七乘，则《周礼·大行人》言上公之礼，贰车九乘，礼九牢，由齐侯推之，上公当是饔饩九牢，遣车九乘也。”齐旧依上公礼，则今七乘，已减损。杨注不可取。

**襄公二十五年传：“庆丰如师，男女以班。赂晋侯以宗器、乐器。自六正、五吏、三十帅……皆有赂。”**

杜注：“皆以男女为赂。”

笺曰：“皆有货财赂之，非以男女为赂。”

案，《会笺》以为杜注有误，据上下文意驳之。其说为确。吴静庵《疏证续》云：“刘炫曰：‘哀元年传“蔡人男女以辨”，与此同。杜意男女分别将以赂晋也。炫谓男女分别示晋以恐惧服罪，非以为赂也。’刘文淇曰：‘此亦光伯《述议》以规杜过者。’”此又可证《会笺》之确。

**昭公二十五年传：“季氏介其鸡。”**

杜注：“捣芥子播其羽也。或曰：‘以胶沙播之为介鸡也。’”

案，《会笺》指出此句有两解。杜预用贾逵、服虔说读介为芥，解为以芥粉蒙鸡。而郑众以介为甲。《会笺》征引文献证明斗鸡者相传有用芥粉之法，但根据下文“郈氏为之金距”，“甲”与“金距”相应，此传之‘介’解作甲以蔽鸡之说为胜。以此驳正了杜注。《左传正义》也谓有贾、郑两解，但云：“以郈氏为金距言之，则著甲是也。”王观国《学林》亦称杜注乃循旧说之误，而介为介胄之介，即甲。吴曾《能改斋漫录》、马宗琏《补注》、刘文淇《左传旧疏考证》①、杨伯峻《春秋左传注》诸家均以介为甲，意同《会笺》，可证其说。

**昭公二十五年传：“公居长府。”**

杜注：“长府，官府名也。”

笺曰：“郑玄《论语》注：‘长府，藏名，藏财货曰府。’盖昭公微弱，将攻权臣，必先据藏财货之府，庶可结士心。而其地又险，可以守御，故移居之。”

案，长府，杜注为“官府名”，将使人理解为官府治事之所。而《会笺》引阎若璩《四书释地》说，指出“长府”为藏财货之所，以驳杜注之非。吴静安《疏证续》引其伯父吴遐白先生之说，归纳《左传》等典籍中有关府库为藏财货之所的记载，参考郑玄、阎若璩观点，详细考证长府的藏财货之功用，并一一辩驳各家指长府为官府、别馆、宫馆、常居的错误说法，其说可证明《会笺》之确，宜参考。

**哀公二年传：“使大子絻，八人衰绖，伪自卫逆者。告于门，哭而入，遂居之。”**

杜注：“絻者，始发丧之服。”

案，《会笺》引沈钦韩《补注》说阐释丧絻之礼，并驳斥杜注，以为“蒯聩，忘父之人，虽闻丧未成服”，谓此“絻”为“郊而后免也”。

**哀公六年传：“三代命祀，祭不越望。”**

杜注：“诸侯望祀竟内山川星辰也。”

笺曰：“谓所受王命，祀其国中山川为望，不及星辰。”

案，杜注“望祀”，误，《会笺》引服说反驳之。李贻德《辑述》云：“《书·舜典》云：‘望于山川。’《周礼·小宗伯》‘四望四类’注：‘四望，五岳、四镇、四窦。’按《周礼》言望，主天子言，故得遍祭岳、镇、窦。《礼记·王制》云：‘天子祭天下名山大川，诸侯祭名山大川之在其地者。’僖三十一年《谷梁传》注引郑曰：‘望者，祭山川之名也，非其疆界则不祭。’”可见，《会笺》正确。吴静庵《疏证续》亦从服说。

---

① 《皇清经解续编》本，上海书店1988年版。

**哀公七年传："孟孙曰：'二、三子以为何如？恶贤而逆之？'"**

杜注："怪诸大夫不言，故指问之。孟孙贤景伯，欲使大夫不逆其言。恶犹安也"。

笺曰："时三家之意皆欲伐邾，孟孙不喜景伯首为异议，以为自矜其贤。其曰'恶贤而逆之'忿词也。以六年经'仲孙何忌帅师伐邾'，及八年传，景伯忿对懿子'召之而至'语证之，知何忌未尝与季氏异矣。"

案，杜注以为孟孙与子服景伯意见相同①，误。《会笺》引姚鼐《左传补注》驳之。其说参考上下文意，以《左传》史实为据，合理分析，结论可信。

吴闿生《左传微》曰："此役季、孟同心。独景伯抗议。"又曰："观后文懿子问景伯'若之何？''何求焉？'足见孟孙与景伯非一意矣。"② 此亦可见《会笺》其为得谊。

**哀公七年传："对曰：'……惟大不字小，小不事大也。知必危，何故不言？鲁德如邾，而以众加之，可乎？'"。**

杜注："知伐邾必危，自当言；今不言者，不危故也。大夫以答孟孙所怪，且阿附季孙。"又云："孟孙忿答大夫，今鲁德无以胜邾，但欲恃众可乎？言不可也。"

笺曰："此亦诸大夫之言也。'可乎？'诘问之辞。诸大夫同辞而对曰，禹时万国，仅存数十，惟大不字小，小不事大故也。吾侪亦知伐邾必危，不得不言，夫鲁德无以胜邾，而恃众凌虐之，可乎？诸大夫虽不如景伯之贤，所见自与之合。季、孟之意欲伐邾，景伯及诸大夫不欲伐邾，其论冰炭不合，故不乐而出也。傅逊曰：'此段文意文气本一顺而下，杜乃强分裂上段为诸大夫对，而以下三句为孟孙答者，盖以季孙享诸大夫以谋伐邾，而诸大夫皆云不可，无遂伐之理，故乃以意强分之，而不寻绎其文理之本不可断也。'"

**哀公十四年传："十四年，春，西狩于大野，叔孙氏之车，子鉏商获麟。"**

**哀公十四年传："子我夕。"**

杜注："视事。"

笺曰："人臣见于君，朝见谓之朝，暮见谓之夕。昭公十二年：'子革夕。'杜云'夕，莫见'是也。此传'子我夕'亦当与彼同。盖子我将夕见公，适遇陈逆杀人，遂执之以入也。《史记》注引服虔曰：'子我将往夕有事于君，而逢

---

① 沈钦韩《补注》云："孟孙知诸大夫皆阿从季孙，故诮之曰：'恶有心知其贤而逆之乎？'而诸大夫果饰辞以拒景伯。"沈说亦误以孟孙同景伯，诸大夫异景伯，不可取。

② 《左传微》："鲁与邾齐之衅"条，黄山书社1995年版，第1066页。

逆之杀人也。'……失之矣。'"

案，李贻德《辑述》曰："成十二年传云'朝而不夕'、昭十二年传云'右尹子革夕'、《鲁语》云'卿大夫夕序其业'序业即省事。子我因省事而当入告，故暮见于君也。"李氏解"夕"为因省事故暮见于君。可见杜注视事句意不明了，释意不准确。《会笺》引俞樾《左传平议》驳斥杜注，训解确凿。沈钦韩《补注》意同，可为其证。

**再如：隐公元年前传："是以隐公立而奉之。"**案，杜注认为"立"乃隐公立桓公为太子。杜注系由贾注①而来。《会笺》不同意其说，据《左传》前后文义及《经》《传》的书法义例，认为"立"作"立为君"解，即指隐公立为君，订正了杜注之误。**隐公元年传："颍考叔……献与公，公赐之食，食而舍肉。公问其故，对曰：'小人有母，皆尝小人之食矣，未尝君之羹。请以遗之。'"**案，杜解羹为肉汤，不确。《会笺》采顾炎武《补正》加以反驳。据上下文，"食而舍肉"，"未尝君之羹"，可知羹即肉，为避免重复，左氏易字。杜解赐羹为赐贱官之长，亦不确。《会笺》引《礼记·曲礼》《内则》驳正之。《会笺》说有理有据，确为可信。**隐公元年传："公曰：'不义不昵，厚将崩。'"**案，杜注视不义不昵为并列关系，不对；《会笺》本沈钦韩《补注》将其解为因果关系以订正其误。**隐公四年经："四年春，王二月，莒人伐杞，取牟娄。"**案，杜注谓桓六年杞迁都淳于，不确。《会笺》引王夫之《稗疏》驳正之，其说以地理考证经文，颇为得宜。刘文淇《疏证》、杨伯峻《注》均谓杞春秋前既已东迁，与《会笺》观点一致。**隐公六年传："《商书》曰：'恶之易也，如火之燎于原，不可向迩。'"**案，杜解"易"不确，并增义解经，于文意不符，《会笺》采王引之《述闻》加以驳正。它注意探寻字、词古义，释易为延易，其说为确。**隐公七年传："谓之礼经。"**案，杜注释礼经，误。《会笺》引《左传》及《乐记》加以驳正，其说为确。**桓公二年："藻、率、鞞、鞛。"**案，杜注以"藻率"为一物，误。《会笺》引《礼记·聘礼》《曲礼》《内则》及注、《说文》等材料，并运用通假理论，详细证明服以"率"为刷巾说为确。《会笺》说凿凿有据，可从。刘文淇《疏证》云："藻率，《东京赋》作藻繂，《司几筵》'加缫席画纯'注郑司农云：'缫读为藻率之藻。'疏：'读从桓二年臧哀伯藻率、鞞、鞛、鞶、厉、游、缨，此盖（阮刻注疏"盖"作"并"）取彼义也。'《典瑞》'缫藉五采五就'注：'缫有五采文，所以荐玉，木为中干，用韦衣而画之。'郑司农云：'缫读为藻率之藻。'疏：'桓二年臧哀伯谏辞也。'藻是水草之文，故读

---

① 贾逵云："隐立桓为太子，奉以为君。"

从之也。是先、后郑皆以藻、率为二物，与服同。杜注：'藻率，以韦为之，所以藉玉。'《正义》云：'杜以藻率为一物者，以拭物之巾，无名率者。服言礼有率巾，事无所出。'阮氏《校勘记》云：'孔冲远误也。依《说文》"帅，佩巾也"，即帨字。古率、帅通，故《仪礼》注云："文帅作率。"服虔云"礼有刷巾"，其语亦见《说文》。凡《仪礼》言帨者，即《左传》之率也。'按阮说是也。《乐师》故书帅为率，《聘礼》古文帅皆作率，《采菽》'亦是率从'，襄十一年传作'帅从'，《广雅·释器》'帅，巾也'，皆率得为巾之义。"此可证《会笺》说为确。**桓公十八年传："女有家，男有室，无相渎也。"**案，《会笺》认为杜预释"家""室"为动词不确。引《孟子·滕文公》及《礼记·曲礼》说明"家""室"为名词"夫""妻"，是可信的。杨伯峻《春秋左传注》采用了《会笺》之说。**闵公元年传："公将上军，大子申生将下军。赵夙御戎，毕万为右。"**案，《会笺》采清人惠栋《补注》之说，证明赵夙与赵衰为父子，而非兄弟，以此订正了杜预注之误。**僖公六年传："许男面缚，衔璧，大夫衰绖，士舆衬（当为榇）。"**案，"衔璧"，杜解误。《会笺》采清马宗琏《春秋左传补注》说，并辅以《礼记》驳正之。**僖公九年传："初，献公使荀息傅奚齐。公疾，召之，曰：'以是藐诸孤，辱在大夫，其若之何？'"**案，杜解"藐"为远，"诸"为诸子，皆误。《会笺》参洪亮吉《春秋左传诂》并征引《太玄》注、字书、韵书等文献，结合传文，考证"藐"为小，"诸"为语辞，以订正杜误。其说为确。顾炎武《补正》、王引之《述闻》、刘文淇《疏证》、杨伯峻《春秋左传注》亦皆以杜误，释"藐""诸"意略同《会笺》。**文公六年传："有此四德者，难必抒矣。"**案，杜注"抒，除也"不确，《会笺》用焦循《补注》① 并参考传文订正之。庄公十三年传"自毁其家，以纾楚国之难"杜注："纾，缓也。"成公二年传"我亦得地而纾于难"杜注："齐服则难缓。"由此推知此传亦应作纾，《会笺》说可信。洪亮吉《诂》亦从服本，据《说文》为释，批评杜注"随文生训"。**文公十六年传："唯裨、儵、鱼人实逐之。"**案，杜注裨、儵、鱼属庸地，误。马宗琏《补注》云："《水经·江水》'又东经鱼复县故城南'，郦元曰：'故鱼国也。是鱼乃群蛮之一，非庸地。'刘昭犹沿元凯之误。"沈钦韩《补注》云："《方舆纪要》：'鱼复故城在燕州府奉县东五里。裨、修，今地阙。'"《会笺》引马氏、沈氏说以订补杜注，并断定裨、修亦是群蛮。**文公十六年传："冬，十一月，甲寅，宋昭公将田孟诸，未至，夫人王姬使帅甸攻而杀**

---

① 焦循《补注》谓庄公十三年传"自毁其家，以纾楚国之难"、成公二年传"我亦得地而纾于难"，字皆作纾。

**之。”**案，杜注用《周礼·载师》说①，未得传旨。《会笺》采俞樾《茶香室经说》所引《礼记·祭义》甸役制度正之。关于“帅甸”，沈钦韩《补注》云：“《周礼》甸师之官，其徒三百人。《文王·世子》，公族有罪，磬于甸人。帅甸即此官也。”沈氏以《周礼·天官》之甸师解之。刘文淇云“《檀弓》疏帅甸引作甸师”，杨伯峻《春秋左传注》指出，此“虽系误文，亦可见古人已有解‘帅甸’为‘甸师’者矣”，并称“沈说较为可信”。可见俞、沈二家虽都认为杜注有误，但释“帅甸”观点不同。从传文看，三说对比，《会笺》为优。**宣公二十二年传：“旅有施舍。”**案，杜预将“施舍”一词拆开理解，与文意颇不辞。《会笺》用王引之《述闻》以驳正，但它将襄九与成十八之“施舍”解作免徭役与王引之异，据《左传》原文，则知《会笺》不确，应从王说。**成公二年传：“师从齐师于莘。”**案，杜注以“莘”为齐地，不确。顾栋高《春秋大事表》卷六上《东昌府》谓：“桓十六年传，卫使公子伋如齐，使盗待诸莘。杜注：‘卫地。’成二年：‘战于鞌。’传：‘晋师从齐师于莘。’杜注：‘齐地。’今案东昌府莘县西去府治七十里，从东昌府治至济南府治歷城县，中经茌平、长清、齐河三县，共二百四十里。鞌为歷城县，从莘至鞌约计三百一十里。高氏疑其太远，遂疑莘非今日之莘县。然愚尝就传文考之，上云及卫地，韩献子将斩人云云，下遂云‘师从齐师于莘’，‘六月壬申师至于靡笄之下’，则知莘与鞌中间原隔几日，观其特志月日，可见盖当日莘地必有齐之偏师侵略卫疆而未返者，晋师适遇遂与交战，缘是偏师零卒望风披靡，故不言胜负，至六月壬申，遂长驱至靡笄之下。则传所云从齐师者，乃是志前月事耳。考今日之地理，细案传文之时日，可以了然无疑，莘应专属卫地，杜两注者犹属骑墙之见也。”又沈钦韩《左传地名补注》云：“此卫地之莘也，杜说谓齐地，非。今东昌府莘县。”顾、沈二氏指出此鞌与桓十六年传同，为卫地，非齐地，杜注误。《会笺》融合顾、沈二说，并细绎齐晋鞌之战的发展过程，连缀前后事件、时间，说明晋师救鲁、卫，及卫地与“师从齐师于莘”，是连续行动，而与下文“六月壬申，师至于靡笄之下”不是环环相扣的连续行动，左氏用“六月壬申”这个时间表明晋师追齐师至莘，又至靡笄之下，其间隔了几日，并有行军、战斗等，行程已由“及卫”而去卫。所以莘属卫地，其与济南历城南的靡笄，即近鞌之地远隔亦无妨。《会笺》以此驳正杜注及高士奇《春秋地名考略》此莘“当为近鞌之地”的观点，其论说理据充足，确为可信。又刘文淇《疏证》驳斥了高

① 《左传正义》曰：“《周礼·载师》云：‘以公邑之田任甸地。’帅甸者，甸地之帅，当是公邑之大夫也。”

士奇关于“莘去鞍四百余里”之说，可为《会笺》一辅证。**成公十七年传：“六月戊辰，士燮卒。”**案，杜注以士燮为自裁而死，《会笺》斥为妄言，并阐明士燮为忧惧生疾而死。其说宜理。孔颖达《正义》引刘炫观点亦不赞同自裁说。焦循《补疏》云：“刘光伯以士燮及昭子之卒适与死会，非自杀是也。观其云：‘爱我者惟祝我，使我速死，无及于难，范氏之福也。’则是因有疾而其家祷之，而文子转使祷者祈死耳，若自杀则自杀而已，何必先祈死。”① 焦氏亦以自裁说为非。沈钦韩《补注》也反驳杜注。杨伯峻《春秋左传注》谓昭公二十五年传所载昭子与此传范文子或许两人皆因病而求死，故求死与死，其间相距，远者将近两年，近者亦有七日。杨氏以此证明两人非自裁。诸家观点皆以杜误，基本认为二人终以病卒。此足见《会笺》之确。**襄公二十五年传：“庆丰如师，男女以班。赂晋侯以宗器、乐器。自六正、五吏、三十帅……皆有赂。”**案，杜注“五吏，文职也；三十帅，武职也。皆军卿之属官也”不确，《会笺》用王引之《述闻》及沈钦韩《补注》驳正之。**昭公四年传：“飨大夫以落之。”**案，服虔云：“衅以豭豚以落之。”杜注据此而来。《会笺》依《尔雅》释落为始。以《左传》昭公七年楚子章华之台落成事，及《礼记·杂记》为据，说明“衅”与“落”为两种不同仪式，以此订正杜注将衅与落混淆之误。**哀公七年传：“对曰：‘……惟大不字小，小不事大也。知必危，何故不言？鲁德如邾，而以众加之，可乎？’”**案，“对曰”为鲁诸大夫语，而杜注将其后三句断为孟孙语。鲁诸大夫与景伯同，反对季孟伐邾，而杜注以为孟孙与景伯同，鲁诸大夫反对景伯，阿附季孙，误②。《会笺》联系传文，并引明傅逊《春秋左传注解辨误》以驳之。其说确为得谊。杨伯峻《注》从之。服虔以“知必危”二句亦为孟孙之言，吴闿生《左传微》谓“对曰”，仍景伯之言，皆误。**哀公十四年传：“十四年，春，西狩于大野，叔孙氏之车，子鉏商获麟。”**案，叔孙氏之车子鉏商，杜注解为叔孙氏之车子，鉏商，误。而《会笺》融合王引之《述闻》、俞樾《左传平议》和安井衡《左传辑释》诸家观点，指出该句意为叔孙氏之车士子鉏商，子鉏商连读，以驳正杜注。《会笺》订正杜注之误值得肯定，但其说有不足之处。此条《会笺》所援用的王引之说与俞樾说有相混处。笺曰中“古妇人称姓，男子称氏族”至“上二字皆以先世之字为氏”，皆王引之说羼入俞樾说中。王引之考证子鉏为氏，商为名，有理有据，其说可信，《会笺》没有吸取。安井衡强以鉏、商为联系，以子鉏为字，商为名，其说牵拘且无据，《会

① 阮元、王先谦编《清经解、清经解续编》卷1164－1165，上海书店1988年版。

② 李贻德《辑述》亦谓杜注迂曲。

笺》采纳。此其瑕疵。**哀公十四年传："夏五月壬申，成子兄弟四乘如公。"**案，《世本》："僖子生昭子庄、简子齿、宣子其夷、穆子安、廪丘子意兹、芒子盈、惠子得。"服虔曰："成子兄弟八人，二人共一乘，故四乘。"据此，杜注本《世本》、服注而来。但杜注"驷乘"与《世本》所云昭子，桓子之子，成子之叔父，及《史记·田完世家》所载田常兄弟四人如公宫的情况不合，竹添以为杜注不确。《会笺》融合惠栋《左传补注》和沈钦韩《补注》的观点驳斥杜注，指出杜注误将《世本》中成子之叔父昭子来将当作成子之兄弟，以充八人之数，圆其八人，四乘，二人共一乘如公宫之说，并联系《左传》中"驷乘"的记载，参考《史记·田完世家》《世本》分析辨证，断定此传"驷乘"为四人共一乘。傅逊《左传属事》亦主此意。该说有理据，较杜注为胜，可信。

以上几种情况在《左氏会笺》中类例丰富，因文中篇幅有限，不能一一罗列，故仅举数例，以窥大略。

前文已将《左氏会笺》与《春秋经传集解》二书中释例互相推勘，考究其异同、渊源，辩证其得失。从这些分析中，是可以了解《左氏会笺》汲取杜注精义，考订杜注之失，参稽清人成说，镕旧铸新，在继承的基础上对杜预注进行发展，并对前人研究成果进行总结的面貌。前面已经提到，许多研究者分析指出，杜预注承袭了大部分贾、服注的精华，据此推知竹添氏疏解杜注，不唯继承和发展了杜注，亦继承和发展了汉注，是对汉以来诸家注疏的总结。竹添氏可云有功于《左传》。

从总体上看，竹添氏之笺注富赡翔实，比之杜注之简省，不仅有利于对字、词、名物的精细训诂，而且更有利于对典章制度、山川地理及史事等问题进行深入的讨论。

杜预注简洁疏略，清儒甚为病之，而有研究者则指出，其与魏晋玄学盛行，世尚清简密切相关。① 与杜注相比而言，竹添氏的笺注就可谓富赡精详了。特别是在字、词、名物的训诂上，杜预注不言其详者，或当注而略之者，竹添氏往往搜采旧说，广征文献，博引雅训经诂，以增演其说，或补充其阙。

在对字、词、名物的训释上，竹添氏不仅常常罗致丰富的经籍依据，排比论证，以致信而有征，而且能注意字、词意义的古今差异，辨析区别字、词的本义，近引申义、远引申义和假借义，系联同源词，探索事物命名之源，寻找语根，涉及词义系统和词族系统的探讨问题，据此可知，竹添氏的训释已不再

① 如当代何晋的《左传贾服注与杜注比较研究》与沈玉成的《春秋左传学史稿》等中都有提及。

就本字论本字，就本事论本事，而能举一反三，触类而长，比类而知，发现规律，探寻本质，已具有研究性质。他对字、词、名物的训解为汉语训诂学研究和汉语史的研究都提供有用的材料。他在对字、词、名物的训诂中所反映出的历史观、发展观也是耐人寻味的。

梁启超在《清代学术概论》中称："确能成为时代思潮者，则汉之经学，隋唐之佛学，宋及明之理学，清之考据学，四者而已。"梁氏关于考据学为清代之时代思潮之说正确与否姑且不论，但考据之学在清代盛行，成为影响一代的学术风气，则为事实。正如杜预注的清通简要风格与魏晋时代思潮学术风尚不无关系，竹添氏笺注翔实的特点也是深受清代学者重考据、训诂之风的影响所致。

# 第三章

# 《左氏会笺》注释特点

《左氏会笺》自序称本书体仿杜预《春秋经传集解》与朱熹《四书集注》。如若观览《左氏会笺》全书，更能体会道其所具有的东汉大儒郑玄《毛诗笺》之精神。作者竹添光鸿撰著《左氏会笺》，其于《左传》的诠释解说能详悉古今，网罗东西（中日），博征群籍，兼采诸家，而后加以融会贯通，补证考索，铸就己说。于前人旧注，既有宗主，又能从而引申发明或补充辨正之。由此可见，竹添氏之注疏能标举汉魏学风，擅用昔贤之法，若能“论其法式，明其义例”①，其治《左传》学之门径可窥矣，其《左氏会笺》之文盖能稍易董理矣。下文试图归纳其注释之义例与特点，并做粗浅的分析，唯愿其注述之体，可得而扬榷，其学术之价值，可得而彰明焉。兹举例条述如下。

## 一、尚守求是精神

竹添光鸿注释《左传》能从语言事实出发，旨在求得古籍文本之原意，对古注他说，不拘门户，不限学派，广揽兼采，择善而从，体现了实事求是的治学精神。

首先，在对待杜预注的问题上，竹添光鸿的《左氏会笺》就贯穿了求实原则。对《左传》杜预注而言，在《左传》学注疏史上有两种取向迥异的态度最为引人瞩目。一是唐人的“疏不破注”，墨守旧注，以孔颖达《五经正义》中的《左传正义》为代表；一是清人的完全排斥，彻底否定旧注，以沈钦韩《春秋左氏传补注》、刘文淇《春秋左氏传旧注疏证》为代表。这两种极端的主张，竹添光鸿注释《左传》均不采纳，其《左氏会笺》虽宗主杜预注，却不为苟同，能荟萃众家，为之补缺纠谬，增演伸发，出己新意；虽为清代驳正杜预注之风影响下产生的著述，却不完全摒弃杜注，能择善而执，弃瑕取玉，发展古注。在《左氏会笺》中，竹添氏以金泽文库卷子本旧抄杜预《春秋经传集解》

① 黄侃《文字声韵训诂笔记》（由黄焯整理），上海古籍出版社1983年版，第181页。

为底本进行校勘、注疏，对杜注明白易晓者则加以采纳，《左氏会笺》中凡直接抄录杜预注，没有“笺曰”的部分一般就属此类。而对杜注幽隐难明者则加以引申发明，杜注义有不足或原文当注而未注者则加以补充，杜预注意义谬误者则加以纠正，也有保留杜预注意见而另提一说者。其发明、订正杜预注，援引师说，考索文献，皆有所据，并不逞其臆说。这在本书第一章的分析中显而易见，兹不赘言。

总之，《左氏会笺》中凡赞成杜注者，文意易明，则直接采用，不再说明；凡异于杜注者，则申明己意。综观全书，《会笺》对杜注引申发明、补充，订正是非的情况比比皆是，其确实做到了“疏能破注”，疏解杜注，不为墨守，实事求是。第一章中诸例，可为其证。

不唯对杜注，凡遇解说有谬误的，《会笺》都能进行驳正。如：定公元年传“仲虺居薛，以为汤左相”，笺引阎若璩之说驳李焘仁父言，认为“相则辅助之名，非仁父所谓一相之任之相”；定公四传“自小别至于大别”，笺以洪亮吉之说驳李吉甫《元和郡县志》中有关小别、大别地理位置的说法，并征引《尚书正义》所援引郑玄注、《汉书·地理志》、京相璠《春秋土地名》《尚书·禹贡》等材料证成其误；定公四传“楚子取其妹季芈畀我以出”，《世族谱》认为季芈、畀我为二人，《会笺》就传文分析说明季芈畀我为一人，驳斥了《世族谱》之误；定公九年传“如骖之有靳”，《左传正义》将靳与靷混为一事，笺订正之等等，诸如此类，《会笺》中较为繁夥。本书篇幅有限，不再赘述。《会笺》对诸多问题的辩驳订正，或可使其是非得以澄清，或可使其得到深入的讨论，斯于启发后学，为用甚宏。

其次，在对待其他各家旧注师说上，《会笺》也采取了求是原则。

王引之《经义述闻·序》云：“说经者期于得经意而已，前人传注不皆合于经，则择其合经者从之。其皆不合，则以己意逆经意，而参之他经，证以成训，虽别为之说，亦无不可。……故大人之治经也，诸说并列，则求其是；字有假借，则改其读。盖熟于汉学之门户，而不囿于汉学之藩篱者也。”据该《序》知这是王引之引家大人（即指其父王念孙）的说法。王氏父子的这种治学思想对竹添光鸿撰著《会笺》影响很大，翻览《会笺》会发现竹添氏对诸家《春秋》《左传》的注疏成果的吸收利用就是以这种思想原则为准的，能从经传原文的语言实际出发，不为盲从，诸说并列，则求其是。如：

**成公十六年传：“塞井夷灶，阵于军中，而疏行首。”**

在该句中各家对“行首”的解释不同，以致对“疏行首”的解释亦不统一。王引之在《述闻》中谓“行首”即“行道”，“疏行首”即通阵列队伍之道，“塞井夷灶”的目的是为了“疏行首”，因“井灶已除，则队伍之道疏通，无所窒碍矣”。而惠栋《补注》认为行首是行列，“疏行首”就是在军垒中分开队伍的行列，“塞井夷灶”与“疏行首”是在军垒中从事的两个军事行为。沈钦韩在《补注》则谓“行首即领队者”，是《吴语》中的行头。沈氏也指出“疏行首”就是隔开军中队列的行距。

《会笺》借鉴沈钦韩的“行头”说，以为“行首犹云行前，谓行伍所向。《战国策》曰：‘夫以秦之强，首之’注言以兵向之，是也。”。关于“疏行首”，杜注云：“疏行首者，当阵前决开营垒为战道。”这个观点遭到王引之的驳斥，王引之谓：“下文曰‘将塞井夷灶而为行也’，则塞井夷灶正所以疏行首，非决开营垒之谓也。”《会笺》则明确反驳了王引之的观点，笺曰：“塞井夷灶者，以将结阵于军中也，与疏行首自别。下文‘为行’即为行列也。”《会笺》首先认为塞井夷灶与疏行首没有因果关系，其次指出下文“为行”即为行列，与王引之成行，出发而走的意义完全不同。

《会笺》采用王氏父子的训诂考据成说的地方非常多，可见竹添氏是很推尊王氏父子的，即便如此他也不肯轻率盲从，而能以求实精神认真分析。对古籍的校勘和注疏，在原文用字能见得通的情况下，要求尽量用原字，以保持古籍原貌，不可轻易改字，轻言假借。王氏以“行首”为“行道”之假借的说法，确实有改字之嫌，颇不可取。虽然各家之说纷然，莫辨是非，《会笺》之解仅可备一说，但其追求实事求是的精神却是不无意义的。

统观《左传》的注疏之作，对于《左传》的某些问题、文意的解说和研究往往众说纷然，意见歧出。而竹添氏注释《左传》参稽前人成说和时贤意见，博采众长，不主一家；折中众意，断以己说。其撰著《会笺》的过程就是一个对各家有关《左传》的注疏和研究成果，选优汰劣，弃其糟粕，取其精华的求是过程。

### 二、观文为说

《会笺》注释《左传》，若无前贤之说可承用，无旧典明文可征引，则循文立训，观文为说，约上下文之义，或他经、约他传文义以为笺注。如：

**隐公元年传：“生庄公及共叔段。”**

笺曰：“贾、服以共为谥，是也。鲁之穆伯，晋之栾怀子，皆出奔见杀得有谥。叔段，庄公母弟，虽出奔得追谥，可知。”

案，《会笺》据《左传》穆伯、栾怀子事证成叔段以共为谥之说。

**隐公三年传：“公曰：‘不可。先君以寡人为贤，使主社稷。若弃德不让，**

**是废先君之举也，岂曰能贤？'"**

笺曰："弃德与'下先君之令德'相照，让国是德举也，不让即弃德矣，非两层。言先君使己嗣位者，以为贤也，今不让先君之子则非贤，是废先君所以举己也。"

案，《会笺》据《左传》下文释义。

**桓公十年传："故不称侵伐。"**

笺曰："以明年恶曹之盟考之，三国来战，不得志而罢师也。杜注'以礼自释'以下，《传》意不言及于此，但《公》《穀》皆云：'内不言战，言战，乃败也。'故杜辨之耳。"

案，《会笺》联系他经、他传之意疏解此传文意。

**桓公十二年传："请无扞采樵者，以诱之。"**

笺曰："行军之法，别有役徒以供采薪，使正军扞卫以往，《后传》所谓刍荛者是也。"

**桓公十二年传："莫敖屈瑕。"**

笺曰："前后《传》分而曰屈瑕，曰莫敖，是《传》合而书之。"

**桓公十三年传："遂见楚子。"**

笺曰："言自路也。不归家而遂见。后《经》：'曹伯襄复归于曹，遂会诸侯围许。'《注》：'遂者，得复而行，不归国也。'"

**定公九年传："东郭书让登。"**

杜注："登城非人所乐，故让众使后，而己先登也。"

笺曰："攻城以先登为功，先登勇士之所志也。书不敢以鄙怯待人，故将登，礼让于众，众不敢进，然后先登，故曰让登，下文犂弥曰：'子让而左，我让而右。'承此让字也，又曰'使登者绝而后下'，言己不欲专先登功，使继登者绝于壁下而后相偕下入城中，此亦让之道也。弥欲夺先登之功，书让登，故以让欺之耳。如杜说，下文皆不可通。"

案，又下文即定公九年："书左，弥先下。"《会笺》曰："书可其言，让而左，弥乃登而直下，是弥欺书先登。……下文猛自夸先登之功，书怒欲击之，固其宜也。杜以先登为让，故云亦让，非也。"《会笺》唯观上下文而知其意，并证成杜注之误。

以上诸例皆显示了《会笺》依文意训释，通过审断上下文意，以传释传的注释体例。《会笺》中此例颇多，不烦多举。凡《会笺》中称有"后《经》""后《传》""上《传》曰""以明年……考之""下文……""上文……"等之类联系上下文、前后经、传的语句，皆属此种。

### 三、广征博引

《会笺》疏释《左传》及杜注，旁征博引，参稽群籍，兼采众家，皆足助其证说，成其渊广弘通。作者在该书的《自序》中说："近儒之注左氏者，予所涉猎，在皇朝则中井积德、增岛氏固、太田氏元贞、古贺氏煜、龟井氏昱、安井氏衡、海保氏元备，皆有定说，而龟井氏最为详备。在清则顾氏炎武、魏氏禧、万氏斯同、万氏斯大、王氏夫之、毛氏奇龄、惠氏栋、马氏宗琏、赵氏佑、焦氏循、江氏永、顾氏栋高、雷氏学淇、方氏苞、洪氏亮吉、梁氏履绳、崔氏述、朱氏元英、段氏玉裁、王氏念孙、引之父子、姜氏炳璋、阮氏元、沈氏钦韩、钱氏锜、姚氏鼐、张氏自超、高氏澍然、俞氏樾，各有创获，去其奇僻，取其精确。其他古今诸家论说涉左氏者，普搜博采，融会贯通，出之以己意，名曰《左氏会笺》。仿杜氏《集解》朱子《集注》之体也。而其议论发挥大义，其考据出于独得者，特举名氏以表异之。亦仿朱子《集注》圈外之例也。夫经所以载道也，道原于人心之所同然，然则他人说经获我心者，道在斯可知矣。以所同然之心，求所同然之道，何必容彼我之别于其间，集众说折衷之，要在阐明经旨。"①《自序》中明确说明《会笺》把有关《左传》的重要注释解说，日本方面从中井积德以下到海保元备的七家论说，和清朝的顾炎武到俞樾的二十九家的论说，共计三十六家论说，全部搜集起来，以帮助了解《左传》文意。这些著作是龟井昱《左传缵考》、安井衡的《左传辑释》、中井积德《左传雕题》、大田元贞《左氏传杜解纠谬》、增岛固《读左笔记》、古贺煜《左氏探赜》、海保元备《左传补证》。② 顾炎武《左传杜解补正》和《日知录》，魏禧《左传经世》，万斯同《群书辨疑》，万斯大《学春秋随笔》，王夫之《春秋稗疏》《春秋世论》《春秋家说》和《续春秋左氏传博议》，毛奇龄《春秋毛氏传》《春秋简书刊误》《春秋属辞比事记》和《经问》，惠栋《春秋左传补注》，马宗琏《春秋左传补注》，赵佑《春秋三传杂案》和《读春秋存稿》，焦循《春秋左传补疏》，江永《春秋地理考实》和《群经补义》，顾栋高《春秋大事表》，雷学淇《介菴经说》，方苞《春秋通论》《春秋直解》《春秋比事目录》和《左传义法举要》，洪亮吉《春秋左传诂》，梁履绳《左通补释》，崔述《崔东壁遗书》，朱元英《左传博议拾遗》，段玉裁《春秋左氏传五十凡》和《春秋左氏古

---

① 见竹添光鸿《〈左传会笺〉自序》，第3页。

② 参见上野贤知《日本左传研究著述年表并分类目录》，东京《东洋文化研究所纪要（第一辑）》，东京无穷会刊，1957年版，第26－66页。

经》，王念孙《经义述闻》，王引之《经传释词》，姜炳璋《读左补义》，阮元《春秋左氏传注疏校勘记》，沈钦韩《春秋左氏传补注》和《春秋左氏传地名补注》，钱绮《左传札记》，姚鼐《左传补注》，张自超《春秋宗朱辨义》，高澍然《春秋释经》，俞樾《茶香室经说》《春秋左传平议》《左传古本分年考》。

《左氏会笺》所征引的有关《左传》注解的著作并不仅限于以上诸家，据日本学者冈村繁研究，竹添氏编述该著对龟井南冥的《春秋左传考义》引用较多，但《自序》中却未提及。① 另据上野贤知研究，竹添氏引用的《左传》注释书籍还有猪饲彦博《西河折妄》、松崎复《左氏经传校讹》、山本信有《左传杜解驳义》、近藤元粹《增注春秋左氏传校本》、伊藤馨《左传章句文字》、齐召南《春秋左传注疏考证》、沈彤《春秋左传小疏》等。② 上野贤知《日本〈左传〉研究著述年表并分类目录》录有"《左氏会笺》引用书目"，其中"何某曰"一项，所列举的著作，日本有十二种，中国有一百多种。③

虽说这些统计数字看起来已相当可观，然而这也许就是《左氏会笺》所援引的"古今各家所涉及《左传》者"④ 的大略情况，并非精确到无一遗漏。据笔者考察，宋家铉翁《春秋集传详说》、明傅逊《春秋左传属事》和《春秋左传注解辩误》、明焦竑《焦氏笔乘续集》亦在《会笺》采用范畴之内，⑤ 但不见于上野氏的著录中。此外，惜其不见清刘文淇的《春秋左氏传旧注疏证》。⑥

除以上的各家左传注疏、群经传记而外，《左氏会笺》在注述中称引的其他

---

① 冈村繁《竹添井井〈左氏会笺〉中的剽窃》。

② 参见上野贤知《日本左传研究著述年表并分类目录》，东京《东洋文化研究所纪要（第一辑）》，东京无穷会刊，1957 年版，第 26－66 页。

③ 参见上野贤知《日本左传研究著述年表并分类目录》，东京《东洋文化研究所纪要（第一辑）》，东京无穷会刊，1957 年版，第 111－116 页。

④ 见《〈左传会笺〉自序》。

⑤ 隐公元年经文："元年春，王周正月。""笺曰"中引家氏铉翁语。隐公三年传："四月郑祭足帅师取温之麦。""笺曰"中引傅逊《辨误》语。隐公元年传文："庄公寤生。""笺曰"中杂粹焦竑说。

⑥ 《春秋左氏传旧注疏证》，是刘文淇所撰数十册长编基础上，由刘文淇、刘毓崧、刘寿曾祖孙三代累世相承，加工而得之作，全书止于襄公四年，实属未竟稿。虽在清代就已名满士林，但一直未见刊刻，迄至二十世纪八十年代才经整理出版，所以竹添光鸿没有见过该著。他很可能见过刘文淇的《左传旧疏考正》，因为《会笺》中有些说法与刘文淇相同，如僖公二十八年传："晋侯患之，听舆人之诵，称舍于墓。"笺曰："《周官·墓大夫职》'令国人族葬'注：'古者，万民墓地同处。'《史记》田单守即墨，亦用发墓之事，以激怒其众，知战国犹族葬也。"刘文淇《春秋左传旧注疏证》云："沈钦韩云：'《周官·墓大夫职》：令国民族葬注：古者，万民墓地同处。'按《史记》田单守即墨，亦用发墨之事，以激怒其众，知战国犹族葬也。"

史部、子部、集部文献亦为繁富。诸如《乐记》《三礼》及郑注、《诗经》及毛传、郑笺、陈奂疏、《周易》《尚书》《五经正义》《说文解字》及段玉裁注、《尔雅》《广雅》《经典释文》《正字通》《集韵》《类篇》《字林》《广韵》《玉篇》《史记》及三家注、《国语》及韦昭注、《战国策》《竹书纪年》《世本》《后汉书》《晋书》《汉书》及颜师古注、《宋书》《三十国春秋》《南燕录》《列女传》《新序》《论语》《孟子》《淮南子》《穆天子传》及郭璞注、《论衡》《列子》及张湛注、《太平御览》《风俗通》《推拿秘法》《丹波元简医胜》《汇聚群方》《初学记》《路史》《水经注》、张衡《思玄赋》注、《文选》及李善注等等，包罗万象，俯拾即是，不胜枚举，真乃蔚为大观。

综览全书，《左氏会笺》征引浩博，搜采繁盛，其疏解能杂糅东西（中日），会通古今，荟萃众家之长，出己一新之意，非为不见经说本末，空生虚说；不循训诂依据，向壁虚构。更能摆脱墨守一家经说之迂拘，见其学问之渊博宏通。目《左氏会笺》所援引之著述，既可知清代考据学对日本学界影响之深广，亦可晓汉籍在日本流布和影响之广远。其中许多典籍名称可以与黄遵宪《日本国志》、杨守敬《日本访书志》、森立之《经籍访古志》、董康《书舶庸谭》、傅增湘《藏园群书经眼录》等曾记录了日本保存的若干汉籍的目录及其他各种目录互证，其在目录学上有着重要的意义。

古希腊一学者云："独不见蜜蜂乎，无花不采，吮英咀华，博雅之士亦然，滋味偏尝，取精而用弘。"① 蜜蜂之遍历河滨花丛，勤劬刺取佳卉，蜜之所成，风味别具，莫辨其来自某花卉，② 其正可取譬竹添氏采撷群言，荟萃众籍，糅合融贯，熔裁锻炼，博观而约取，结撰《左氏会笺》之状。

**四、未闻阙疑**

昔孔子作《春秋》，知之为知之，不知为不知，于未闻、未详之史事则付之阙如。竹添光鸿生于千载之后，而能继承昔贤精神，实事求是。其编述《左氏会笺》于所不知，辄不加臆断，疑以传疑，而于笺注之中，皆一一表明未闻阙疑之意。例如：

**隐公四年传："羽父请以师会之。"**

笺曰："羽父，系未详。"

**隐公八年经："三月郑伯使宛来归祊。"**

---

① 参见《管锥编》，中华书局 1979 年版，第 1251 页。

② 参见《管锥编》，中华书局 1979 年版，第 1251－1252 页。

笺曰："宛系未详。"

**隐公十一年传："息侯伐郑。"**

笺曰："（息）其初不知谁之子，何时封也。"

**隐公十一年传："与郑人战于狐壤，止焉。"**

笺曰："狐壤，《后汉志》颍川郡颍阴县有狐宗乡，疑即此。"

**桓公二年传："周内史闻之，曰：'臧孙达其有后于鲁乎。君违不忘谏之以德。'"**

笺曰："达，哀伯名，其字未详。"

**桓公十一年传："楚屈瑕将盟贰轸。"**

笺曰："绞亦未详其受姓。"

案，此笺注实乃下句传文"将与随、绞、州、蓼伐楚师"之笺注，应置入"绞在今湖北郧阳府西北"之下，而错入此传文中。

**桓公十二年经："冬十有一月，公会宋公于龟。"**

笺曰："龟疑在今河南归德府睢州境。"

**桓公十六年传："属寿于左公子。"**

笺曰："左右是当时称号，未知其由。"

**桓公十七年传："伐邾，宋志也。"**

笺曰："杜注'争疆'，未详所据。"

**庄公元年经："王使荣叔来锡桓公命。"**

笺曰："叔犹虞仲虢叔之叔。……荣地，未详。"

**定公四年经："四年春，王二月，癸巳，陈侯吴卒。"**

杜云："癸巳，正月七日，书二月，从赴也。"

笺曰："杜从赴之说不可晓。"

**定公四年传："怀姓九宗，职官五正。"**

笺曰："五正今不详为何官。"

**定公四年传："楚子取其妹季芈畀我以出"。**

笺曰："《世族谱》'季芈、畀我二人皆平王女，季妹之下，又有其娣'，可疑。"

**定公五年传："王赏斗辛……宋木、斗怀。"**

笺曰："宋木（笔者按：木误为本），未详其人何如。"

**定公六年传："成之昭兆。"**

笺曰："卜师曰兆，曰方兆、功兆、义兆、弓兆，郑云，未闻。"

**定公七年传："馆于公族党氏。"**

笺曰："王国亦有诸公，此或为单、刘之族，亦不可知。"

凡诸此类，散见群编，不烦悉数。虽仅举几例，亦足见著者注释古籍之谦谨态度。

## 五、会而通之

《左氏会笺》是日本学者竹添光鸿甄采众说而权揆其异同对《左传》进行汇释的重要著作。作者竹添氏疏解《春秋》经传，擅以会通之道，接櫫左氏之大义。综观《左氏会笺》，会通乃是其注释的重要特点之一，它主要是通过发凡起例、归纳总结、叠见互注、引申推衍、瞻前顾后等几种笺注方式体现出来的。本书拟对此举例条述如下。

### （一）发凡起例

竹添氏注释《春秋》经传有能提纲挈领，以此概彼者。其中或虽无"凡""例"之语者，究其质，则实乃发凡起例也。如其解释字、词、句，有标明："字例同""语例同""××皆同""句法同""语法一例""句法一例""左氏往往有此等句法""××与此正同""句法正同""皆同句法""××为一语例""与此一例""××皆此例也"……字样的，但也有未明标而实际是归纳字例、语例的。如：

**隐公元年以前传："惠公元妃孟子。"**

笺曰："元者，始也，长也。一元字兼始嫡两义，故杜云始嫡夫人，言以前未曾娶而此人始为嫡夫人也。文二年'凡君即位，娶元妃以奉粢盛，孝也。'宣三年'姞，吉人也，后稷之元妃也。'皆同。"

**隐公三年传："公曰：'若弃德不让，是废先君之举也，岂曰能贤？'"**

笺曰："襄十三年：'昔臣习于知伯，是以佐之，非能贤也。'能贤，盖当时常语。"

**隐公七年传："谓之礼经。"**

笺曰："礼经曰礼之经，言礼之大法也。十一年'恕而行之，德之则也，礼之经也'，襄二十一年'会朝，礼之经也'，《乐记》'著诚去伪，礼之经也'，皆可以证。礼本于安民，故继好息民，谓之礼经。"

**桓公十六年传："急子曰：'请杀我乎！'"**

笺曰："《家语·弟子行》，孔子曰：'言之乎？'子贡一其辞状告孔子乎！乎字与此同例。"

**僖公二十四年传："有如白水。"**

笺曰："如，若也，指定之辞，凡誓词多用所不有如字，有如白水亦要质河神使司其约耳。襄九年自今日既盟之后，郑国而不唯晋命是听而有异志，有如此盟。定十年齐师出竟，而不以兵车三百乘从我者，有如此盟。有如二字与此正同。”

**成公十七年传：“其谓君何？”**

笺曰：“言无可辞以拒君也。僖二十八年救而弃之谓诸侯何？无辞与诸侯也，与此一例。”

**昭公十六年传：“几为之笑而不陵我。”**

笺曰：“几，近也，是倒语，言不几笑而陵我也。二十四年几如是而不及郢，《庄子》几乎侥幸而不丧人之国乎？皆同句法。”

**定公二年传：“邾庄公与夷射姑饮酒，私出。”**

笺曰：“襄十五年‘师慧过宋朝，将私。’注：‘私，小便。’此私亦当是小便，盖饮酒半将便而出也。《世说》：‘王祥私起。’字例同。”

**定公六年传：“君姑待之，若何？”**

笺曰：“与昭公二十八年‘姑已，若何？’一意。”定公六年传文：“见溷而行。”笺曰：“宣十四年‘见犀而行’，句法同。”

如斯之流，不可尽数，仅以上若干例，足见其能由一字、一句、一语推及其余，概括全书甚至是古籍中关涉到字、词、句的性质、用法，触类旁通，不啻通释《左传》，通释古书。其能比例而知，触类而长，揭示《经》《传》，甚至是古书中有关字、词、语法的运用规律，使用特点，是其发扬了清代学者王念孙、王引之及段玉裁的释词理论。

不仅文字训诂上，在《经》《传》文字的校雠、书法义例及名物制度的解说上，竹添氏也体现出举一隅而反知其余的概括力。

如其校雠文字，为发凡起例者：

**隐公三年经：“癸未葬宋穆公。”**

笺曰：“穆，《公》《穀》皆作缪。凡谥曰穆者，《史》《汉》多作缪，盖古文假借”。

如其揭示《春秋》经传的书法原则，为发凡起例者：

**隐公二年经：“九月纪裂繻来逆女。”**

笺曰：“《王制》云‘上大夫卿’，则卿亦大夫也。故杜多以大夫言卿。文四年，‘逆妇姜于齐，卿不行，非礼也’，然则裂繻逆女，礼也，《传》在彼，故略于此。”

**桓公五年传：“龙见而雩。”**

笺曰：“凡书大雩，专为旱祭无可疑者。”

**桓公九年经："九年春，纪季姜归于京师。"**

笺曰："称季姜自我之辞，犹称伯姬、叔姬归于某，杜据《公羊》解不称'王后'之义，云'伸父母之尊'，不知逆不可称季姜，归不可称王后，此史文述作之道也。若曰'王后归于周'，则是宁父母而归之辞耳。"

**桓公十三年经："己巳，及齐侯、宋公、卫侯、燕人战。"**

笺曰："《春秋》诸侯虽未葬，逾年则称爵。宣十一年'楚子、陈侯、郑伯盟于辰陵'。是时灵公被弑，贼未讨，君未葬，已称陈侯。成二年：'宋公'、'卫侯'亦同，杜失之。"

**桓公十六年经："夏四月，公会宋公、卫侯、陈侯、蔡侯伐郑。"**

笺曰："凡《经》《传》言'会某伐某者'，皆谓会其师。但君在焉，则称侯不言师，非行会礼也。……杜以会为朝会之会，故其说每谬。"

**桓公十八年经："公薨于齐。"**

笺曰："内君见弑，必讳为薨。凡弑君不地。桓戕于外，不地，嫌于鲁人弑之，故地之。"

**庄公元年经："王使荣叔来锡桓公命。"**

笺曰："《周礼》诸侯死，王有锡命，即追命也。王命鲁主昏，故追锡桓公以宠之。襄十四年王将昏于齐，赐齐灵公命，与此相似。"

**庄公元年经："陈侯林卒。"**

笺曰："《春秋》书名者，皆同盟也。"

**庄公元年经："夫人逊于齐。"**

笺曰："《春秋》之法，内君弑，志薨不志地。嗣子继，不书即位；夫人与弑出奔，则书逊于某，此大较也。"

**定公元年经："戊辰，公即位。"**

笺曰："古凡即位必受命于殡，行奠殡之礼。如《顾命》三宿三咤，授同拜命，然后出而即位。此诸侯殡礼，与嗣君即位之礼，俱如是者。"

**定公元年传："公之丧至自乾侯，戊辰公即位。"**

笺曰："三年之礼，于高宗谅阴明之；踰年之礼，于《春秋》书即位明之；柩前之礼，于《顾命》明之。"

**定公四年传："归粟于蔡以周亟，矜无资。"**

笺曰："《春秋》凡有事不言主名，皆鲁事也。"

**定公十年经："公至自夹谷。"**

笺曰："传例特相会往来称地。自参以上，往称地，来称会。桓之盟唐、文之盟縠、定之会夹谷盟黄皆特相会，即《穀梁》所谓离会也，故例以地致。"

如其介绍《经》《传》所涉及的有关礼制，为发凡起例者：

**桓公二年传："带裳幅舄。"**

笺曰："凡带制，天子素带朱里，终辟；诸侯素带终辟不朱里；大夫素带辟垂；士练带率下密缉带两边也。"

**定公六年传："盟国人于亳社。"**

笺曰："凡国有大事，询于国人，致之外朝，亳社在外朝，故盟国人于亳社也"。

**定公八年经："盗窃宝玉、大弓。"**

笺曰："《周官·天府》掌祖庙之守藏与其禁令。凡国之玉镇大宝器藏焉。若有大祭，则出而陈之，既事藏之。然则宝玉、大弓，宜藏之祖庙，禁令焉。"

如上所示之例，综观《会笺》可谓繁夥。统而言之，《会笺》与《春秋经》《传》之文能观其会通之意。其对字、词、句的训诂，有因一字、一词、一句而能考见其意义、用法者；对《经》《传》的书法原则、礼仪制度等的阐释说明，有因一语、一事、一物而能揭示其规律、显示其特质者，必定拈出而发其凡起其例。

竹添氏注释《春秋经》《传》能由此概彼，持简驭繁，为发凡起例，读者可以此观其会通载籍之意。

（二）归纳总结

竹添氏注《春秋》经传，能通观全书，常常将相同、相类的事物、情况等进行归纳总结，启示人体悟其中所蕴含的特质、一般规律，进而深入理解《经》《传》之旨意，也有将名同而实异者胪列并举，使人清楚地对其作以区别辨识，以防误解。如：

**隐公三年传："冬，齐、郑盟于石门，寻庐之盟也。"**

笺曰："寻、爓古字通用，哀十二年，若可寻也，亦可寒也。贾逵曰：'寻，温也。'遍考传例，好则言修，盟则言寻，是寻、修之别。盖补阙曰修，故用诸好；温冷回寻，故用诸盟也。"

案，《会笺》对《左传》中寻、修做了细致的区别，不仅说明了传义，也可见其文法特点。

**隐公九年经："公会齐侯于防。"**

案，《会笺》指出鲁有三防，即东防、西防、防山城，虽名同而实异。《会笺》不仅说明三防地址不同，而且归纳了各地所发生的历史事件。

类似还有：隐公元年传"夏四月，费伯帅师城郎"，隐公元年传"初郑武公娶于申"，隐公元年传"惠公之季年败宋师于黄"，隐公四年经"夏公及宋公遇于清”，隐公十年经“辛未取郜”，桓公六年传“军于瑕以待之”，桓公十年经“冬十有二月丙午，齐侯卫侯郑伯来战于郎”，桓公十一年传“初祭封人仲足有宠于庄公”，桓公十五年经“秋九月，郑伯突入于栎”，桓公十六年传“使盗待诸莘”，定公元年传“季孙使役如阚公氏，将沟焉”，定公九年传“齐侯致禚、媚、杏于卫”，定公九年传“秋齐侯伐晋夷仪”，定公十年传“夏公会齐侯于祝其，实夹谷”，等等，分别对《左传》中所涉及的二费地、二个申地、三个黄地、四个清地、三个郜地、三个瑕地、二个郎地、三个祭地、二个栎地、四个莘地、二个阚地、二个杏地、二个夷仪、三个夹谷等，做了区别归纳，辨明了这些同名异地的情况。

**桓公二年传：“惠之廿四年晋始乱，故封桓叔于曲沃。”**

笺曰：“《传》中追叙往事，有以鲁年纪者，如惠之二十四年、惠之三十年、惠之四十五年、僖之元年、成之十六年，悼之四年是也；有以他国之年纪者，如晋文公之季年、齐襄公之二年、记郑事曰僖之四年、简之元年是也；列国文告称述，有以本国纪者，如寡君即位三年、十二年六月、十四年七月、十五年五月，文公二年六月、四年二月，我二年六月、我四年三月是也；有以所告之国纪者，如在晋先君悼公九年是也；亦有不以君年，而举其年之大事以纪者，如会于沙随之岁、会于夷仪之岁、鲁叔仲惠伯会郤成子于承匡之岁、溴梁之明年铸刑书之岁、齐燕平之月、范宣子为政聘于诸侯之岁是也。当时诸侯之岁参差不齐，而周则天下共主，何以二百余年中绝不闻以周为纪称某王何年，可见是周正之不通行于列国矣。”

案，《会笺》将《左传》追叙往事时纪年的几种方式，如：有以鲁年纪者、有以他国之年纪者、列国文告称述，有以本国纪者和所告之国纪者，亦有不以君年，而举其年之大事以纪者等汇集一处，使人对此获得了一个总体的了解。并由此而发出“可见是周正之不通行于列国矣”的感慨。其能知微见著，从小小的纪年方式运用及变化上推知《左传》二百余年中周室的衰颓之势。

**定公四年传：“归粟于蔡以周亟，矜无资。”**

笺曰：“归粟必壤地相攘，水道可通，鲁归蔡粟以淮也，告籴于齐以济也；秦输晋粟以河也。”

案，《会笺》指出归粟的主要地理条件，总结左氏记载，扩大了读者的知识面。

**定公五年经：“于越人吴。”**

笺曰：“越曰于越，吴曰句吴，邾曰邾娄，本一字而为二字，古声双叠也。昭八年书曰执陈公子招放之于越，昭三十二年吴伐则不言于，而主称之。则此经及十五年、哀十三年皆曰于越，是文辞之体例也，非义所关。”

案，《会笺》对《左传》中越的称呼，及越、吴、邾称呼特点的总结，颇值细味。

**定公四年传：“啧有烦言，莫之治也。”**

笺曰：“成二年治烦去惑，襄二十六年正其违而治其烦，烦字、治字相应，隐四年传如治丝而棼之，棼亦烦乱也。”

案，《会笺》胪举了《左传》中烦、治相对的语言形式，意在使人体会这种语言现象的特点。

**定公六年经：“冬城中城。”**

笺曰：“中城，内城也。亦见成公九年。侨如欲去季孟，则城中城；阳虎欲去三桓，亦城中城，皆欲得公以济其乱谋也。后八年阳虎战败，说甲如公室，取宝玉、大弓以出，则知平日中城之内，其所专据也。乐王鲋谓范宣子奉君以走，固宫必无害，亦此意。”

案，《会笺》通过对《左传》中所记载的多次“城中城”的归纳分析，发现了这一历史现象的规律，暗示了它的本质特征。

**定公六年传：“唯周公、唐叔为相睦。”**

笺曰：“通考经传，鲁、卫无交兵之事，惟庄三年、五年鲁两会伐；定八年季孙、孟孙侵卫，一以纳朔，一以晋故，皆非鲁本志。卫自桓公十年迫于齐郑，会战于郎外，亦无伐鲁之事。”

案，《会笺》通考经传中鲁卫会伐之事，道明鲁卫关系的实质，以此印证“相睦”之语，其能用经、传之记载证明经、传之说法，足可见其会通之能事。

**定公七年经：“秋齐侯郑伯盟于碱。”**

笺曰：“自鄢陵以前，盟必从晋，鄢陵以后，诸侯专盟。此世变之著明者也。”

案，《会笺》以鄢陵为界，剖判诸侯会盟之变化，见微知著，揭示春秋政治形势的变迁。又如，**定公七年经：“齐人执卫行人北宫结以侵卫。”**笺曰：“执行人始于襄十一年，晋人三，楚人二，至此书齐人执，亦可以见世变矣。”

如此之类，皆能以小见大，一叶知秋，通过对相关、相类历史事件的总体考察，揭示其所反映的世变之理。亦可见其通览《经》《传》之意。

（三）引申推衍

《左氏会笺》注疏的会通特点还体现在其笺注每每论说事物能融贯引申，推衍说明相关内容，扩充知识，启示人们对所论之事做更深入、更合理的思考。如：

**隐公元年传："三月，公及邾仪父盟于蔑。"**笺由诸侯结盟而谈及盟法，对盟法制度做了详细介绍。隐公七年传："郑公子忽在王所，故陈侯请妻之，郑伯许之，乃成昏。"笺由公子忽成昏之事，解说成昏之义，辅以《左传》中所载成昏之实例，辨证前人对成昏的误解。隐公八年传"诸侯以字为谥，因以为族。"由展氏获赐谥号而详论谥法的起源、发展、变革之迹，及定谥号的方式。隐公十一年传："虽及灭国，灭不告败，胜不告克，不书于策。"笺由议论灭国不告，不书于简策之事，论及简策的名称、编策之法，春秋以前文献载体的质地、简策的书写制度、简策长短之制等问题。桓公二年"衮、冕、黻、珽，带、裳、幅、舄，衡、紞、纮、綖，昭其度也；藻、率、鞞、鞛，鞶、厉、游、缨，昭其数也；火、龙、黼、黻，昭其文也。"论及衮、冕、黻、珽、带、裳、幅、舄，衡、紞、纮、綖、藻、率、鞞、鞛，鞶、厉、游、缨、火、龙、黼、黻这些事物的形制、规模、使用制度；僖公八年传"夫人不薨于寝。"谈及诸侯及夫人的寝宫之制；僖公十五年传"赂秦伯以河外之列城五，东尽虢略，南及华山，内及解梁城，既而不与。"对河东与河内做了分辨区别；文公二年传"勇则害上，不登明堂。"畅论明堂制度；宣公十五年传"初税亩非礼也。穀出不过藉，以丰财也。"用大量篇幅讨论了井田制度；成公元年传"为齐难故作丘甲。"论及丘甲制度；成公八年传"卫人来媵共姬，礼也。凡诸侯嫁女，同姓媵之，异姓则否。"畅论媵妾之义；襄公十二年传"同姓临于宗庙，同宗于祖庙。"辨大宗、小宗之别，又"为邢、凡、蒋、茅、胙、祭临于周公之庙"，论及周公之庙；襄公二十七年传"唯卿备百邑。"讨论乘邑之制；又如，"杀东郭偃、棠无咎于崔氏之朝"论及内朝、外朝；襄公二十八年传："枵，耗名也。土虚而民耗，不饥何为?"解说超辰之义；襄公二十九年传"《诗》云：'王事靡盬，不遑启处。'"由释启处而论及坐、跪、蹲、箕踞之异；昭公元年"赵孟为客。礼终乃宴。"论及宴享之制；又"以处大原"，考证太原的地理位置；昭公十二年传"晋侯以齐侯宴，中行穆子相。投壶。"叙说投壶执行方法，所需用具，壶的形制等；昭公二十五年传"昭子自阚归，见平子。平子稽颡。"论及拜礼；哀公二年传"克敌者，上大夫受县，下大夫受郡。"论及封建之制；又传"桐棺三寸，不设属辟"，论及棺制；隐公八年"胙之土以命之氏"，论及姓、氏；定公九年"晋车千乘在中牟。"论及中牟的地理位置，及行政区划的变迁；定公四年传"明日或旆以会。"论及用旌、旄之制；又曰"吴用木也，我用革也。"论及兵车用革、木之别；定公四年传"楚子取其妹季芈畀我以出。"论及女子许嫁而字和及笄、及笄而字之礼。隐公十一年传"子都拔棘以逐之。"论及戈、戟之别。桓公二年传"蔡侯、郑伯会于邓，始惧楚也。"论及楚之兴起及发祥地。桓公二年传“舍爵策勋焉。”辨舍音赦与音捨，音异义殊。桓公四年传“秦师侵芮，拜焉，小之也。”论及秦之兴起及发祥地、世系。桓公六年传“楚武王侵随”论及随的兴起及衰亡史。桓公八年传“季梁曰：‘楚人上左，君必左。”论及古人尚左、尚右之礼。庄公元年经：“王使荣叔来锡桓公命。”由荣叔而追溯其身世；隐公元年经：“三月公及邾仪父盟于蔑。”由邾仪父而追溯邾国的起源、发展的历史；隐公元年传“公摄位，而欲求好于邾，故为蔑之盟。”纵观全书，阐述了鲁邾及莒的关系变化，以此讨论春秋政治形势的变化，道德观念的转变，等等。

《会笺》中类似的解说颇为繁夥，由于篇幅有限，无法征引原文，唯能作以大略说明而已。《会笺》对所触及的某些相关礼乐制度、历史人物、诸侯国等尤能由一事、一人、一国推衍引申，详细介绍典制的确立、变革之始末，追溯历史人物的家族身世，回顾国家起源发展的历史等。纵观左氏，遍览古籍，旁征博引，参稽史事，而能融合诸说，权揆异同，折中一是，亦足见其会通之意。

（四）瞻前顾后

隐公元年以前传：“是以隐公立而奉之。”笺曰：“立谓隐公立为君，与公立而求成焉之立相应。不书即位，摄也。即位二字，即承此立字，下传又云，惠公之薨也，有宋师，太子少，葬故有阙，是惠公蚤已立桓为太子也。左氏之文，前后相照而发，非隐公始立桓公为太子明矣。”“襄七年简公生五年奉而立之，二十五年崔杼立而相之，立字并言立之为君也。”又，桓公十一年经：“柔会宋公、陈侯、蔡叔盟于折。”笺曰：“在礼，卿不会公侯，会则贬之，翟泉有明例，参前后而示之，是左氏之传法也。”又，定公四年传：“王孙由于以背受之。”笺曰：“哀十八年曰寝尹，曰吴由于，盖由于当寝尹，故守王卧息也。此左氏前后照应处。”又，定公八年经：“盗窃宝玉、大弓。”笺曰：“宝玉、大弓，左氏不释者，前传祝鮀之言既具故也。此左氏前后错综相发之法乃然。”竹添氏注意到左氏叙事前后照应、互相证发之法，如上所示，在笺注中多次提及，不仅如此，其注释《左传》能瞻前顾后，常常将传文前后互相关联的史事、人物、时地等勾连起来，贯通一处，纵横观览，透过纷纭复杂的记载，发现事件、人物、时空间的内在关系，及其存在秩序，厘清事物发展线索。如：

**隐公元年传：“先王之制，大都不过参国之一。”**

笺曰：“下邑谓之都，都亦名邑。庄二十八年曰宗邑无主，闵元年曰分之都城，俱论曲沃而都邑互言，是其名相通也。详庄二十八年。”

案，《会笺》将庄公、闵公年传文相联系，又辅以此传，贯通考索，得出都亦可名邑之结论。

**隐公八年传：“陈鍼子送女，先配而后祖。鍼子曰：‘是不为夫妇，诬其祖矣。非礼也，何以能育？’”**

笺曰：“此传遥承七年传‘乃成昏之文’。则忽自王所如陈矣，必不得先告迎。将配，宜先告至，鍼子送女至郑，见忽先配而翌日告祖，故讥之也。”

案，《会笺》将此传与七年传相关内容勾通，细致合理地分析了陈鍼子之言的前因后果，交代了《左传》中没有载入的细节，不唯使人对事件过程一目了然，对因传文简省及古今语言差异、文化风俗，尤其是礼俗差异而导致的疑惑将豁然而解，而且使传文内容充实，人物丰满，情节生动，不啻起到补充史实的作用。

**定公四年传：“济江入于云中。”**

案，《会笺》将宣四年、昭三年，与此传及《战国策》《尚书·禹贡》《国语·楚语》及韦昭注等有关材料贯穿起来，考证了云梦的地理位置。当然，关于云梦确切地址众说纷纭，莫衷一是，《会笺》只备一说而已。

**定公四年传：“楚子涉睢。”**

笺曰：“郢都在江北睢东，前已言涉睢，此又云涉睢者，遥接前文，非两次涉睢也。”

案，《会笺》能纵观前后传文，将错综交织的叙事线索董理清楚。

**定公五年传：“吴师败楚师于雍澨。秦师又败吴师。吴师居麇。”**

案，《会笺》“覆案前后传文”，将定公四年、五年传文联系起来，分析了吴、楚雍澨交战的具体细节，说明雍澨战役的前后情势，指出其地理位置在军事上的重要意义。使人对雍澨一役的意义及始末有所了解。

**定公八年传：“乃止诸州。”**

笺曰：“昭七年子产为丰施归州田于韩宣子，宣子以易原县于乐大心，是州境与宋接壤也。”

案，《会笺》将昭七年传与定八年传相联系，推知出州地与宋的距离。

《会笺》中凡有“遥接前文”“此传遥承××年传”“传于明年发之”“××年××，即此”“为××张本”“××年传可推”“下文××，即受此文也”“××出××年，与××年所载××互相申发”“上文有××之语，今承之言××”“通观下文所载，其意可见矣”“上文××，亦有归宿也”“观下文××”“下文但言××”“蹑上传”“××接上之辞”“是以此辞续上文××之下，故云亦如之”“涉下文××”“前后照应”“与××照应（呼应）”“应去年××”“前后文相照”“反照上文”“与此照应”“××应前传××年××”“言此××也”“受上文××，照下文××”“明年传××相照”“应××年××”“××年传相映发”“直承前传”“与××相映发，始言于此，而反照昨，再昨年，与此相照”“此受××年××文”“××承××而言之”者，其解说均能瞻前顾后，注意将前后传文互相参照，甚至将全书相互关涉、互有交通的内容串联起来，会而通之。

（五）叠见互注

竹添氏注释《左传》，将相关记载联系起来，加以斟酌推求从而了解事物全貌，把握事物本质的又一方法是叠见互注。即如果有关事件、人物、典制等问题在其他传文或笺注中已经有解说，则此传重又涉及这些问题，笺注虽不再具体详细地诠释，但均指出其详见于××年传或传注中。如：

**隐公十一年传：“授兵于大宫。”**

案，笺注已先谈及授兵之制而后又曰：“说详成元年作丘甲下。”若将这些有关授兵制度的阐释、论说前后贯连，则为一篇专论授兵制度的小文。

**隐公十一年传：“公孙阏与颍考叔争车。”**

案，笺将此传与隐元年传“颍考叔”联系起来，使人加深印象，全面认识历史人物。

**桓公三年传：“会于嬴，成婚于齐也。”**

笺曰：“女家既许之后，又由而结之曰成昏，详隐七年。”

案，隐公七年传载公子忽与陈女成婚。详论成婚，此又涉及，则用互注，使笺注简而不枯，丰腴有加。

**定公四年传：“其载书云：‘王若曰：“晋重、鲁申……莒期。”’”**

笺曰：“周之宗盟异姓为后，言王庭之盟也。践土曰王子虎盟诸侯，召陵曰刘文公合诸侯，在《春秋》唯是二盟可称宗盟，他虽有王官伯临之，未必称宗盟而齐宋为后也。宗盟，隐十一年详之。”

案，隐公十一年传载，春，滕侯、薛侯来朝周天子，争班位之先后，羽父对薛侯讲及宗盟之礼曰“周之宗盟，异姓为后”，在这句传文后《会笺》论及宗盟。因而定公四年传重又语涉宗盟，笺则曰“隐十一年详之”，这自然将隐公十一年传及笺注与定公四年传及笺注联系沟通，使人对有关宗盟的内容了解更全面，认识更透辟。这种笺注相当于互注，既能简省注语篇幅，又能使注释更周详、深入，可谓一石二鸟。

**定公八年传：“卫人请执牛耳。”**

笺曰：“司割耳取血之事，是卑者之职，故凡诸侯盟，必使小国执牛耳，而大国莅之。今卫侯以为君与大夫盟，自当莅牛耳，故请晋大夫使执之。襄二十七年、哀十七年皆是以小国执牛耳，后人不察，犹以执牛耳为尊主盟之称，误也。盟法，详隐元年经下。”

案，隐元年经“三月公及邾仪父盟于蔑”下，《会笺》论及盟法，此传语涉两国结盟之事，《会笺》用叠见互注法将内容相关的两经传之笺注前后联系，汇集一处，宛然一篇专门介绍古人盟约之礼的小文，使人对有关古人结盟的许多方面都有更为清楚的认识。在这样的知识背景下，阅读传文无疑会增强对文意的思考力度和理解力度。

《会笺》中诸如此类的例子不胜枚举，俯拾即是，凡有“详××年传××下”“详××年”“经××下”“详××年传××，××纪××下”“见××年”(注释山川地理名词遇叠见重出者，尤其如此)、“出××年”(注释历史人物、诸侯国，尤其如此)、“说具××年”或“说详××年”(注释历史事件，尤其如此)、“见××年传”“详××年注”“说见××年”“××即××年××之××也”等标语者，均为叠见互注之属，通过互注贯穿相关内容，沟通前后经传文及其注释，不啻亦有会通经传之意。

综上所述，竹添氏能以会通之法注释《春秋》经传或可明矣，其善于对《春秋》经传所载之内容做综合、整体性思考，自然能以深入研究的态度对待所释之古籍，而不是简单零散地为注释而注释。因而其于文字训诂，左右采获，上下推求，发现原则，总结规律；其于名物制度、山川地理，旁征博引，仔细考索，介绍周详，解说透辟；其于历史事件、人物等，广搜普采，前后贯穿，厘清线索，揭示本质。如此左氏之文虽文缓旨远①，辞义富赡，记载纷繁，叙述错综，亦不难粹理。

### 六、辨析考索

竹添氏注释《春秋》经传，常能对文字之形体、音义的异同，事物之名实的异同辨析考索，这不仅使文字的假借、古今、或体、一词多义、正误等关系彰明显现，黎然可见，判然有别；而且使许多易于混淆的名物，得以区别清楚。如其对文字音义的疏证：

隐公六年传：“犹惧不蔇。”辨暨、蔇为古今字。又，隐公十年传：“郑师入郊。”笺曰：“凡曰入某，曰入于某，其义大大殊。”又，隐公六年传：“既而大叔命西鄙、北鄙贰于己。”笺辨贰己与贰于己、叛某与叛于某之不同。又，隐公十一年传：“郑伯使卒出豭，行出犬鸡，以诅射颍考叔者。”笺辨盟诅、祝诅之别。又，桓公二年传：“武王克商，迁九鼎于雒邑。”笺辨雒、洛在古籍中之异

① 见杜预《春秋经传集解序》评《左传》“其文缓，其旨远”。

同分合。又，桓公五年传："凡祀启蛰而郊。"笺辨报反之祭在子月，和寅月祈穀之祭，二郊祀之不同。又，桓公五年传"龙见而雩"，笺辨祈雨之雩祭与呼旱之雩祭即四月之雩与大雩的不同。又，定公四年传"聃季授土"，笺谓聃或作冉、南，聃南音相近，聃当作枏，冉当作冄。又，"惎间王室"，笺谓惎音忌，音义如一，并辨惎与誋相通。又，"而蔡蔡叔"笺谓上蔡当作𥻆，音杀，训为放。因传写改作隶书致误。又，哀公十六年传："日日以几。"笺谓几读曰冀，音义同。又，哀公四年经："六月辛丑，亳社灾。"笺谓亳或作薄、蒲，并证说薄、蒲、亳三字古通。又，隐公八年传："胙之土以命之氏。"笺谓祚乃《说文》新坿字，古但作胙。又，哀公元年传："器不彤镂。"笺谓彤或作虫，并考证虫者融之借字，彤、虫、融三者音近音同，因而虫借为彤。又，定公十四年经："败吴于檇李。"笺谓檇或作醉，二字同音通假。又，定公十四年经："尚来归脤。"笺辨脤、祳、蜃之意义，及正俗、通借关系。又，隐公三年传："得保首领以没。"笺谓没或作殁，二字音同，义异，今多通用。又，隐公十一年传："许不供。"笺谓供或作共，二字义异，古多假共为供。又，桓公十七年："日官居卿以厎日，礼也。"笺辨厎、底之别。又，桓公十二年传："君子屡盟。"笺谓屡或作娄，并说明娄乃古屡字。又，定公四年传："夫子语我九言。"笺谓古一句为一言，秦汉以来言、句有别，分析考索了言、句意义的古今异同变化。又，定公十年传："齐鲁之故。"笺谓对于"故"字，左氏取义多端，有用为"旧"之义，有用为"原因"之义等，不可拘说，揭示了故字在经、传中的多种含义。又，隐公元年传："不义不昵。"笺辨昵、𥹉、䵑檝、黏字义之异同。又，定公九年传："晳帻而衣狸制"笺辨帻当作䵑，二字义迥异。又，定公八年传："涉佗捘卫侯之手，及捥。"笺谓捥古腕字。又，定公四年传："其使祝佗从。"笺论佗为假借字，鮀乃本字，如斯之流，皆有益于文字训诂。

又如其对名物的辨证：

桓公二年经："杞侯来朝。"辨杞、纪二国之不同。桓公十一年传："郧人军于蒲骚。"笺辨古郧子国与䢵子国之不同。定公八年传："颜高夺人弱弓。"论此颜高与仲尼弟子颜高非一人。又，定公四年传："分康叔以大路、少帛、綪茷、旃旌、大吕。"笺论证少帛乃小白之假借，剖析了少帛、杂帛、通帛之不同。辨明綪茷即茹藘一名。又，定公九年传："齐侯致禚、媚、杏于卫。"笺论杏与北杏之所在，并辨其不同。又，定公四年："还塞大隧、直辕、冥阨。"论证冥阨即黾，又作鄳阨，乃一地。又，定公五年传："告公山不狃。"谓古音狃与扰同，不狃又作弗扰。又，定公四年传："子期似王。"论证綦为期本字。又，桓公十七年："疆场之事。"谓疆场古文作畺易，论证其命名之由。又，桓公十四年经：

"御廪灾。"笺论仓、廪之异同，对言则别，散言则通；并辨御廪、米廪、高廪之异。诸如此类，不胜枚举。其于疏通辨明事物之名实，理解文意，大率颇有裨助。

## 七、注语详赡

竹添氏注《春秋》经传，博涉深思，擘析精微，无论是文字训诂，还是名物制度、山川地理、历史事件、人物典故等的阐释说明，于《经》《传》及杜注之嫌浑括者，则大抵能引申推衍，由此及彼，细论因革，详见其本末。对历史事件、历史活动的分析，细致入微，往往能够设身处地地揣测思索当时具体情形，做到由人情而知世情，揭示历史发展的面貌。凡诸此类，批郤导窍，剖析细腻，论说透辟，理中肯要，虽注文每每篇牍不短，读之却不觉其繁。其尤详于训诂，探明本字本义，推究事物命名之源，因声求义，审音定义，改字、改读，阐释古今意义变化等，笺注中随处可见，此不赘述。其于训诂，为功钜矣。如：

隐公元年以前传："有文在其手。"笺以字释文，因论文和字的含义在先秦的迥异及其从先秦到秦汉以后的发展演变情况。又，隐公元年传"不书即位，摄也。"仔细体会摄在句中之含义，并论及古时摄政的几种情形；定公十年传"牺象不出门。"考述了牺尊、象尊的形制、规模甚为详悉；定公元年经"戊辰，公即位。"因释即位书日之意，而兼明诸侯奠殡之礼；定公元年传："孔子为司寇"畅论先秦三卿之制；定公二年经"雉门及两观灾。"因释雉门、两观而胪列楼、台、榭诸建筑之形貌、种类、异同、用处；桓公二年传"大路越席。"论列大路在《左传》中的各种具体含义；桓公六年传文"楚武王侵随。"详述随的兴起、发展、衰落之变迁过程；桓公九年经文"纪季姜归于京师。"详述妇人的种种称谓；桓公十一年传"君次郊郢。"悉举古籍中称君的几种情况；桓公五年经"螽。"论及螽的总名、别名、类属、形貌；隐公三年传"庚戌郑伯之车偾于济。"笺详论"济水"之始终；桓公二年传"大夫有贰宗。"论及周之宗法的大宗、小宗之别，周之诸侯的大宗、小宗关系；定公三年传"唐成公如楚，有两肃爽马，子常欲之。"因释肃爽，而胪列与其音同、音近事物之名称，推究事物命名之源，并兼明因声求义之理。定公八年传："与孟孙以壬辰为期。"详细地分析了阳虎之乱中各方的情势，及叛乱前夕的背景，暗示其结局的必然性。注者宛如置身于当时的历史中，关注着纷纭复杂的社会政治生活的千变万化，探寻着历史社会发展变化的规律，因此这些细腻的分析使人感到可信，颇有补充史实的意味。当然，竹添氏对《春秋》经传及杜注也有不置一词的情况，彼乃时人读之文义自解者，故不言之。昔人著述，详略得宜。由是观之，竹添氏注书盖亦奉之为准绳。

## 八、博综兼采

竹添光鸿注释《春秋》经传，能够今古兼采，经史结合，汉宋兼综，因而其《左氏会笺》体现出博综兼采的特点。

### （一）今古兼采

在中国传统经学史上，一直存在着今文经学和古文经学两个学派，从两汉以迄清季，它们发生过两次剧烈的学派之争，这不仅推动了对许多具体学术问题研究的深入，而且也使两个学派之间在学术认识和理念及研究方法上的特色和差异越来越明朗清晰。在《春秋》问题上，今文经学认为孔子作《春秋》，字字有褒贬，句句有深义，书中触处皆微言大义，因而强调以一字寓褒贬的春秋笔法，坚持以义解经的原则，并尊奉《公羊传》《谷梁传》为发挥《春秋》大义的宝典。而古文经学一般则将《春秋》看作孔子整理的鲁史旧文，相信孔子修订《春秋》遵循了“述而不作”的原则，① 古文经学也承认《春秋》中有义理，但认为其劝惩褒贬之义寓于史事之中，圣人的褒讳贬损之义是通过史事的详细叙述体现出来的，并非经文字字凝聚微言大义，因而主张以事解经，推

① 古文经学家虽然认为《春秋》是鲁史旧文，但也不否认孔子笔削过《春秋》。杜预的《春秋经传集解序》云：“《春秋》者，鲁史记之名也。……孟子曰：‘楚谓之《梼杌》，晋谓之《乘》，而鲁谓之《春秋》，其实一也。’韩宣子适鲁，见《易·象》与《鲁春秋》，曰：‘周礼尽在鲁矣，吾乃今知周公之德与周之所以王。’韩子所见，盖周之旧典礼经也。周德既衰，官失其守，上之人不能使《春秋》昭明，赴告策书，诸所记注，多违旧章。仲尼因鲁史策书成文，考其真伪而志其典礼，上以遵周公之遗制，下以明将来之法，其教之所存，文之所害，则刋而正之，以示劝戒。其余则皆即用旧史，史有文质，辞有详略，不必改也。故传曰‘其善志’，又曰‘非圣人孰能修之’，盖周公之志，仲尼从而明之。”沈玉成先生认为可以把杜预在《序》中的这段申述，“无妨看成是对东汉以来古文学派意见的一次集中概括”，并说杜预说得明白，“除了孔子由于‘劝诫’的目的而改正的部分以外，其余的都是旧史原文”，“杜预不可能摆脱自孟子、司马迁以来的把《春秋》看成政治教科书的传统成见，然而他毕竟能尊重事实，开门见山地强调了这部书的本来面目——鲁国的国史。这一强调固然是为《左传》的正统地位寻找根据，但毕竟比今文家的主观随意要实事求是得多。”（沈玉成《春秋左传学史稿》，第 139 - 140 页）由此可见，古文经学说孔子“述而不作”主要是从强调他的编纂尊重历史史实的角度出发而言，与承认其曾增删旧史而著《春秋》一样，皆从尊重历史撰述的原则出发考虑问题。这反映了古文经学家一定程度上实际以史看待《春秋》的学术意识。

尊记事详赡的《左传》为附经之传，解经之典范。① 今文经学既以义说经就极尽可能地推阐《公羊传》《谷梁传》所宣扬的微言大义，加以汉初的公羊学者董仲舒之流为了使《春秋》神圣化，更以天人感应、灾异祥瑞之类的谶纬学解经，增加了今文学的神秘之义色彩，使得今文经学中多有“非常异议可怪之论”。古文经学以事说经，认为《春秋》仅是史纲，其中圣人之义须依《左传》记载的详细史实加以判断，所以正确理解传文对阐释经义非常重要。因此古文经学往往把经、传特别是《左传》的文字、声韵训诂及名物、制度、山川地理和史事的考据作为治经的重要内容。

周予同先生指出：“清代的学术思潮以‘汉学’为主潮，这不必否认，也无法否认。”② “所谓汉学者，不过用汉儒训故以说经，及用汉儒注书之条例，以治群书耳。”③ 汉儒首开以训诂考据方法治经的风气，清代以吴、皖为中心的汉学派主张以汉儒之法通经明道，提倡汉学，因之以得“汉学”之名。而清代“汉学”，尤其是乾嘉汉学专以训诂考据为务，虽以“汉学”为旗帜，实则以东汉古文经学为宗，治学取法东汉古文经学的考证路向，颇不以西汉今文经学发挥微言大义为意，所以清代“汉学”又得“考据学”之称，汉学不啻考据学的别名。在《春秋》经传的研究上，清代汉学派尤其乾嘉经学重事不重义，主张以经传中的事实即名物度数的训诂和历史事件的考证为主。竹添光鸿注释《左氏会笺》受到清代乾嘉学派的影响很大。注疏亦尚训诂、考据之法，并多采纳古文经学的观点，特别是乾嘉学者之说。综观《左氏会笺》全书，作者对《春秋》《左传》字义、声韵的训释和历史人物、事件、制度、风俗、山川地势的解说、考证是其注释的基本内容。随手翻览该著，即可睹见其重训诂、考证的实例。此处不必赘引。

虽然竹添氏注释《春秋》《左传》主要接受了古文经学的影响，但其并不彻底排斥今文经学。他对今文经学中他认为合理的观点或说法也加以采纳。在《左氏会笺》中他时或引《公羊传》《谷梁传》及公羊家、谷梁家的观点为说，并有自以微言大义解经者。甚至有用谶纬说经者。如隐公五年传：“夫舞所以节

---

① 有些古文经学家囿于公羊学所推崇的《春秋》经的极端地位，也不敢公开反对公羊学家们的“一字褒贬”之说，所以表面上承认经有“一字褒贬”，但骨子里主张根据《左传》的事实审断经义。比如杜预在《春秋经传集解序》中就说：“《春秋》虽以一字为褒贬，然皆须数句以成言。非如八卦之爻，可错综为六十四也。固当依传以为断。”

② 周予同《“汉学”与“宋学”》，载朱维铮编《周予同经学史论著选集》，上海人民出版社 1996 年版，第 329 页。

③ 刘师培《近代汉学变迁论》，载《刘申叔先生遗书》，第 49 册，宁武南氏 1936 年刊本，第 2 页。

八音而行八风也。”笺引《吕氏春秋·始览》以八卦配八风，究其根源是从纬书《易纬通卦验》而来。再如，桓公五年传：“龙见而雩。”引《阴符经》解传。又如，定公四年传“明日或旆以会”，引《礼纬稽命徵》解经。均用谶纬说经。谶纬之书宣扬封建迷信，荒诞不经，应受到否定。但也要看到，这些书中还包含着一些关于天文、历法等自然科学知识，这些内容是有一定的参考价值的，不可忽略。所以在竹添氏利用谶纬书籍的问题上，研究者也须具体地分析，辩证地对待。

他对《左传》的解释，也在书法、义例上时有纠缠，以微言大义思想明经。如，隐公元年以前传：“是以隐公立而奉之。”笺曰：“奉之，言不敢弟蓄之也。奉，进也，持也，献也，皆有尊崇之义。庄公卅二年季友曰：‘臣以死奉般。’亦奉一字成义。”笺谓一“奉”字蕴含了尊卑之义，体现了君君臣臣父父子子的等级之礼，显然是以经学家的微言大义思想明经。又如，定公元年传：“公之丧至乾侯。”笺引《公羊传》所载“始终之义”，说明《经》《传》“踰年未葬称公”之大义。又如，桓公六年经：“蔡人杀陈佗。”笺曰：“州吁、陈佗、无知、郑忽、公子瑕、公子比皆去其君号，以名来告，因《春秋》所不为君也。”竹添氏认为这些人违礼，《春秋》对其口诛笔伐。

或者，《公羊传》《谷梁传》、公羊家、谷梁家说中有他认为合理的，有利于发明经传的，他也都予以采用。如：

**隐公元年经：“冬十有二月，祭伯来。”**

杜注：“祭伯，诸侯为王卿士者。祭国，伯爵也。”

笺曰：“祭，周公第五子采邑。伯，行次。所以代名为尊称也，非爵也。后《经》称祭公，盖进为三公，犹召公、毕公、毛公之例也。王臣有封国而入为王卿者，则系国书爵。《尚书·顾命》有卫侯、齐侯其例也；内诸侯未有国者，无五等之爵，若召伯、苏子、尹子、刘子、单子，皆以邑氏，则伯子非爵也。祭伯、凡伯、毛伯亦同。”又曰：“《僖二十四年》富辰说‘周公封建亲戚，以蕃屏周’。而云‘邢、茅、胙、祭’，则祭之初封畿外之国也。穆王时有祭公谋父，今有祭伯，世仕王朝，盖本封绝灭，食采于王畿也。”

案，此条《会笺》吸取了孔广森《春秋公羊通义》的观点，辩驳了杜注之误。

**襄公三十年传：“宋伯姬卒，待姆也。”**

笺曰：“《昏礼》郑注：姆，妇人年五十无子，出而不复嫁，能以妇道教人者。《公羊》注：礼后夫人必有傅母，所以辅正其行，卫其身也。选老大夫为傅，选老大夫妻为母。《谷梁》曰：伯姬之舍失火，左右曰：夫人少辟火乎。伯姬曰：妇人之义，傅母不在，宵不下堂。左右又曰：夫人少辟火乎。伯姬曰：妇人之义，保母不在，宵不下堂。遂逮乎火而死。只待姆二字，括《公》《谷》数行，左氏释经高出处，往往只用一语一二字，然非二传之繁，无以悉此传之约也，当以彼文为此注。"

案，竹添氏虽然认为左氏史文简明扼要，《公》《谷》繁缛，但由于《公》《谷》能阐明传文之意，则选《公》《谷》之说为注。

宋王皙说："左氏于获麟以后，续经至孔丘卒，伪也。又好以一时言貌之恭傲与卜筮巫梦之事推定祸福，靡有不验，此其弊也。及经外之传无取乎经者，今一切不取，又有广录杂乱不实之语，混合其间，固当裁取其文以通经义，如玉之有瑕，但弃瑕而用玉，不可并弃其玉也。二传亦然。其大义虽失，内有数句可用者，亦裁而用之，以遵君子宏通之义。"① 王皙对三传的"弃瑕而用玉"观念，正可以用来说明竹添氏对三传的态度。竹添氏特别重视《左传》，这点从他用卷子本《春秋经传集解》为底本注疏就可窥见一斑。加之前文已提及从《复俞曲园大史书》和《井井翁讣告》（载《大阪新闻》）等文献中可以了解到竹添氏结撰该著的目的是想透过《左传》中的历史记载，了解孔子的生活的时代及其平生际遇以期阐明孔子所宣扬的"道"。据此可知，在对待《春秋》与三传的关系上，竹添氏更重视《左传》对《春秋》的解释作用②，也就是说竹添氏更重视从了解实事的角度探讨《春秋》中的圣人之义。但另一方面，他对《公》《谷》二传亦不偏废。从他兼采二传的情况看，他认为《公》《谷》二传"大义虽失，内有数句可用者"，亦应"裁而用之，以遵君子宏通之义"。

如此之类，虽不可称繁，亦时或可见于竹添氏的《左氏会笺》。足以说明，竹添氏注释经传是以古文经学为主，而兼采今、古文经的。

（二）经史结合

竹添光鸿在《春秋》经传的笺注上，一方面主要受乾嘉经学影响，采取以训诂通经明道的研究方法，体现出经学注疏的特点；另一方面又能从史学角度出发，将史注、史论、史评和史学研究方法融入其中，从而表现出经史结合的风格。

乾嘉经学以汉学为宗，尚古文经，在《春秋》《左传》的研究上，以实事为重，以训诂考据为务。他们对名物、典章制度及史实的研究，虽然在今天看

---

① 《春秋皇纲论》卷一"孔子修《春秋》"，文渊阁《四库全书》本。

② 竹添光鸿对《左传》以事实解经的重视态度，从《左氏会笺·总论》中所援引的安井衡、涞兰泰、曾镛、崔述、钱锜、汪容甫诸位学者之论可以得到明证。

来，这些恰恰都属史学研究的重要对象和主要工作，他们的研究成果也是史学研究的重要资料，属史料学。但是就传统学术而言，乾嘉考据学是典型的经学研究方式。乾嘉学者究心于训诂、考据，其目的是通经明道，是治经。他们的研究目的完全是为经学服务的，是属于经学范畴的。竹添光鸿的《左氏会笺》受到清初实证学风和乾嘉朴学风气的影响甚大。在《春秋》《左传》的注疏上重视文字音韵训诂、名物辨证、典章制度的考据和史事的考订，这些在《左氏会笺》中占有绝大的比重。这就使该著具有浓重的经学考据学特色。

而另一方面，《左氏会笺》的笺注也体现出一些史学研究的特性。

首先，竹添光鸿在对《春秋》的解说上，往往对字字有褒贬、句句有赏罚的书法，表现出不赞同的态度，而能从史学的角度理解问题。如定公元年经："戊辰，公即位。"《公羊》《穀梁》以义解经，皆认为经录日是为了彰明"公即位"的"变而合礼"之大义，而竹添氏的《会笺》则弃其微言大义之说，认为经书日，是据史实录，"并无义例于其间矣"。再如，定公六年经："季孙斯、仲孙忌帅师围郓。"笺谓仲孙何忌，此经无何字，是孔子"笔削后之阙文"，《公羊》讥二名之说乃穿凿附会而已。又如，桓公十一年传："十一年春，齐、卫、郑、宋盟于恶曹。"服虔云："不书宋，宋后盟。"认为此乃经不书的意义之所在。《会笺》则指出《传》中"宋"字为衍文而已。（按：这个观点实据清毛奇龄《春秋毛氏传》而来。）又如，成公二年传："三日，取龙，遂南侵。"《经》不书取。又如，襄公十年传："秋七月，楚子囊，郑子耳伐我西鄙。"《经》不书。襄公二十六年传："遂袭我高鱼。有大雨，自其窦入，介于其库，以登其城，克而取之。"《经》皆不书，等等，如斯之流，贾逵、服虔这些经学家的解释均为其寻求微言大义，以为不书是为尊者、贤者、本国避讳，或有其他深义所在。而《会笺》则认为或据史实录，或为《经》《传》载史的笔法有详有略，不同而已，并无特别义例所在。《会笺》中的这些解说正确与否莫论，但其确透示出竹添氏在笺注《春秋》《左传》时所拥有的史学观念。当然，另一方面，应该注意的是，虽然他提倡不当以空言而以实事探求孔子之道①，但鉴于《春秋》问题的不确定性和复杂性，他并不轻易地否定"字有褒贬"，和以例说经。前文已经提及他在注释中并非彻底摒弃《春秋》书法。显然他承认《春秋》中

---

① 参见竹添光鸿《复俞曲园大史书》（载《独抱楼诗问文稿》）及俞樾给《左氏会笺》所作的序，俞《序》云："是年秋，君以书来求序，其书洋洋千余言，大意谓学孔子之道，不当求之空言而当求之实事。左氏因《春秋经》而为传二百四十年，事实备焉，故将出其所著《论语会笺》，而先出此《左氏会笺》，以左氏乃洙泗之津梁也。"（载《春在堂杂文补遗》）。

有圣人之义。因而有时会援引《公羊传》《谷梁传》及谶纬之书，或直以微言大义说解《春秋》《左传》。这些足以证明，长期以来，在中国学术史上《春秋》《左传》被当作经学著作的观点，时或作用于竹添先生。这也反映了竹添先生对《春秋》《左传》亦经亦史的认识和《左氏会笺》经史结合特点的复杂性。

其次，该著中常有“为××张本”之语，体现了竹添氏以事解经，从史的角度注书的特点。如隐公元年传：“费伯帅师城郎。”笺曰：“郎与极接壤，城郎为明年入极张本。”再如，隐公八年传：“四月甲辰，郑公子忽如陈逆妇妫，辛亥，以妫氏归。甲寅，入于郑。”笺曰：“详书其日，为先配后祖张本。”案，下文传云：“陈针子送女。先配而后祖。针子曰：‘是不为夫妇。诬其祖矣，非礼也，何以能育？’”又如，桓公十六年传：“惠公奔齐。”笺曰：“左氏追叙于此，为下州吁弑立张本耳。”

再次，竹添光鸿在对待《春秋》《左传》的问题上，持有史学研究的态度，还表现在他在《左氏会笺》中往往以史家补史、评史等注史之法，笺注《春秋》《左传》。其往往采摭史籍旧典，补充、发明《经》《传》。如，襄公二十三年传：“八月，叔孙豹帅师救晋，次于雍榆。礼也。”笺引《国语·鲁语》补充了叔孙豹与赵胜击齐师，获晏氂等细节，及帅师救晋的两次次于雍榆的经过。又如，隐公元年传文：“郑武公娶于申。”笺引《国语》叙述了申的始封情况，又如定公四年经：“战于柏举。”笺引《水经·江水》郦道元注、《名胜志》、京相璠《春秋土地名》等证说柏举的地理位置。如此之类史家补史、评史等注史之法，在竹添氏的《会笺》中也比比皆是，使《经》《传》所记载之历史更加丰富、翔实，提高了两书的史料价值。

史评在宋代十分发达，明人踵其后，清人亦有所发展。竹添氏注书似乎偏爱此法，每每引冯景、吕祖谦、王应麟、钟惺、姜炳璋、朱元英、孔尚典、彭家屏彭士望、魏禧、顾栋高之徒的说法，议论历史事件，评判历史人物，讨论历史形势等诸问题，纵横捭阖，驰骋高谈，或有出语精彩，裨助理解《经》《传》者，亦有烦文费辞，无关史文之旨者，常常是瑕瑜互见。珠砾参半，读者须斟酌去取①。《会笺》中也有竹添氏亲自做评议的，大多关乎《左传》的文辞之妙、文势、叙事结构、叙事手法、描写刻画等史文特征的评点、说明。如“写贪人情景，令人捧腹”（定公三年传：“明日礼不毕将死。”）、“下文××，二××字相睨”（定公四年传：“将会。”）、“缓颊蛇蛇，微无圭角，妙写辩士语气”（定公四年传：“卫侯使祝佗私于苌弘，曰：‘闻诸道路，不知信否？’”）、

① 参见后文所引香港学者李维棻之说。

“二传之起句相照”（定公五年传：“五年春，王人杀子朝于庭。”）、“×字与下×字照射，上文××同×，二×字相睨。”（定公九年传：“夫阳虎有宠于季氏，而将杀季孙，以不利鲁国而求容焉。”）、“此发句也，有风驰雨骤之势”（定公五年传：“申包胥以秦师至。”）、“此左氏前后错综相发之法乃然。”（定公八年经：“盗窃宝玉、大弓。”）、“×字被下十字”（定公八年传：“其敢不惟礼是事。”）、“亦叙事之宜也”（定公五年传：“蓝尹亹涉其帑。”）、“此又云××者，遥接前文”（定公四年传：“楚子涉睢。”）、“左氏品评，每有说半句，留半句者，此类是也”（桓公十七年传：“君子谓昭公知所恶矣。”）、“×字蒙下八字”（桓公十八年传：“公将有行。”）、“左氏只用‘薨于车’三字，而擠干杀之者，自见矣，君之修辞也”（桓公十八年传：“使公子彭生乘公，公薨于车。”）、“良史描出人肺肝，宛在纸上”（桓公十八年传：“是行也，祭仲知之。”）、“初字追叙之法”（隐公元年传：“初郑武公娶于申。”）、“庚辰入防，庚寅入郊，皆相去十一日，文势如联珠”“犹在郊”“以起下文”（隐公十年传：“秋七月庚寅，郑师入郊，犹在郊。”）、“左氏用使字极活”（昭公二十五年传：“曰：‘公若欲使余。’”）等等，如此之类，皆能体现《左传》高超的文字表达技巧、穷形尽相的描摹手段、精深奇巧的构思等史文特色，于此颇值细味。

复次，竹添光鸿的《左氏会笺》往往有总体把握春秋时代历史特点，反映世道变迁，探寻历史发展之迹，总结历史规律的内容①。这也反映了该著能从《春秋》《左传》的史学性质出发，对其进行研究、疏证的特点。

由上可见，竹添光鸿的《左氏会笺》受乾嘉经学影响很大，对《春秋》经传的疏解以训诂、考据为主要方法，以通经明道为主要目的，同时融入史学研究方法，体现了以治经为主、经史结合的笺注特点。

竹添光鸿《左氏会笺》经史结合特点的形成体现竹添氏对清人经史同源、经史合一的经史观的接受。在中国传统学术史上，汉唐以来一直存在着学者关于《春秋》《左传》的经传关系，经史性质之辩，及经学和史学关系的讨论，这些争辩加深了人们对素来被统治阶级奉为经的《春秋》《左传》的史的性质的认识，由此也形成了唐宋以来学者对《春秋》《左传》亦经亦史观念的心理积淀，基于此，清代的学者们才明确提出了“六经皆史”“经史一体”的说法。可见，“六经皆史”即“经史同源”观是清代学者对前人有关经史关系和《春秋》《左传》的经史性质及经史关系问题讨论的认识成果的总结。所以清人这一认识观念颇具有集大成的特点。竹添光鸿擅取清人成说，其《左氏会笺》也就

① 参见后文“汉宋兼综”部分。

带上了集大成之特色。

（三）汉宋兼综

一方面，竹添光鸿的《左氏会笺》深受中国清代乾嘉汉学影响，重考据，重训诂。另一方面，竹添氏是日本江户后期和明治前期的中国学家。江户时代日本的中国学是以中国的宋学为核心而形成的。竹添光鸿早期接受的是以宋学为主的中国学，学尚朱熹。朱子在经传注疏上，承认训诂的重要性，他说："某寻常解经，只需依训诂说字。"① 他认为："学者之于经，未有不得于辞而能通其意者。"② 他强调汉唐旧注疏不可废弃，在《答张敬夫书》中他说："秦汉诸儒，解释文义，虽未尽当，然所得亦多。"③ 在《朱子语类》中又说："祖宗以来，学者但守注疏，其后便论道，如二苏直是要论道，但注疏如何弃得?"他注释《诗经》《楚辞》《论语》等古籍对前代古注旧说多有采用。朱熹重视字词、名物、典章制度训诂，重视汉唐旧注疏，这在一般理学家主张抛弃汉唐旧注疏，不务考证训诂，专喜议论的宋代是独树一帜的。

朱子的学风对竹添氏笺注《左传》颇依前人训诂旧注，也有一定的影响。如《左氏会笺自序》中已云此编名曰"会笺"乃仿朱子"集注"之意。但宋学毕竟主于理，理学家读书、治学以议论见长。当然理学家擅谈心性，喜发议论的积习，在接受了宋学熏染的竹添光鸿那里也有所表现。《左氏会笺自序》云："夫经所以载道也，道原于人心之所同然，然则他人说经获我心者，道在斯可知矣。以所同然之心，求所同然之道，何必容彼我之别于其间。集众说折衷之，要在阐明经旨，杜朱二家解经之法，尤见其求道之诚，而秉心之公也。"④ 竹添氏这里的论述显然就是理学家的表达方式。不仅如此，他的《左氏会笺》中常有驰骋议论的地方。香港学者李维棻就说：

> 本书似非专为考据而作，故广征议论，颇骋高谈，因而语涉褒贬，时亦中其窾会，然不免得失参见，例如：成十六年传，叙晋楚鄢陵之战，引姜炳章曰：此篇分五段看云云，对描叙方法剖析綦详。又宣公十二年邲之战，中军下军争舟，舟中之指可掬也，论曰：可掬者言其多也，魏志注引献帝纪，可为此传注脚，公羊，史记，叙此皆陋拙不

① 《朱子语类》卷72，中华书局，1986年版。

② 《书中庸后》，载《晦庵先生朱文公文集》卷81，《四部丛刊》影印明嘉靖本，第10页。

③ 《晦庵先生朱文公文集》卷31，第7页。

④ 见竹添光鸿《〈左传会笺〉自序》，第3页。

> 堪读矣。又于公喜而后可知也，曰莫余毒也已，论曰：不觉其见于色……不觉其出于口，写出忧危后一段惊喜侥幸之情，活活如见。凡书中此类评语，洵足以委曲发明，批判是非，有助于读者理解，为原文生色不少也。然亦有专论后世，无关经旨，多占篇幅，奋于臆见者，例如襄公十一年传：和诸戎狄，笺引孔尚典曰："此即孔明先服南中，后谋中原之谋也!"……又昭二十五年传："今夫子卑其大夫，而贱其宗。"笺引魏禧议论曰："论衡自叙……"云云，凡此类，皆嫌叙述冗长，无关宏旨。又如：定四年笺引魏禧曰："古今妒功害能，不恤国难，往往若此，明末宰相督抚科道，皆传此衣钵。"又十二年传：仲尼命申句须、乐颀下伐之，笺引彭士望曰："圣人一出，用兵数见，后人拱手高谈性命，不学军旅何也？宜陈同父讥之为痿痺不知痛痒也。"类此议评，书中俯拾即是，盖自宋南渡后，胡安国作《春秋传》，往往感激时事，借《春秋》以寓意，至明末士大夫尤富于此种议论之精神，会笺未能斟酌去取，难免瑕瑜互出耳。①

竹添氏受宋学影响，加之其具有经世意识，颇好此种评论。而且对宋明以来有理学家之风的学者们的议论《左氏会笺》中多有采录。据此知，竹添光鸿笺注《左传》，以汉学考证为主，汉宋兼综。

竹添光鸿注释《春秋》经传往往注意从总体上把握春秋时代的历史社会状况，注意观察世变，探寻历史发展之迹，总结历史经验。如，他在著中频繁引用清人顾栋高归纳史实，阐释事变的论述皆属此类。这是他受宋学风气影响的一个突出表现。宋代学者研究《春秋》经传，不以具体的字、词、名物、典章制度考据、训诂为务，而多从春秋历史发展的大势着眼，钩稽历史事件发生、发展、变化的过程，并分析其因果关系，总结春秋历史人物及各国兴衰荣辱的变迁之迹，以探求历史发展的行迹，以史为鉴。以学问名著当世的吕祖谦在这方面就很有代表性。他的《春秋左氏传说》最能体现其史论观念。在该书的卷首"看左氏规模"中，他说："看《左传》须看一代之所以升降，一国之所以盛衰，一君之所以治乱，一人之所以变迁。能如此看，则所谓先立乎其大者，然后看一书之所以得失。"② 他提出的研治《左传》的总体方法，正反映了他擅长从历史发展的角度认识《左传》的学术特点。在该卷首中，吕氏又结合《左

---

① 李维棻《竹添光鸿〈左传会笺〉论评》，载《大陆杂志》1963 第 26 卷 10 期。

② 吕祖谦《左氏传说》卷首。文渊阁《四库全书》本。

传》中所载的事实，将其所提倡的方法，一一详细地做了具体阐发，由此，其所云“一代之所以升降”“一国之所以盛衰”“一君之所以治乱”“一人之所以变迁”之意，不谓不明；其所倡纵观变迁，横察异同之法，不谓不彰。吕氏的这种研究方法与其将《左传》看作史书有关。他在《左氏传续说·纲领》中称：“学者观史，各有详略，如《左传》《史记》《前汉》三书，皆当精熟细看，反复考究，直不可一字草草。自《后汉》《三国志》以下诸史，只是看大纲始末成败，盖自司马氏、班氏以后，作史者皆无史法。”又称：“一部《左传》都不曾载一件闲事，盖此书是有用底书。学者看得《左传》熟时，以下诸史条例亦不过如此。子贡曰：‘文武之道未坠于地，在人，贤者识其大者，不贤者识其小者，莫不有文武之道焉。’此数句便是看《左传》纲领。盖此书正接虞夏商周之末，战国秦汉之初，上既见先王遗制之尚在，下又见后世变迁之所因，此所以最好看。看《左传》须是看得人情物理出。”① 可见他将《左传》看作史，因而强调从《左传》中的历史事实出发，综观其发展变化过程，以了解左氏所载之历史，领悟其中真意。朱熹曾评吕祖谦曰：“伯恭于史分外子细，于经却不甚理会。”② 由此亦可透视出吕氏《春秋》《左传》学之特点。吕氏在他的几部《春秋》经传研究论著中，特别是《左氏传说》中都贯穿了这种历史的研究方法。吕氏之学在南宋当时很有影响，《宋史》称：“祖谦学以关、洛为宗，而旁稽载籍，不见涯涘。心平气和，不立崖异，一时英伟卓荦之士皆归心焉。”③

再如南宋末年的吕大圭，著《春秋五论》，强调从《春秋》中“观世变”是其研治《春秋》的目的之一。他认为春秋之始与春秋之终是世道变迁的两大綮节。并将《春秋》二百四十二年的历史，划分为几个不同的阶段，详论了其始与其终这两次世道之大变的情形及各个不同阶段的历史特点。④ 这样对《春秋》作以历史的考察，则便于揭示历史发展的规律。比如他在《春秋五论》中说：“会《春秋》一经观之，大抵愈趋愈下，愈久愈薄。遡之而上，则文武成康之盛，可以接尧舜之传，？之而下，则七雄分裂之极，不至于秦不止。”⑤ 能够总结历史的发展之迹正是其擅观世变之长。吕大圭的弟子何梦申在跋吕氏《春秋或问》中云：“广文吕先生加惠潮士，诸士有以《春秋》请问者，先生出

① 吕祖谦《左氏传续说·纲领》。文渊阁《四库全书》本。

② 《朱子语类》卷一百二十二，文渊阁《四库全书》本。或《宋名臣言行錄》外集卷十三。

③ 《宋史·吕祖谦传》。

④ 参见吕大圭《春秋五论》之五《世变》，文渊阁《四库全书》本。

⑤ 吕大圭《春秋五论》之四，文渊阁《四库全书》本。

《五论》示之，咸骇未闻，因并求全稿。先生又出《集传》《或问》二书，盖本文公之说而发明之。有《五论》以开其端，有《集说（传）》以详其义，又有《或问》以极其辨难之指归，而《春秋》之旨明白矣。”又云：“夫子之心至文公（朱熹）而明，文公之论至先生而备，先生亦有功于世教矣。”① 吕氏的《春秋》说本朱熹之《春秋》学，由此可以推见其在当时士林中的影响了。

宋学这种研究《春秋》经传的风尚，在清初学者那里仍有体现。如顾炎武撰《左传杜解补正》能够汉宋兼采，对宋学的继承主要就表现在这方面。顾氏作为清初的三大家之一，对宋明空疏学风的反动，不仅表现在提倡实学方面，亦表现在能够继承并发展宋学的合理成分上。

清初的顾栋高更是一位能够体现宋儒尚论历史形势之传统风气的学者。顾氏本以经学名家，倍受朝廷推重。但在《春秋》经传的研究上，却能用史家的眼光看待之，以史法治之。他撰《春秋大事表》，重在史学研究。该书以谱表的形式对《春秋》经传所载之史事分门别类归纳后加诸评论，这正是史家所惯用的著述体例。借助史表的归纳整理，《春秋》经传中的历史人物、历史事件、社会制度风俗、山川地形等社会、历史情况都有了来龙去脉，春秋社会历史的梗概之貌也就展现在世人面前。而蕴含在顾氏史论中的鲜明的史学倾向和卓越的史识则有助于人们了解春秋历史发展趋势和认识历史的发展规律。顾栋高对其以探求历史发展变化之势为务的研究主张，在《春秋大事表》卷首的《读春秋偶笔》中还进行了阐明。他说：“看《春秋》眼光须极远，近者十年、数十年，远者通二百四十二年。”又说：“春秋只须平平看下去，自如冈峦之起伏，世运十年而一变，或数十年而一变，圣人第因其世变而据实书之。”他对春秋时势变化做了整体把握，并概括道：“春秋二百四十二年，时势凡三大变，隐桓庄闵之世，伯事未兴，诸侯无统，会盟不信，征伐屡兴，戎狄荆楚交炽，赖齐桓出而后定，此世道之一变也。僖、文、宣、成之世，齐伯息而宋不竞，荆楚复炽，赖晋文出而复定，襄、灵、成、景嗣其成业，与楚迭胜迭负，此世道之又一变也。襄、昭、定、哀之世，晋悼再伯，几轶桓、文，然实开大夫执政之渐。嗣后晋六卿、齐陈氏、鲁三家、宋华向、卫孙宁交政，中国政出大夫，而春秋遂夷为战国矣。孔子谓自诸侯出、自大夫出、陪臣执国命，实一部春秋之发凡起例，逐年有发端，逐代有结案，有起伏，有对照，非可执定一事以求其褒贬也。”② 可见只有通览《春秋》经传，纵观历史事件的发展过程，了解其成败之

---

① 何梦申《〈春秋或问〉跋》，文渊阁《四库全书》本。

② 顾栋高《春秋大事表》附录《读春秋偶笔》。

迹，对其所载事实做总体考察，掌握其因果关系，才能如顾氏所言从中体会春秋社会历史之势变。他每每勾连归纳《春秋》经传中的史实，结合自己的理论主张，殷勤申说，一篇之中可谓三致意焉。沈玉成先生指出："顾氏的成就决非偶然，清初史学的经世致用观虽然在政治高压下变得隐蔽，但精神气质并未消歇，这种隐而不发的愿望，使宋代史学中不拘于史料考证而以探寻历史发展之迹为务的学风得到继承。顾氏踵事增华，他接受了宋人中通达的思维方式，而又能谨慎地收集史料，排比归纳，既避免了空疏的浮华之辞，又不流于只见树木的琐屑考证。他充分发挥了时代给予他的优势，其成就是个人才华与时代风尚的结晶。"① 沈氏这个评论也反映了清初提倡经世致用学风虽具有对宋学空谈风气的反动意味，但其在总结历史经验的治学用意上与宋学并非毫无关系。②

此外，竹添光鸿在解释《春秋》经传史实时，经常有引后代历史以证《春秋》的做法。如，哀公七年传："对曰：'……惟大不字小，小不事大也。知必危，何故不言？鲁德如邾，而以众加之，可乎？'"《会笺》引汉窦宪欲伐匈奴事与鲁季、孟欲伐邾事相喻。著中类似之处很多，此不赘述。这大概亦是受到了宋人的影响。南宋末年学者黄仲炎撰《春秋通说》就喜参稽后代史事以助其说。《经义考》所载李鸣复的《奏举状》中称其书："证以后代，鉴戒昭然，言古验今，切于治道。"③《四库全书总目提要》云："《春秋》因史以成经，故凡言史者，必以《春秋》为权度。仲炎引史以证《春秋》，而即执《春秋》以断

---

① 沈玉成《春秋左传学史稿》。

② 顾栋高在《春秋大事表》卷首《读春秋偶笔》中说："自桓二年蔡侯、郑伯会于邓始惧楚，此发端也；至定四年蔡侯以吴子及楚人战于柏举，楚师败绩，庚辰吴入郢是结案，志蔡之积怨而能报楚，而褒即寓其中矣。自僖十九年陈人、蔡人、楚人、郑人盟于齐，此发端也；至昭八年楚师灭陈是结案，志陈之招楚适自贻患，而贬即寓其中矣。隐十一年郑伯入许，此发端也；至定六年郑游速帅师灭许是结案，志郑之志在吞许，历二百八年之久而卒灭之，以著郑之暴而中间之许叔入许，及许之四迁，郑之屡次伐许、围许，皆其联络照应也。僖十五年宋人伐曹，此发端也；至哀八年宋公入曹，以曹伯阳归是结案，志宋之志在并曹，历一百五十九年之久而卒灭之，以著宋之暴而中间之盟于曹南，及屡次之围曹、伐曹，皆其联络照应也。成七年吴伐郯，此发端也；至哀十三年于越入吴是结案，志吴之暴兴而亦速毙，而中间之入楚破齐，与晋争伯皆其倏忽变幻也。隐四年书翚帅师，而十一年有钟巫之祸；宣二年书公子归生帅师，而四年有解鼋之祸；宣元年书赵盾帅师、赵穿帅师，而二年有桃园之祸；成六年、八年、九年连书晋栾书帅师，而十八年有匠丽之祸，此起伏之在十年以内者。盖弑君有渐，其大要在执兵权，不至弑君不止；灭国亦有渐，其大患在数侵伐，不至灭国不止。圣人灼见诸国之时势，乱贼诸人之心事，而次第据实摹写之，故曰《春秋》成而乱臣贼子惧。"

③ 朱彝尊《经义考》卷190，文渊阁《四库全书》本。

史，其理亦本相通，言各有当未可概以泛滥讥也。"① 可见黄仲炎这种解说《春秋》的方法"有总结历史经验"②，以史为鉴的用意。由此亦可知袭用其法的竹添氏有"与其所同然之心"③。

由上可见，竹添光鸿的《左氏会笺》对《春秋》经传的疏解受乾嘉经学即汉学影响颇深，重训诂、考据，而同时又能兼顾义理，兼综宋学。形成了以考据为主，考据与义理结合；以汉学为主，汉宋兼综的笺注特色。

综上所述，竹添氏的《左氏会笺》今古兼采、经史结合、汉宋兼综具体表现为不专主一家之学，不泥于经史，不拘于门户，擅取清人学术成果的治学取径，从而形成博综兼采，集清代考据学之大成的特点。从《左氏会笺》重视探求历史时势变化之迹这一方面而言，他能汉宋兼综，也就不免带上经史结合的特点。从《左氏会笺》事义兼顾、考据与义理结合的角度而言，其今古兼采、经史结合、汉宋兼综这三者又有相通之处④。

清代学者汪中说："国朝诸儒崛起，接二千余年沉沦之绪……亭林始其开端；河洛图书，至胡氏而绌；中西推步，至梅氏而精；力攻古文者，阎氏也；专治汉易，惠氏也；凡此皆千余年不传之绝学；及东原出而集大成焉。"⑤ 继顾炎武主张考证以治实学而经世致用，至乾嘉年间，乾嘉汉学派弃国初"经世"思想而专务考据，使考据学发展日益隆盛，成为清学之最。章学诚曾描述过时人趋慕考据之风的情景，他说，清代的乾隆年间，邵晋涵、周永年"以宿望被荐，与休宁戴震等特征修四库书，授官翰林，一时学者称荣誉。而戴以训诂治经绍明绝学，世士疑信者半。二君者皆以博洽贯通，为时推许，于是四方才略之士，挟策来京师者，莫不斐然有天禄、石渠，勾《坟》抉《索》之思；而投卷于公卿间者，多易其诗赋举子艺业，而为名物考订，与夫声音文字之标，盖骎骎乎移风俗矣"⑥。可见当时考据学如日中天，影响风气之重。

乾嘉考据学在搜辑、考校、整理古籍方面取得了很大成就，但其寻章摘句，不问世务，汲汲于文字训诂、名物典故，忽略义理也造成了脱离实际，烦琐考据而破碎经义的学术弊端。考据学重视经学，轻视史学；重视汉学，贬损宋学，

---

① 清永瑢等《四库全书总目提要》。

② 赵伯雄《春秋学史》，第557页。

③ 《〈左传会笺〉自序》。

④ 古文经学重事轻义，今文经学以义见长；乾嘉经学主考据，史学主义理；清代汉学主于事，宋学专于理。

⑤ 江藩：《汉学师承记》卷七《汪中》，上海书店1983年版，第115页。

⑥ 章学诚：《周书昌别传》，《章学诚遗书》，北京：文物出版社1985年版。

形成了树立宗派，限定门庭的拘隘学风。陈寅恪曾指出清代考据学偏重经学，致使经学极其发达而史学浸微的境况，他说："一世才智之士，能为考据之学者，群舍史学而趋于经学之一途。其谨愿者，既止于解释文句，而不能讨论问题。其夸诞者，又流于奇诡悠谬，而不可究诘。……虽有研治史学之人，大抵于宦成以后，休退之时，始以余力肆及，殆视为文儒老病销愁送日之具，当时史学地位卑下如此，由今思之，诚可哀矣。"① 张舜徽说："当举世沉酣于穷经考礼、审音说字之际，章氏独究心乙部，出其弘识孤怀以救末流之弊，而卓然有以自立，不可谓非豪杰之士也。"② 从张舜徽对章学诚的称扬，从章学诚研究史学，曲高和寡的情形，也可以想见当日经学的兴盛，史学的衰微。考据学森严汉学壁垒，不仅忽视史学而且排斥宋学。③ 对乾嘉考据学派竞相考订，忽略义理而导致的乾嘉时期思想界的保守和板滞局面，张舜徽和胡适都做了深刻分析。张舜徽说："乾嘉学者中绝大多数，从事考证名物，训诂典章制度，虽然取得了很大的成绩，有它的历史地位。但是流于烦琐，失掉了十七世纪学术思想界弘伟活泼的气象，谈不上个性的发展和见解的创辟。这应该说是十八世纪的中国学术界晦塞的一面。"④ 胡适说："中国近世哲学的遗风起于北宋，盛于南宋，中兴于明朝的中叶，到了清朝，忽然消歇了。清朝初年，虽然紧接晚明，已截然成了一个新的时代了。自顾炎武以下，凡是第一流的人才，都趋向到做学问的一条路上去了。哲学的门庭，大有冷落的景况。"⑤ 张、胡二人的说法过激与否姑且不论，两人的论述都一定程度地反映了清代考据学独尊的偏颇学风盛行所带来的思想界的沉寂。由此可见，为考据而考据的乾嘉汉学对清代学术的健康发展产生了一定的阻碍。

章学诚说："天下不能无风气，风气不能无循环，一阴一阳之道见于气数者然也。所贵君子之学术，为能持世而救偏，一阴一阳之道宜于调剂者然也。风气之开也，必有所以取，学问、文辞、义理，所以不无偏重畸轻之故也。风气之成也，必有所以敝，人情趋时而好名，徇末而不知本也。是故开者虽不免于偏，必取其精者，为新气之迎；敝者纵名为正，必袭其伪者，为末流之托，此亦自然之势也。而世之言学者，不知持风气，而惟知徇风气，且谓非是不足邀

---

① 陈寅恪《金明馆丛编》，生活·读书·新知三联书店 2001 年版，第 113 页。

② 《史学三书平议》，中华书局 1983 年版，第 222 页。

③ 戴震、惠栋都排宋斥朱，章学诚《文史通义》《朱陆》及《书〈朱陆〉篇后》批评了以戴震为首的乾嘉考据学派对朱熹的讥弹诟厉。

④ 张舜徽《清儒学记》，济南：齐鲁书社 1991 年版，第 380 页。

⑤ 胡适《戴东原的哲学》引论，商务印书馆 1927 年版，第 1 页。

誉焉，则亦弗思而已。”[①] 这里章氏对乾嘉学人追风的批判明显包蕴着他对学人以持世救偏、扭转风气为任的企盼。他看到了流行一时的风气对学人的影响：“夫风气所趋，偏而不备，而天质之良，亦曲而不全。”[②] 所以他感叹：“风气纵有循环，而君子之所以自树，则固毁誉不能倾，而盛衰之运不足为荣瘁矣，岂不卓欤！”[③] 他呼吁学人勿为时风迷执，务为自树。

乾嘉考据学（乾嘉汉学）作为清学之最，清代乾嘉学术的主流，它对竹添光鸿撰著《左氏会笺》的影响是巨大的，在竹添氏所受到浸染的全部清代学术观念中占有主要地位。但面对乾嘉考据学流行而导致的“说经者日多，治史者日少”[④]“号为治经则道尊，号为学史则道诎”[⑤] 的重经贱史的现象；面对考据学非宋诋朱而导致的思想枯萎的局面，他能够以古文经学为主，兼采今文经学；以经学为主，贯通经史；以汉学为主，兼综汉宋，形成以考据为主，兼顾义理，事义结合，博综兼采的注疏特点。这体现了他熟于汉学门户，而不囿于汉学藩篱的治学取向，也反映了他不盲目从风，善于自树的学者风范。

---

① 叶瑛《文史通义校注·原学下》，中华书局 1984 年版。

② 章学诚《答沈枫墀论学》，《文史通义》外篇三，北京：古籍出版社 1956 年版，第 308 页。

③ 章学诚《答沈枫墀论学》，《文史通义》外篇三，北京：古籍出版社 1956 年版，第 308 页。

④ 钱大昕《廿二史箚记》序，中国书店 1987 年版。

⑤ 龚自珍《古史钩沉论》（二），载《龚自珍全集》，北京：中华书局 1959 年版。

# 第四章

## 清代学术对《左氏会笺》的影响

清初实学派及继之而起的乾嘉汉学派都倡导客观求实的治学精神，研究古籍皆以校勘、考证、训诂为务。海内士大夫翕然风向，形成了清代主要的治学风气——朴学学风。清代朴学对竹添光鸿撰述《左氏会笺》产生了深刻的影响。

### 一、清代学术对《左氏会笺》撰述动因、意图的影响

首先，从竹添光鸿撰述的动因看，清代学术中的考据学风对其《左氏会笺》的撰述奠定了学术基础并产生了直接启发其著述的作用。清代朴学大师们的考据之作大量传入江户时代的日本，其中包括顾炎武、惠栋、焦循、洪亮吉、沈钦韩等人驳正杜预《春秋经传集解》的诸种著作。这些考据学著述不仅为日本汉学界研究《春秋》经传带来可资借鉴的典范，也带来了考据学风。在《春秋》《左传》研究方面，顾炎武、惠栋等人掀起的反对杜预注之风随着他们的研究成果一并传入，给日本学人以很大影响。在中国清代学术的影响下，许多日本学者也纷纷究心于汉籍考据工作，他们的考据著作，包括《春秋》《左传》的注疏、整理工作也不断问世。这些中日的考据学成果，特别是《春秋》经、传的研究成果，为竹添光鸿撰述《左氏会笺》提供了准备。而清代学者为杜预纠谬，补正杜注之风则是促动他产生撰著该书的直接原因。竹添光鸿的《左氏会笺》从本质上说，就是参考前人，特别是清人的《左传》研究成果，对杜预注做的补正之作。当然竹添氏并不墨守清儒成说，他对杜预注不像清代极端非杜的学者彻底否定之，而是态度比较客观，能够择善而从，区别对待。究其实质，竹添光鸿的《左氏会笺》仍属清代考据学者补正杜注之风影响下的《左传》研究成果。

其次，从撰述意图上看，清代学术中经世致用的观念对竹添光鸿及其《左氏会笺》撰述产生了一定的影响。日本的中国学家竹添光鸿是一位充满经世精神的学者。他 1875 年（明治八年）随日本森有礼公使访华。此间，他历时近 4 个月（111 天），行程几千里，游历了大半个中国。“他于 1876 年 5 月 2 日从北

京出发，经过易水、黄粱梦镇，过黄河，游洛阳，出函谷关，经临潼、骊山，到西安。然后出岐山、五丈原，通过古栈道，经石门关、凤岭、南星街、画眉关、新开岭、七盘岭、褒城、沔城、天岭、广元、梓潼，到成都。再至重庆乘船，沿长江，过三峡，经宜昌、赤壁、武昌、南京，8 月 21 日抵上海。”① 他沿途亲历了中国山川地势的险要，观察了各处风土人情的殊异，了解了中国社会吏治、国计民生之情状，并不时地对当时中国的吏治民情、积贫积弱的社会现状进行议论分析。这些都详细地记载于他的旅行日记——《栈云峡雨日记》中。1879（明治十二年）日本奎文堂刊行了竹添氏的《栈云峡雨日记并诗草》，其中包括该日记及其旅途中吟咏诗文。许多中日人士的题词、序跋也均见于书中。日本明治政府的文部大臣井上毅在跋语中指出，竹添进一郎“所历足迹半于清国，可以略观其全势焉。盖民力衰凋，生息拂地，而物产之阜、富厚之资，犹有藏于无尽者。其民俭啬，长于商易，足于争利于海外也。但据所记，阿片之毒，宗教之祻，束手羖痈，侵入膏肓。”若要改变中国危机重重现实，“唯有尝胆啖苦，炼养焉尔”。他对清国的认识基本就来自竹添光鸿的《栈云峡雨日记》。胜海舟伯爵在跋文中道：“记仅二卷，曲尽蜀中山水胜景，流读之间，有逍遥于栈云峡雨之想。而水利也，地质也，土产也，漕运也，政治也，民情也，烟毒也，教害也，条分缕析，识透而论确，蔚乎经世之文，岂非蜀山之灵，助其胸中之奇，以作此一大篇者邪！”中村正直在《后序》中称该书“地势民俗，缕载不遗，洵为方今有用之书，可备参考者也”。重野安泽也认为该书“乃经世大文章，莫作一部游记看”。清朝俞樾在《序文》中称赞竹添氏：“航海远来，乃能于饮风衣日之际，纸劳墨瘁之时，历历指陈，如示诸掌，岂易言哉！是足以观其学识矣。”在其为《左氏会笺》所作序中又云：“及读君《栈云峡雨日记》，于吾中国山川向背，物产盈虚历历言之，如示诸掌，又知君负经世才，非徒沾沾于章句者。”从这些学者、人士的评点中可以看出，该日记洋溢着的对现实民生的关注之情是有目共睹的。从竹添先生对中国现实的关注，反映出他对日本的现实必不能漠然不理，他具有浓厚的经世精神。

竹添光鸿先生的经世意识，在其撰述《左氏会笺》中有明显的表现。据俞樾的《左传会笺序》可知竹添光鸿曾致函俞樾求《序》，在其《复俞曲园大史书》中向俞樾阐述了自己撰著《左氏会笺》的目的是为了了解孔子生活的时势

① 《栈云峡雨巴蜀行》，载《近代中日文化交流史》，王晓秋著，北京：中华书局 2000 年版，第 240 页。

状况，以探求孔子的“道”①。所以俞氏在《序》中道“味君之言，盖欲以经术治世，其所见有在训诂、名物之外者”。俞樾的评论深中肯綮。俞氏是古文经学家，治学循守乾嘉汉学之方，但并不满意考据学成为饾饤无用之学②，他指出《左氏会笺》与专务训诂考据的清代汉学是不完全相同的，说明了该书所具有的经世意识。可见，从创作意图上看，竹添光鸿深藏社会关怀，以古鉴今，赍志而著，是抱有很强烈的“资治”目的的。

竹添光鸿先生的经世意识，在其《左氏会笺》的笺注上也有体现。陈澧谓“地理之学当自水道始，知汉水道则可考汉郡县”③，由河流水道溯源能考见郡县沿革、水利治理、风习民情、历史掌故等情况，可备经世之资。竹添光鸿非常注意对河流的考察，他频繁地利用《水经注》对《左传》中所涉及的河流沿波讨源，将河流所经畛域的舆地、人文、典章、名物诸端有关国计民生，有利资治通鉴的实事的研究，通过对河流的考察以赅之。他十分重视利用《汉书·地理志》类的正史地志、《路史》《括地志》《方舆胜览》《舆地纪胜》《皇览》等地理专书及类书考察山川地理、礼仪制度、历史掌故诸般问题，并注意探寻历史之迹，总结历史规律，讨论春秋政治，评判历史事件及历史人物，其以资治道之意，一览而毕具焉。应该说，面对《春秋》二百四十年间的沧桑历史，竹添氏始终心系现实，他期冀以古知今，彰往察来的经世情怀不绝如缕地渗透于整部《左氏会笺》之中，使这部在乾嘉经学影响下产生的训诂考据专书散荡着“资治”意味，成为一面俯视社会历史人生的镜子。

诚然，竹添光鸿的经世意识与其所接受的儒家“忧道不忧贫”“士志于道”的经世致用的思想有着深刻关系，但其《左氏会笺》的撰述是直接在清代学术的影响下完成的，该书所透示的有资于治道之意图，与清代学术中贯穿的经世观念的濡染是不无关系的。

王国维曾对清代学术做过一个总结，他说：

> 我朝三百年间，学术三变：国初一变也，乾嘉一变也，道咸以降一变也。顺康之世，天造草昧，学者多胜国遗老，离丧乱之后，志在经世，故多为致用之学。求之经史，得其本原，一扫明代苟且破碎之

---

① 后文附录中有具体分析，可参见。

② 章学诚、汪中、龚自珍、魏源等都曾对考据学不务现实，呕心琐碎繁费考据之流弊有过批评，多谓考据学为“饾饤无用”之学。如魏源即说：“浮藻饾饤可为圣学乎？”（《默觚上治篇》，《魏源集》上册，中华书局1976年版，第37页）

③ 参见《国史儒林传采进稿》卷前，载陈澧《东塾集》，第2页。

习，而实学以兴。雍乾以后，纪纲既张，天下大定，士大夫得肆意稽古，不复视为经世之具，而经史小学专门之业兴焉。道咸以降，涂辙稍变，言经者及今文，考史者兼辽金元，治地理者逮四裔，务为前人所不为，虽承乾嘉专门之学，然亦逆睹世变，有国初诸老经世之志。故国初之学大，乾嘉之学精，道咸以降之学新。

窃于其间得开创者三人焉：曰崑山顾先生，曰休宁戴先生，曰嘉定钱先生。国初之学，创于亭林；乾嘉之学，创于东原、竹汀；道咸以降之学，乃二派之合而稍偏至者，其开创者仍当于二派中求之焉。盖尝论之，亭林之学，经世之学也，以经世为体，以经史为用。东原、竹汀之学，经史之学也，以经史为体，而其所得往往裨于经世。盖一为开国时之学，一为全盛时之学，其途术不同，亦时势使之然也。道咸以降，学者尚承乾嘉之风，然其时政治、风俗已渐变于昔，国势亦稍稍不振。士大夫有忧之而不知所出，乃或托于先秦、西汉之学，以图变革一切，然颇不循国初及乾嘉诸老为学之成法。其所陈夫古者，不必尽如古人之真；而其所以切今者，亦未必适中当世之弊。其言可以情感，而不能尽以理究。如龚璱人、魏默深之俦，其学在道咸后虽不逮国初、乾嘉二派之盛，然为此二派之所不能摄，其逸而出此者，亦时势使之然也。①

王国维将清代学术变迁划为“国初”“乾嘉”“道咸以下”三个时期加以分析，揭示了各个时期的主要特点，其论述可谓鞭辟入里。张舜徽先生与其有所共识，在他的《清儒学记》中也以“国初”“乾嘉”“道咸以下”三个时期为界综论清代学术。他评判道：

明末清初的学术思想，是封建社会制度解体和资本主义经济因素萌芽的反映，是激烈尖锐的阶级矛盾和民族矛盾的反映。……明末，封建社会的败坏已达极点，内则农民起义队伍蜂起，外则满洲贵族乘机入侵。于是思想界在创钜痛深之余，提倡崇实黜虚，主张经世致用，站在地主阶级的立场，以救亡图存。像明末之际的大学者顾炎武，黄宗羲、王夫之，都是当时思想界的代表人物，都有拨乱反正、扶危救

① 王国维：《沈乙庵先生七十寿序》，《观堂集林》卷二十三，见《王国维遗书》本第四册。

倾的思想和议论。

又道：

> 自康、雍、乾三朝大兴文字狱后，知识分子们都处于心惊胆战，人人自危的境地。不敢谈及明末史事或撰写空洞诗文，恐引起祸患，遭杀身灭族之祸。便直接影响十八世纪的学风，发生了很大的变化。当时的学术界，将心思才力转移到故纸堆中，以逃避现实，在古代儒家经传的考证中寻求他们的精神寄托。凭借江南地区富裕的经济条件，使学者们有可能集中精力，穷年累月，甚至为一部古书或一门学问而耗尽他们毕生的精力，终于形成了乾嘉考证之学，而江南为尤盛。当时研究风尚，主要集中在经学、小学方面。门庭渐褊，没有清初诸大儒的博大气象了。

又道：

> 嘉庆、道光年间，国势渐渐衰落，阶级矛盾和民族矛盾，日益复杂尖锐，于是有人感到当时学风有改变的必要，主张用西汉宗尚“微言大义”的今文经学去代替东汉专讲“训诂名物”的古文经学。以为讲求微言大义，才能经世致用，可以救国家之急，这便是常州学派所不同于吴、皖的学术趋向。①

清初满人定鼎中原，道咸以降西人打破国门，两个不同的时期，都因政治危机和民族危机的纷至沓来而激励了士人拯时救世之思，触发了他们的经世济时精神。两位学者在论述中都明确指出了政治形势变化所引起的清代学术思潮的变迁，指出了清初与清末学术所体现的强烈的经世观念。他们也综述了乾嘉汉学专于考据、不事世务的特点。的确，乾嘉之许，清王朝的统治表面看来，天下承平，河清海晏，清朝贵族为了进一步巩固专制政权，加强思想控制，大兴文字狱，士人畏祸，沉潜于考据训诂，不问世事，加之乾隆稽古右文，宣扬文治之功，诏令寻访遗书，网罗才俊，敕撰《四库全书》，以牵士人之心，致使考据学不日兴盛，海内彬彬向风，国初“经世”思想弃置不论。乾嘉考据学为

---

① 张舜徽：《清儒学记》，济南：齐鲁书社 1991 年版，第 101－102，159，480－481 页。

考据而考据，逃避现实之弊端，不仅被张、王两位学者的揭露，而且多为学界所诟病。如梁启超批评道：

> 其后文字狱频兴，学者渐惴惴不自保，凡学术之触时讳者，不敢相讲习。然英拔之士，其聪明才力，终不能无所用也。诠释故训，究索名物，真所谓“于世无患、与人无争”。①

柳诒徵也说：“前代文人受祸之烈，殆未有若清代者，故雍、乾以来，志节之士，荡然无存。有思想才力者，无所发泄，惟寄之于考古，庶不干当时之禁忌。……稍一不慎，祸且不测。而清之文化可知矣!”② 类似的谴责、指斥嘉道以来屡见不鲜。可见学界普遍认为乾嘉汉学主流的一个显著特点就是迫于政治压力，逃避现实，漠视现实。

但是，细绎《清儒学记》就会发现，张舜徽先生对清代乾嘉学术的分析是具有辩证精神的。他一方面揭露了汉学的弊端，一方面指出在笼罩着考据之声的乾嘉时代，并非没有异音。他以戴震、章学诚、汪中、焦循、阮元等为中心的扬州学派诸儒为例，赞扬了考据学充斥的时代氛围中，一些有识之士对儒家经世致用传统的继承和发扬。有些现代学者也深刻认识到了在“家家许郑，人人贾马”的考据学独盛的局面下，戴震、钱大昕、章学诚及扬州诸儒张扬经世致用以补偏救弊的重要作用③。章学诚是乾嘉学者中抨击考据学流弊，提倡经史并重，以史明道，强调史学经世功能的代表。他指出“在人之考索，将以有所为也”，而“今则无所为而竟言考索”④，揭露了乾嘉考据学脱离现实的流弊。他认为，治学要有裨风教，有补益于世。他说：“学问经世，文章垂训，如医师之药石偏枯，亦视世之寡有者而已矣。以学问文章，徇世之所尚，是犹既饱而进粱肉，既暖而增狐貉也。非其所长，而强以徇焉，是犹方饱粱肉，而进以糠秕，方拥狐貉，而进以短褐也。其有暑资裘而寒资葛者，吾见亦罕矣。”⑤ 又

① 梁启超:《清代学术概论》九，中华书局1936年版，第22页。

② 柳诒徵:《中国文化史》下册，中国大百科全书出版社1988年版，第731页。

③ 详参罗检秋《嘉庆以来汉学传统的衍变与传承》第二章《汉学走向经世致用》(中国人民大学出版社，2006年版)、余英时《戴震与章学诚》，(生活·读书·新知三联书店，2005年版) 两书及路新生《理解戴震》(《华东师范大学学报》2003年第一期)、《钱大昕的文论、史论与“理”论》(《华东师范大学学报》2004年第5期) 两文。

④ 章学诚《文史通义》内篇六。

⑤ 章学诚《说林》，叶瑛《文史通义校注》卷四内篇。

说："学业将以经世，当视世之所忽者而施挽救焉，亦轻重相权之义也。"① 当其世之所忽者，是汉学鼎盛，天下学术庶几执经学考据之一端，而轻贱史学，并遗失经世精神。所以章学诚提出"六经皆史"说，提出发展史学以补偏救弊，挽救学风。他说："夫子曰：'我欲托之空言，不如见诸行事之深切著明也。'此则史氏之宗旨也。"② "事有实据而理无定形，故夫子之述六经，皆取先王典章，未尝离事而著理。"③ "若夫六经，皆先王得位行道，经纬世宙之迹，而非托于空言。"④ "但切入于人伦之所日用，即圣人之道也。"⑤ 章学诚的分析指出，古史具有载事的功能，古史即六经，所载之事皆三代典章制度，也就是三代之时的时政制度，皆有关人伦日用。所以古史与六经，在精神本质上是相通的，都具有经世功能。章氏说："古人之于经史，何尝有彼疆此界，妄分孰轻孰重哉？小子不避狂简，妄谓史学不明，经师即伏、孔、贾、郑，只是得半之道。《通义》所争，但求古人大体，初不知有经史门户之见也。"⑥ 章氏这个论述所阐释的深层意思是，史学载事的特点，使它自然带有经世色彩，不能发明史学，也将使经世精神衰微。六经即古史，治经遗弃其自身所包含的经世功用而专务考索，必然不得六经真谛。所以章氏主张为学注意联系实务，关心当代，否则其学将成为无用之学。他说："故无志于学则已，君子苟有志于学，则必求当代典章，以切于人伦日用；必求官司掌故，而通于经术精微；则学为实事，而文非空言，所谓有体必有用也。不知当代而好言古，不通掌故而言经术，则鞶帨之文，射覆之学，虽极精能，其无当于实用也审矣。"⑦ 章学诚从史学切于人事日用，包含经世功能的角度出发，劝诫学人读书治学应以经世致用为目的。在很多著作中章氏深刻地阐释了史学的经世本质，及其所以具有强烈经世功能的原因，并反复强调史学与经学所同样具有的明道作用，揭示史学的经世功能与载事特点表里相依的关系。如章氏强调："经史者，古人所以求道之资，而非所以明其学也。经师传授，史学世家，亦必因其资之所习近，而勉其力之所能为，殚毕生之精力而成书，于道必有当矣。"⑧ 又云："史家之书，非徒纪史，亦以

① 章学诚：《答沈枫墀论学》，载《章学诚遗书》卷四，文物出版社 1985 年版，第 850 页。

② 章学诚《言公上》，叶瑛《文史通义校注》卷二内篇二。

③ 章学诚《经解中》，叶瑛《文史通义校注》卷一内篇一。

④ 章学诚《易教上》，叶瑛《文史通义校注》卷一内篇一。

⑤ 章学诚《易教下》，叶瑛《文史通义校注》卷一内篇一。

⑥ 章学诚《上朱中堂世叔》，载《章学诚遗书》，文物出版社 1985 年版，第 315 页。

⑦ 章学诚《史释》，叶瑛《文史通义校注》卷三内篇三。

⑧ 章学诚《与朱沧湄中翰论学书》，载《章学诚遗书》，北京：文物出版社 1985 年版。

明道也。”① “史学所以经世，固非空言著述也。且如六经，同出于孔子，先儒以为其功莫大于《春秋》，正以切合当时人事耳。后之言著述者，舍今而求古，舍人事而言性天，则吾不得而知之矣。学者不知斯义，不足言史学也。”② 他高扬“以史明道”的旗帜，发挥史学经世致用功能的治学取向，为儒家传统的经世济时精神的回归开辟了道路。

上面的分析表明儒家经世的思想传统在清代学术中一以贯之，始终得到继承，即使在漠视现实的考据学之风盛行的乾嘉时代亦未中断。而且清代学术中的经世意识于政治风云剧烈变幻之际在士人身上体现得还是十分强烈的。

竹添光鸿撰著《左氏会笺》受到清代学术中经世观念的很大影响。仅就《左氏会笺自序》所列出的竹添光鸿参考的清代诸家学人来看，其中如顾炎武、王夫之、魏禧、万斯同、万斯大、江永、焦循、顾栋高、洪亮吉、阮元、陈澧、方苞、姚鼐等人都是清初或乾嘉时期提倡关心社会现实，读书以经世致用，甚至能躬行实践者。

顾炎武、王夫之、黄宗羲是清初三大家，他们均因能提倡经世致用，能以扶危救倾、经世济民为任而闻名当时，垂青史册。这三大家的经世致用主张是与反对宋明理学空谈误国，提倡实用的思想息息相关的。如他们指出：“明人讲学，袭语录之糟粕，不以六经为根柢，束书而从事于游谈。”③ “昔之清谈老庄，今之清谈孔孟，未得其精，而已遗其粗；未究其本，而先辞其末。不习六艺之文，不考百王之典，不综当代之务。”④ “陆九渊出而宋亡，王阳明出而明亡。”⑤ 他们对宋明理学尤其是陆王心学的空疏学风的指斥、抨击都是从学术与经世致用的关系，学术与民族命运、现实政治的关系出发而发出的慨叹和议论，这些批评和议论充满着强烈的经世精神。他们都认识到扭转空疏学风的最好办法是提倡以经史研究为根底的实学，这也是实现经世致用理想的前提。他们努力从古典儒学中寻找匡救社会、治理现实的经世之方。他们强调：“凡文之不关乎六经之旨、当世之务者，一切不为。”⑥ 读书治学“必先穷经。经术所以经世，方不为迂儒之学，故兼令读史”⑦。他们注意到史学的经世功能，指出“所

---

① 《永清县志前志列传序例》，载叶瑛《文史通义校注》，北京：中华书局1985年版。

② 章学诚：《浙东学术》，载叶瑛《文史通义校注》上册。

③ 《清史稿》列传二百六十七《黄宗羲传》。

④ 顾炎武《日知录》卷七。

⑤ 王夫之《续通鉴论》卷六。

⑥ 《亭林文集》卷四《与人三书》。

⑦ 黄宗羲语，见全祖望《梨洲先生神道碑》，载《鲒埼亭集》卷11，上海：商务印书馆，1936年版。

贵乎史者，述往以为来者师也”①，重视以治史“明道救世”。正是三大家的提倡使清初经世实学蔚然成风。

章学诚说：“史之大原，本乎《春秋》。《春秋》之义，昭乎笔削……”②《春秋》既是中国史学的源头之一，又是孔子修定的经典。《春秋》及其解释著作《左传》既被正统学术奉为经，而本身又具有史的性质。所以清初提倡经世致用，认识到史学经世功用的学者都重视对《春秋》《左传》的研究。顾炎武撰《日知录》及《左传杜解补正》，将其对明亡清兴原因的分析和当时学术思潮的看法都融入《春秋》《左传》的诠释和研究中。清初魏禧说：“读书所以明理也，明理所以适用也。故读书不足经世，则虽外极综，内析秋毫，与未尝读书同。”提倡读书治学的目的在于经世致用。魏氏又说：“经世之务，莫备于史。禧尝以为，《尚书》史之太祖，《左传》史之大宗，古今治天下之理尽于《书》，而古今御天下之变备于《左传》。明其理，达其变，读秦汉以下之史，犹入宗庙之中，循其昭穆而别其子姓，了如指掌矣。”③ 他的《左传经世》也以经世致用为目的，从史学角度对《春秋》经传加以探讨。

在提倡治实学以经世致用的过程中，顾炎武、王夫之等学者通过考证经史以治实学，开启了清代考证学的风气。在《春秋》《左传》的研究中，注重对《春秋》经传所涉及的名物、典章制度、史实和山川地理等具体问题进行训诂考证，不为凿空之论。这是顾炎武、王夫之、万斯大、万斯同④、张尚瑗⑤、高士奇⑥、毛奇龄⑦等学者的普遍做法，他们探讨的这些问题都是史学研究的主要对象，也是崇信汉学的乾嘉学派以事传经中所说的“事”。这种务实的研究和乾嘉

---

① 王夫之：《续通鉴论》。

② 章学诚：《文史通义》卷五内篇《答客问上》。

③ 魏禧《左传经世叙》，《魏叔子文集》外篇，中华书局 2003 年版。

④ 万斯大、万斯同兄弟受学于清初浙东史学之祖黄宗羲。二人分别以经学和史学名家。各撰《学春秋随笔》《群书疑辨》等《春秋》学专著，考证史实，批评理学臆说，体现了趋实学风。

⑤ 张尚瑗撰《三传折诸》，对五岳、地名、谥号、世谱，颇多考证性研究，并好捃摭春秋以后的历代史事与传文相佐证，表现出了以考证而经世的治学倾向。《〈左传会笺〉自序》中虽未列出张尚瑗，但在文公六年“晋六卿专制”等内容的笺注中从赵佑的《春秋三传杂案》中转而引用。

⑥ 高士奇以“《春秋》传心之史”（高士奇《春秋地名考略序》，《四库全书》本）寄托其经世理想，撰《春秋地名考略》，考证经传中地理问题“颇为精核”（《四库提要》语），体现了征实精神。

⑦ 毛奇龄著有《春秋毛氏传》《春秋属辞比事记》《春秋简书刊误》，探讨《春秋》经传关系及盟会、侵伐之类礼仪典制等问题。以深厚的考证功力，体现了求实精神、经世思想。

考证学派偏重《春秋》经传中的“事”的探讨表面上并无分殊，但本质上是有区别的。清初学者在考证中融入了经世理想，把以考证为主的实学作为实现经世目的的手段，这与乾嘉学者脱离现实，为考据而考据的治学取向完全不同。顾炎武是反对专心考据，不关心世务的。他说：“孔子之删述六经，即伊尹、太公救民于水火之心，而今之注虫鱼、命草木者，皆不足以语此也。故曰：‘载之空言，不如见诸行事。’夫《春秋》之作，言焉而已，而谓之行事者，天下后世用以治人之书，将欲谓之空言而不可也。”① 可见顾氏对只知注虫鱼、命草木，即埋首名物训诂考据而无济世之心者非常不满。顾炎武的门人潘次耕为《日知录》作序时曾曰：“有通儒之学，有俗儒之学。学者将以明体适用也，综贯百家，上下千载，详考其得失之故，而断之于心，笔之于书，朝章国典，民风土俗，元元本本，无不洞悉，其术足以匡时，其言足以救世，是谓通儒之学。若夫雕琢辞章，缀辑故实，或高谈而不根，或剿说而无当，浅深不同，同为俗学而已矣。”② 潘氏区分了以考据为实学而经世，与远离现实，专务考据两种学问的质的差异，以此昭示其师顾炎武提倡考据学的本意乃为经世致用。张舜徽先生将乾嘉学者与顾炎武做了对比分析，提出：“亭林志在经世，于历代典章沿革、政权利弊，了如指掌。凡所考证，皆引古以筹今，留意民瘼，不忘当代。乾嘉诸儒，则知古而不知今，为考证而考证，专意精研，转成无用。”③ 又肯定顾炎武说：“他所做的考证工作，不是像其他一般矜奇炫博的学者们为考证而考证的做法，漫无宗旨地考证一番；而是着重结合实际，想达到经世致用的最后目的来从事考证的。”④ 钱穆在《中国近三百年学术史》中以阎若璩为例也将乾嘉学者与顾炎武进行了比照，指出：“顾书着眼学术风俗民生国计，有体有用；阎则只是炫博矜新，求知人所不知，极其至亦不过一读书人耳。”⑤ 他对阎若璩与顾炎武学风差异的分析，正反映了他对清初与乾嘉学风不同的深刻认识。

清初学术主流观念是求真尚实以经世致用，这对竹添光鸿的《左氏会笺》产生了影响。不仅如此，乾嘉之际，也有少数学者，包括汉学家在内，倡导实学以经世。这些学者或者不满理学的空疏无用，或者批评汉学的不务世事，或者讲求并践履经世之学。他们以为考据应该为经世致用服务，“夫考订之学，大则裨益于人心风俗，小则关涉于典故名物，然一言以约之曰：取资于用而已。

① 顾炎武：《与人书三》，《亭林文集》卷四，中华书局 1983 年版，第 91 页。

② 潘耒：《日知录·原序》，载黄汝成《日知录集释》，岳麓书社 1994 年版，第 1 页。

③ 张舜徽：《清人笔记条辨》卷一《日知录条辨》。

④ 张舜徽：《清儒学记》济南：齐鲁书社 1991 年版，第 18 页。

⑤ 钱穆：《中国近三百年学术史》，北京：中华书局 1986 年版，第 223 页。

经曰‘不作无益’。有裨于用者则当考之，其无益者则不必考之”①。其中汪中在《与巡抚毕侍郎书》云：“中尝有志于用世，而耻为无用之学，故于古今制度沿革，民生利病之事，皆博问而切究之，以待一日之遇。”② 其子汪喜孙曾叙其忧时之状而云：“先君少习经世之学，三十以后病怔忡，闻金鼓鸡犬声夜不成寐……先君论河道与王先生怀祖合，欲河由千乘入海，数百年可无河患。惟草疏不传，先君或自焚之。”③ 汪中在著述中还曾批判“女子守志”的封建道德陋习。再如，兼为朝臣的汉学家阮元，也是位关注经世实物的名儒。他编撰《国史·儒林传》，首列顾炎武为清代学术的宗师，并频繁召集和参加士林举行的顾祠祭奠活动，办学海堂和诂经精舍讲授经世之学，培养了大批有经世意识的学子，这些足见其治学、处身的经世取向。④ 又如，洪亮吉热衷于从古代典籍中探讨治理天下之“道”。他认为：“三代以后，用孔子之道治天下，与周公之所以治鲁同。用老子之法治天下，与太公之所以治齐同。何言之？孔子之所以治天下，纯于王道也。老子之所以治天下，参王伯并用之者也。”⑤ 他对老子的“道”治理天下之用基本肯定，却排斥庄学，他的崇老抑庄倾向体现了其崇实黜虚的学术取向和经世致用的价值取向。洪亮吉不仅是治学蕴藏经世意识的常州学派兴起的推动者，而且是闻名乡里、活跃士林的社会实践家，曾参与弹劾和珅余党的活动。据《清史列传·儒林传下》载，洪亮吉是乾隆五十五年（1790）年进士，授翰林院编修。曾因上书言事触怒皇帝，罪贬新疆，后遇赦而还。可见他能以国事为重，而将个人荣辱安危置之度外于不顾。这其中都折射着他所具有的浓厚的经世思想。又如，陈澧治学尊慕顾炎武，晚岁仿《日知录》而编《学思录》，又名《东塾读书记》。他强调治经应对时事有用，他说：“所谓经学者，贵乎自始至末，读之、思之、整理之、贯串之、发明之，不得已而后辨难之，万不得已而后排击之，惟求有益于身，有用于世，有功于古人，有裨于后人，此之谓经学也。有益有用者不可不知，其不甚有益有用者姑置之，其不可知者阙之，此之谓经学也。”⑥ 又如，汉学家江永、桐城派代表人物方苞、姚鼐等都是乾嘉、嘉道之际有着经世关怀的学者。⑦

---

① 翁方纲：《考订论上之三》，《复初斋文集》卷七，第12页。

② 汪中：《与朱武曹书》，《述学别录》。

③ 汪喜孙《容甫先生年谱》，江都汪氏丛书，第19页。

④ 罗检秋：《嘉庆以来汉学传统的衍变与传承》第二章“汉学走向经世致用”，中国人民大学出版社2006年版。

⑤ 洪亮吉：《书道德经后》，见《洪亮吉集》第三册，中华书局2001年版，第1105页。

⑥ 陈澧：《与王峻之书五首》，载《东塾集》卷四，第30页。

⑦ 罗检秋：《嘉庆以来汉学传统的衍变与传承》，中国人民大学出版社2006年版。

乾嘉之时学者提倡的经世精神和深藏于著述研究中的现实关怀，对有着儒学修养的竹添先生不无触动。

道咸以降，国势渐危，士人觉醒，经世思想日盛，渐至同光之际，改良政治，济世救民的呼声弥漫知识界，无人不受感染，而起匡救之念。其时，经世致用思潮之炽，以孙诒让及与竹添光鸿有过接触的张之洞、俞樾为例，亦可见一斑。身为朝官的张之洞，是洋务运动中的重要人物之一，他生平以经世致用自任是毋庸置疑的。他强调读书治学应以有裨益于时用为目的，并批评了不能通经致用者之流弊。他说："近人往往以读书明理判为两事，通经致用视为迂谈。浅者为科举，博洽者著述取名耳。于己无与也，于世无与也，亦犹之获而弗食，食而弗肥也。"① 又说："通经贵知大义，方能致用，义理必出于训诂，于是因训诂而事考据，因考据而务校勘，久之渐忘本意，穷本遗末，买椟还珠，与身心、世务全无关涉，此汉学之流弊也。"② 这可见出他读书治学是以能够经世为本的。

他在各地创办书院，培养人才，也以经世致用为目标。他在光绪二年（1876）所撰《四川省城尊经书院记》中指出，办四川尊经书院的本义是使蜀中"皆博通之士，致用之材"③。他教育士子说：

> 扶持世教，利国利民，正是士人分所应为。宋范文正、明孙文正，并皆身为诸生，志在天下。国家养士，岂仅望其能作文字乎？通晓经术，明于大义，博考史传，周悉利病，此为根柢。尤宜讨论本朝掌故，明悉当时势事，方为切实经济。盖不读书者为俗吏，见近不见远；不知时务者为陋儒，可言不可行。④

又说：

> 读书宜读有用书。有用者何？可用以考古，可用以经世，可用以治身心三等。⑤

---

① 张之洞：《輶轩语·语学第二》，《张之洞全集》第十二册，第 9797 页。
② 张之洞：《书札八·致宝竹坡》，《张之洞全集》第十二册，第 10344 页。
③ 载《中国历代书院志》，第 16 册，第 734 - 738 页。
④ 张之洞：《輶轩语·语行第一》，《张之洞全集》第十二册，第 9773 页。
⑤ 张之洞：《輶轩语·语学第二》，《张之洞全集》第十二册，第 9793 页。

张之洞提倡读书治学与关注社会实事相结合，可见他注重学术经世的价值取向。他认为："《易》之大义，阴阳消长。《书》之大义，知人安民。《诗》之大义，将顺其美，匡救其恶。《春秋》大义，明王道，诛乱贼。《礼》之大义，亲亲、尊尊、贤贤。《周礼》之大义，治国、治官、治民，三事相维。"① 劝说士子读书宜读这些有益治国安民之书。

他重视史学的经世功能，认为读史治史应有切于时用。他说："读史者贵能详考事迹、古人作用言论，推求盛衰之倚伏、政治之沿革、时势之轻重、风气之变迁，为其可以益人神智，遇事见诸设施耳。"② "诸史中体例文笔虽有高下，而其有益实用处，并无轻重之别。"③ "史学切用之大端有二：一事实，一典制。事实择其治乱大端，有关今日鉴戒者考之，无关者置之；典制择其考见世变、可资今日取法者考之，无所取者略之。"④ 可见，他重视史学就在于他重视治国安邦之策，他认为讨论定国安邦之策史籍最为得中而切于经世之用。

俞樾乃晚清大儒，本属古文经学家，但亦受时氛浸淫，摆脱学派自身的保守性，关注时务，提倡经世。他说："然则士生今日，不能博观当世之务，而徒执往古之成说，洵如《吕氏春秋》所讥病重而药不变矣。"⑤ 翻览《春在堂杂文》及《春在堂杂文续编》可以看到他在很多传记、序言中都对冯桂芬、童啸泉等诸辈怀抱经世理想的才俊之士颇有嘉许。他主张以礼治国⑥和从史籍中寻找经世之方⑦。

晚清的孙诒让也是一位有着强烈的经世思想的学者。他说："余少耽雅诂，矻矻治经生之业，中年以后，欿念时艰，始稍涉论治之书。虽禀资暗弱，不足以窥其精妙，而每见时贤精论，即复钦喜玩绎，冀以自药顽钝。"⑧ 张之洞曾荐举孙诒让为"经济人才"，他的奏折称：孙诒让"群经诸子靡不研精，淹雅闳深，著述甚富，久负士林宿望，近年讲求时务，实能会通中西古今学术治术"⑨。他无意仕途进取，但关心国事，热心时务。甲午战争之际，他感时忧国，积极投身于拯救民族的社会活动中。他时任瑞安筹防局总办，撰《办防条

① 张之洞：《劝学篇内篇·守约第八》，《张之洞全集》第十二册，第 9727 页。
② 张之洞：《輶轩语·语学第二》，《张之洞全集》第十二册，第 9785－9786 页。
③ 张之洞：《輶轩语·语学第二》，《张之洞全集》第十二册，第 9785－9786 页。
④ 张之洞：《劝学篇内篇·守约第八》，《张之洞全集》第十二册，第 9729 页。
⑤ 俞樾：《皇朝经世文续集序》，载《春在堂杂文四编》卷七，第 21 页。
⑥ 俞樾：《礼理说》，载《宾萌集》卷二，《春在堂全书》本，第 13－14 页。
⑦ 俞樾：《与李少荃同年前辈》，载《俞曲园尺牍》，上海文明书局 1922 年版，第 6 页。
⑧ 孙诒让：《沈僩昆〈富强刍议〉叙》，载《籀庼述林》卷五，1916 年刊本，第 27 页。
⑨ 张之洞：《保荐经济特科人才折》，载《张之洞全集》第二册，第 1520 页。

议》，为巩固海防，抵御外侮献策。清朝战败后，他发起“兴儒会”，打算以呼应孙中山创立的兴中会、康有为创立的强学会，呼吁除旧布新，以维新救国强民。1901 年，清政府诏令试办新政，孙诒让曾替侍郎盛宣怀撰《变法条议》40 篇，提出一系列改革措施。

他认为“学无新旧，惟其致用”，主张改革旧的考试制度，推行义务教育，学习西学，西为中用。① 他认为西方算学“盖古者小学六艺之一端，而造乎其微，则步天测地，制器治兵，厥用不穷。今西人所为挟其长以雄视五洲者，盖不外是”②。他在瑞安创办算学书院（即学计馆），在温州创办蚕学馆、农学会，筹办温州师范学堂等，推行新式教育，都出于以实学为经世致用之本的考虑。

正是由于具有强烈的经世精神，孙诒让能够规避作为一个古文经学家的保守性，更易于理解维新派、革命派，与他们走得近一些，在思想上表现出一定程度的进步性。孙诒让与维新派、革命派人士多有交往。激烈的革命派代表章太炎就曾师事孙诒让。他还向《国粹学报》投稿，成为该报刊的重要作者之一。他说：“有爱国之精神者，必宝持其国自古以来相传之经典文字。故西国通行字母，而犹重腊丁，东瀛大阐欧风，而不废神教，则保国粹之说也。吾国四部群籍，浩如烟海，以言国粹，莫重于经。”③ 他认为，改革传统经学，汲取西学，中西结合，是保存国粹，保存民族精神的有效办法。④ 他的《周礼正义》将《周礼》与西学融合，在对《周礼》的疏证研究中蕴藏了深厚的现实关怀，他希望从《周礼》中寻找兴利除弊，改良以救世的途径。

1875 年竹添光鸿来到中国，亲身感受到当时中国的学术思潮和士人风气；接触过李鸿章、张之洞、吴大廷等名臣仕宦，到杭州诂经精舍拜谒过俞樾，与这些学者有过往来。其时其人的经世意识都对他产生了一定的影响。

综之，清代学术中的经世思想是始终如一的，从清初、乾嘉、道咸以降，绵延不绝。这种经世精神时时呼唤着竹添光鸿身上所深蕴的儒家“兼济天下”的经世情怀，使他在著述中不忘现实关怀，渗透了经世思想。张舜徽先生谓：“余以为甄论一代学术，贵能拔其精英。影响于当时者若何，沾溉于后来者奚

---

① 孙诒让：《学务本议》，载张宪文《孙诒让遗文辑存》，杭州：浙江人民出版社 1990 年版，第 31 页。

② 孙诒让：《瑞安新开学计馆叙》，载《籀庼述林》卷五，第 28 页。

③ 孙诒让：《学务本议》，载《孙诒让遗文辑存》，第 33－35 页。

④ 以上参见孙诒让《籀庼述林》《孙诒让遗文辑存》、孙延钊《孙衣言孙诒让父子年谱》、刘禺生《章太炎师事孙诒让》（载《世载堂杂忆》）、张舜徽《清儒学记·孙诒让学记》诸著。

在。数百年中，但标举数人或十数人，即可树之风声，楷式百世。提要挈纲，以数卷学记，即可敌百卷学案。以有别择去取于其间，能表章魁杰以统率群伦耳。一代学术，于焉可考。此余晚年所以发愤而有《清儒学案》一书，不得已而作也。”① 以上对“清初”“乾嘉”及“道咸以降”的一些重要学者的经世意识做了具体分析，以见其对竹添光鸿经世观念的影响。其中许多人的著述为竹添光鸿撰述《左氏会笺》所参稽援引②，有些人还在《左氏会笺自序》和《总论》中被提及受到了参用。这些都一定程度反映了清代学术中的经世观念对竹添光鸿产生过影响。

## 二、清代学术对《左氏会笺》笺注内容的影响

从竹添光鸿笺注《左传》的内容上看，审于校勘，重于考据，精于训诂，详于礼制，也体现出清人对他的深刻影响。竹添氏广泛征引清代考据学者的《左传》及其他训诂考据研究成果。在《〈左氏会笺〉自序》中竹添氏明言其涉猎了清朝从顾炎武至俞樾二十九家学者的《左传》有关研究论著。这二十九位学者都是朴学家，他们研究《春秋》《左传》基本都以考证典章名物，训诂事类，笺解史实为主，反对以一字褒贬空说经义，如张自超“褒贬在事，不在氏族名字”③。除了援引考据学者的成说，他自抒己见的注释也往往偏重文字、声韵、名物训诂及史实、典制的考证。综观《左氏会笺》，考据精神贯穿全书始终。以下将竹添光鸿的《左氏会笺》在上述校勘、考据、训诂、礼制方面受到清人的影响分别阐述之：

### （一）

书籍越古，传写的次数越多，致误的机会也越多。所以从西汉刘向、刘歆父子校书以来，许多整理研究古籍的学者都十分重视古书的校勘工作。先秦古籍至清代传世辽远，其钞刊流布，辗转致讹，出现断简阙文等现象，在所难免。清代的考据学家基本都认识到校勘对读书治学的重要性。如乾嘉王鸣盛云：“尝

---

① 张舜徽：《讱庵学术讲论集》，长沙：岳麓书社 1992 年版，第 855 – 856 页。

② 这些学者因为具有经世意识，重视对经史中诸如礼仪、典章制度、地理、历史人物、事件、历史形势等有关人伦品目、国计民生问题的探究。如江永、万斯大、万斯同精于三礼，高士奇、洪亮吉长于地理，等等。他们在《春秋》经传的疏解上，对其所涉及的礼制、历法、地理、历史等具体问题进行考索，如顾炎武明辨地理，对杜预注中的地理问题多有订正，高士奇、张尚瑗、顾栋高重视地理问题，这些都是出于经世济民的考虑。他们的《春秋》经传研究成果直接被竹添光鸿《左氏会笺》引用，这应是竹添氏著述中体现经世意味的原因之一。

③ 见顾栋高《春秋大事表》卷首《春秋》纲领。

谓好著书不如多读书，欲读书必先精校书，校之未精而遽读，恐读亦多误矣。”① 清代考据学家一般认为校勘是治学之本，是古籍整理研究的起点；精确的校勘成果是获得正确研究结论的基础。他们几乎都在古籍校勘上付出过心血；下过苦功夫。有些人如卢文弨等则能每得一书，必丹黄点勘，手不释卷，务为善本留真，或以备训诂考据阐发义理之用，或以资后人研讨。他们往往将校勘、训诂、考据融合互证，以求古籍之真旨。伴随着考据之风的盛行，清代有关古籍的校勘工作也蓬勃发展起来。梁启超曾说：“清儒之有功于史学者，更一端焉，则校勘也。古书传习愈希者，其传钞踵刻讹谬愈甚，驯致不可读，而其书以废。清儒则博征善本以校勘之。校勘遂成专门一学。”② 清代出现了一大批校勘学家。如仅据张之洞《书目答问·国朝著述诸家姓名略》中所载以校勘名家者就达三十一人。除专门从事校勘者，更多则以考据家而精通校勘之学。这些学者考勘了大量古籍精校本。其中有些人也对校勘理论做了探索和总结，撰著了有关校勘学的理论论著。如章学诚的《校雠通义》涉及了校勘的源流、方法、原则等问题。再如段玉裁也讨论到校勘的目的和方法。如段氏在《与诸同志论校书之难》中说：“校经之法，必以贾还贾，以孔还孔，以陆还陆，以杜还杜，以郑还郑。”③ 他指出校注群经，必须恢复先儒解释它们时所依据的底本的真面目。在《答顾千里书》中他又说：“夫校经者，将以求其是也。审知经字有讹则改之，此汉人之法也。汉人求诸义，而当改则改之，不必其有佐证。”④ 他揭示了理校的意义和方法。有些学者还很重视校勘规律，注意利用他人发现的校勘规律。如孙诒让就曾明言他在校勘古籍中，就因学习了王念孙和卢文弨所归纳的“义法”，而有所创获。他说：“诒让学识疏谫，于乾嘉诸先生无能为役，然深善王观察《读书杂志》及卢学士《群书拾补》，伏案研诵，恒用检核，间窃取其义法以治古书，以略有所寤。”⑤ 另外，诸如王引之的《经义述闻·通说》和俞樾的《古书疑义举例》等都涉及了校勘的“义例”。

朱一新云：“国朝人于校勘之学最精。”⑥ 清儒之以校雠兼考据卓然名家者，诸如卢抱经、钱大昕，及高邮王氏父子之辈，由于他们在文字、音韵、训诂、版本、目录等知识方面有深厚的学养且研究深入，因而这些学者在校勘理论与

---

① 《十七史商榷·自序》。
② 《清代学术概论》十六，《饮冰室合集》本。
③ 《经韵楼集》卷十二。
④ 《经韵楼集》卷十一。
⑤ 孙诒让：《札迻·自序》。
⑥ 《无邪堂答问》卷三。

实践方面，都能有许多建树，他们确实为我国的校勘事业和校勘学的进步做出了巨大贡献。

在《春秋》《左传》的校勘方面，清代学者也取得了丰富的成果。毛奇龄的《春秋简书刊误》、段玉裁的《春秋左氏古经》、赵坦的《春秋异文笺》、侯康的《春秋古经说》、卢文弨的《春秋左传注疏》①、李富孙的《春秋左传异文释》、王引之的《经义述闻》、于鬯的《香草校书》、阮元的《十三经校勘记》等都堪称这方面的重要著作。这些著作或对三传文字比勘异同、校定优劣，以期恢复《春秋》古经的原貌；或对三传分别进行校勘，校正文字讹误，以求善本。它们体现了清儒在《春秋》《左传》校勘整理方面的成就。

竹添光鸿笺注《春秋》经传，首先于古书文字校勘用力甚勤，功夫甚深，成果甚丰。这自然是清代考据学家重视校勘，精于校勘之流风所及。清儒在校勘实践和理论上丰硕的成果亦成为其撰著《左氏会笺》的借鉴之资。《左氏会笺》的校勘成就见后文，此不赘述。

## （二）

清代朴学家尤其乾嘉诸儒，他们尊奉汉代古文学派，对《春秋》经传的研究，虽重在校勘、训诂及名物，典章制度的考证及史实的考索上，但也不偏废义理。有些学者如戴震②、惠栋等则能考据与义理兼顾，既重《春秋》经传实事的考据亦重义理的阐发。他们反对空言说经，必求务实，主张以训诂通经致用，以训诂明义理。惠栋《九经古义序》云："经之义存乎训，识字审音，乃知其义，故古训不可改也。经师不可废也。余家四世传经，咸通古义。"③ 惠栋源出经学世家，其祖父惠周惕、父惠士奇均通古经。惠栋的这个观点，其父惠士奇在论及周礼时也有过同样的表述。④ 可见惠氏的思想授自家学。曾从惠栋问业的钱大昕也说："尝谓六经者，圣人之言，因其言以求其义，则必自训诂始。

---

① 见于《群书拾补》。

② 章学诚在《书朱陆篇后》中云："凡戴君所学，深通训诂，究于名物、制度，而得其所以然，将以明道也。时人方贵博雅考订，见其训诂名物，有合时好，以谓戴之绝诣在此。及戴著《论性》《原善》诸篇，于天人理气，实有发前人所未发者，时人则谓空说义理，可以无作，是固不知戴学者矣。"（《文史通义校注》，《内篇》"第三"《朱陆》后附录，叶瑛校注，中华书局 1985 年版，第 275 页）可见，戴氏之学本有训诂、义理二端。

③ 文渊阁《四库全书》本。

④ 惠士奇云："经之义存乎训，识字审音，乃知其义，故古训不可改也。"见江藩：《国朝汉学师承记》，中华书局 1983 年版。

谓训诂之外别有义理，如桑门以不立文字为最上乘者，非吾儒之学也。”① 在这方面，戴震的说法堪称最有代表性。他在《古经解钩沉序》中说：“经之至者道也，所以明道者其词也，所以成词者，未有能外小学文字者也。由文字以通乎语言，由语言以通乎古圣贤之心志，譬之适堂坛之必循其阶，而不可以躐等。”② 又在《尔雅注疏笺补序》中说：“今人读书，尚未识字，辄目故训之学不足为。其究也，文字之鲜能通，妄谓通其语言；语言之鲜能通，妄谓通其心志，而谓傅合不谬，吾不敢知也。”③ 他反复强调文字、音韵、训诂是通经、治学之根底。他认为不仅字、词、声音训诂，而且各种名物、典章及天文、历算、地理等文化知识的训诂都是通经的根本。他在《与是仲明论学书》中说：“诵《尧典》数行，至‘乃命羲和’，不知恒星七政所以运行，则掩卷不能卒业；诵《周南》《召南》，自《关雎》而往，不知古音，徒强以协韵，则龃龉失读；诵古《礼经》，先《士冠礼》，不知古者宫室、衣服等制，则迷于其方，莫辨其用；不知古今地名沿革，则《禹贡》《职方》失其处所；不知少广旁要，则《考工》之器不能因文而推其制；不知鸟兽、虫鱼、草木之名状类名号，则比兴之意乖。而字学、故训、音声未始相离，声与音又经纬纵衡宜辨。汉末孙叔然创立反语，厥后考经论韵悉用之。释氏之徒从而习其法，因窃为己有，谓来自西域，儒者数典不能记忆也。中土测天用‘句股’，今西人易名‘三角’、‘八线’，其‘三角’即‘句股’，‘八线’即‘缀术’，然而‘三角’之法穷，必以‘句股’御之，用知‘句股’者，法之尽备，名之至当也。管、吕言五声十二律，宫位乎中，黄钟之宫，四寸五分，为起律之本，学者蔽于种律失传之后，不追溯未失传之先，宜乎说之多凿也。凡经之难明，右若干事，儒者不宜忽置不讲。”④ 戴震治学确实如其所倡，能以训诂考据之学，为通“义理之学”的基础。段玉裁就曾指出：“先生之治经，凡故训、音声、算数、天文、地理、制度、名物、人事之善恶是非，以及阴阳之化、道德性命，莫不究乎其实。盖由考核以通乎性与天道。”⑤ 戴震师承江永，江永是惠栋的弟子，江永精通小学、经学，考证功力深湛。而段玉裁、王念孙、王引之等乾嘉考据学大家，皆师授

① 钱大昕：《臧玉林经义杂识序》，《潜研堂文集》卷二十四，上海古籍出版社 1989 年版，第 391 页。

② 戴震：《戴震文集》卷十，中华书局 1980 年版，第 146 页。

③ 戴震：《戴震文集》卷三，中华书局 1980 年版，第 45 页。

④ 戴震：《戴震文集》卷九，中华书局 1980 年版，第 140 页。

⑤ 段玉裁：《戴东原集序》，《戴震文集》卷首。

戴震，专务训诂、考证。① 从《〈左氏会笺〉自序》“笺曰”部分可以了解到，江永、王念孙、王引之、段玉裁、钱大昕等学者的训诂成果，都是竹添光鸿笺注《左传》直接参用的对象，由此以戴震为代表的学者们所力倡的训诂明则义理明的治经原则对竹添光鸿撰述《左氏会笺》也产生了直接、深刻的影响。

《左氏会笺》一书，训诂精审。竹添光鸿受江永、戴震、段玉裁、王念孙、王引之等学者影响，笺注《左传》，重视寻找训诂依据。王念孙、王引之父子对古书的训诂“无不旁证取喻而得其本义之所在”②，“分析条理，鬒密严溧，上溯古义，而断以己之律令”③。王氏父子这种重训诂考据的治学思想和方法均被竹添光鸿借鉴以撰著《左氏会笺》。他广泛取证雅训经诂，援经、史、子、集传注，小学家书，以及音义类书等各类典籍文献反复参考，比类推求将以必归于至当。其援古征今，排比文献，细致考证以释左氏，令传文辞意瞭然，理蕴彰显。举凡古籍之存者，尽力网罗搜采，所以举例翔实，取证丰富是其《左氏会笺》训诂精细可靠的一个表现。

清代音韵学、古音学发生了很大进步，加之训诂、考据学的兴盛，声训亦随之获得高度发展。因声求义的声训主张是清代学者明确提出来的。清代以前，学者虽在训诂实践中也采取了声训，但还没能提出明确的概念，理论认识尚欠成熟。清乾嘉学者戴震在其《转语二十章序》④ 中首次提出因声求义的观点。其所云“俾疑于义者以声求之，疑于声者以义正之”“各从其声，以原其义”“以声求义，不限形体”等说法都反映了戴氏对利用声音线索探求语义的深刻认识。其后乾嘉学人纷纷阐发声音训诂的重要意义。乾嘉学者认为“义以音生，字从音造”⑤。“训诂之旨，本于声音，故有声同字异，声近义同。虽或类聚群分，实亦同条共贯。譬如振裘必提其领，举网必挈其纲。”⑥ 戴震的弟子王念孙、段玉裁等不仅在理论上推阐其说，且在实践中精于审音，发展其声训之法。如王念孙提出了声音通假的理论，并总结了因声求义的基本原则。他提倡“就

---

① 清儒凌廷堪云：“先生之学，无所不通，而其所由以至道者则有三：曰小学，曰测算，曰典章制度。……先生卒后，其小学之学，则有高邮王给事念孙、金坛段大令玉裁传之；测算之学，则有曲阜孔检讨广森传之；典章制度之学，则有兴化任御史大椿传之：皆其弟子也。”（《东原先生行状》，《国朝耆献类征初编》卷131。清光绪十七年(1891）增刻。

② 阮元：《经义述闻》序。

③ 章太炎：《检论·清儒》篇。

④ 其书已佚，《序》见《戴东原集》卷四。

⑤ 阮元：《揅经室集》。

⑥ 王念孙：《广雅疏证序》。

古音以求古义，引申触类，不限形体”①，并指出“大氏双声叠韵之字，其义即存乎声。求诸其声则得，求诸其文则惑矣”②。“训诂之旨，存乎声音。字之声同声近者，经传往往假借。学者以声求义，破其假借之字而读以本字，则涣然冰释；如其假借之字而强为之解，则诘为病矣。”③ 在具体的实践中他们对古音通假、联绵词、方言语转等现象都能因声以求义，准确训诂，避免穿凿附会之说。他们对古籍旧注做了很多疏证工作，在具体的疏证中，擅用音义关系原理，排比丰富的训诂材料，转相证发，推衍归纳，揭示规律。王念孙的《广雅疏证》、王引之的《经义述闻》、段玉裁的《说文解字注》就是这类疏证之作的典范。他们利用声训，从声音线索上探求词义，往往能说明所训之词含义之所以然，因而这种训释往往较之义训、形训更为精深。

清代学者的声音训诂的理论和实践对竹添光鸿撰述《左氏会笺》产生了深刻的指导意义。竹添氏在《左氏会笺》中也常常利用音近义通和音转原则，发明通假和方言音转现象，探索事物命名之源，系联同源词，辨证名物。例如，桓公二年传“锡、鸾、和、铃”，笺曰：“《毛传》曰：‘在轼曰和’……和字乃桓字，同音假借，车前轼两柱，如桓楹和门，然若以为音声之和，则误矣。”《左氏会笺》利用同音假借训释“和”之义，更符合原文语境，确为可信。

再如，定公三年传：“唐成公如楚，有两肃爽马，子常欲之。”笺曰：“《正义》云，《释畜》于马无肃爽之名。爽或作霜，贾逵云：‘色如霜纨。’马融说：‘肃爽，雁也。其羽如练，高首而修颈，马似之。’《玉篇》作骕骦，《广韵》作骕骦，皆后加偏旁字。‘九月肃霜’出《豳诗》，白马毛色似凝霜也。相如‘骕鹴裘’，亦以色白美名之。”竹添氏运用因声求义的方法，揭示了“肃爽”与“肃霜”“骕骦”的通假现象，并通过系联同源词，探讨音义关系，探求语源，说明了作为马、雁、鸟等事物名称的骕骦、骕鹴、肃爽都因与九月肃霜的特征有相类之处，获得音同、音近之命名。由此探明事物命名之源，辨明各种名物之实，并收到触类旁通，揭示规律的效果。

又如，定公四年“分康叔以大路、少帛、綪茷、旃旌、大吕”。笺曰：“綪茷二字盖染草名，茷韎同声，《晋语》注韎，茅蒐也，急疾呼茅蒐成韎；《仪礼》注齐人名蒨为韎韐，《小雅》《毛传》韎韐者茅蒐，染草也；郑笺，茅蒐，韎韐声也。《本草》注草之盛者为蒨，牵引为茹，连覆为芦，则蒨、茹、芦之名，取

① 王念孙：《广雅疏证序》。

② 《广雅疏证》卷六，第46页。

③ 王引之《经义述闻序》引王念孙之语。

此义也。据此知蒨茷即茹芦。”竹添氏利用方言音转和古音音近义通之理，探求了字、词音义关系，并辗转证明蒨茷即茹芦，绛茷、茅蒐、韎韐乃一物三名，其质本同，对这几种名物做了细致的辨证。又笺曰：“少与小，帛与白，古字并通，少帛即小白，《逸周书·克殷篇》‘县诸小白’，孔晁注：‘小白，旗名。’齐桓公名小白，盖以旗为名，若齐大夫栾施字子旗之类也。”竹添氏以古音求古义，辨别名物，指明少帛为旗名。

又如，定公九年传：“载葱灵，寝于其中而逃。”笺曰：“传之葱字即《说文》之囱字，在墙曰牖，在屋曰囱，或作窗，此假葱为之。灵即棂之假借，棂又作櫺，《说文》云：‘楯间子，谓纵横构小木以防出入者，我俗谓之格子是也。’”又，定公四年传：“其使祝佗从。”笺曰：“《诗·下泉》正义、《书·舜典》正义、《论语》疏引传并作‘祝鮀’，佗字子鱼，从鱼是也，作‘佗’假借字。《尔雅》‘鲨鮀’，郭注：‘今吹沙小鱼，体圆而有点文。’”又，定公四年传：“子期似王。”杜预注云：“子期，昭王兄，公子结。”笺曰：“《楚世家》期作綦，本字也。《夏官·弁师》‘王之皮弁会五采玉璂’，郑注，璂读如薄借綦之綦，綦，结也。皮弁之缝中，每贯结五采玉十二以为饰，谓之綦。《士丧礼》‘綦结于跗，又组綦系于踵’，郑注，綦，屦系也，所以拘止屦也。然则弁与屦之綦皆结也，故名结字綦。”如此之类，《左氏会笺》中屡见不鲜，均能利用音义关系，对名物词进行辨析。古书多假借字，是其难读的重要原因之一。清代学者甚至认为古籍通假现象太多，以致不明假借无以明训诂，当然不明训诂也就无以明义理；然而不通声训无以明假借，因此清人重视声训，重视以因声求义解决通假现象。这点也深深地影响了竹添氏。

这些运用因声求义之法进行的训诂正是对清代乾嘉学者声训研究成果的继承和发扬。正确运用声音训诂使《左氏会笺》中的字、词、名物的笺解更为深入、准确。利用因声求义以审音定义，通假借，明方言，推语源，不仅训释词义，且要探明该词含义之所以然。从声音线索探明词与词间意义关系，与简单说明词义相比，它已进入语言的领域，触及词义的本质，从而使其训释更为准确、深刻。总之，以声音训诂不仅令传统训诂精深细致，而且也使简单的词义训释进入语言领域，为汉语语言学研究提供了有用资料。近代学者章太炎就说：“夫治小学者，在于比次声音，推迹故训，以得语言之本。”① 现代学者黄季刚先生也曾说：“小学徒识字形，不足以究语言文字之根本”②，“文字之训诂，必

---

① 《国故论衡·小学略说》。
② 《音韵略说》。

以声音为之纲领"，而"完全之训诂，必义与声皆相应"①。这些都反映了训诂学研究者对以声音探求语言本质的重要性的清醒认识，也说明声训对语言研究的重要意义。由此可见受清儒影响重视声训的竹添氏之《左氏会笺》亦能有益于汉语语言学研究。在对因声求义原理的具体运用中，竹添光鸿除了能以形声字声旁求义外，主要用音同、音近、音转的字相训释，且能通过揭示释词与被释词间的这种语音关系以标明其义。

（三）

《左氏会笺》一书，详于礼制。重视礼制的考论，这也体现了清代朴学对其产生的影响。清代朴学家在古籍研究中，普遍重视典章制度问题。其中有些学者，则针对某部古籍，主要从礼制的角度出发作以研究。如清初学者毛奇龄的《春秋属辞比事记》将《春秋》二百四十二年一千八百多条记事分为二十二门，有改元、即位、生子、立君、朝聘、盟会、侵伐、迁灭、昏觌、享唁、丧葬、祭祀、蒐狩、兴作、甲兵、田赋、丰凶、灾祥、出国、入国、盗弑、刑戮，每门之下备列相关经文，并结合礼制加以考论。② 再如，万斯大撰《学春秋随笔》,《四库全书总目提要》云："其学根柢于《三礼》，故其释《春秋》也，亦多以礼经为据，较之宋元以后诸家空谈书法者有殊。"亦从礼学的角度阐释《春秋》。又如，乾嘉学者惠士奇著《春秋说》,《四库全书总目提要》称："是书以礼为纲，而纬以《春秋》之事，比类相从，约取三传附于下，亦间以《史记》诸书佐之。"可见也是联系礼制阐说《春秋》。还有些学者，则或以礼学名家，或在礼学方面很有成就。如秦惠田专治礼学，江永、戴震师徒则均能精研《三礼》，考证功力深厚，在礼学方面造诣颇深。台湾林庆彰指出："由于杜预《春秋经传集解》是一种古文学，故文学的特色是重视文字训诂，但注文简洁扼要，对山川地理、典章制度就无法深入讨论。至于宋学，大抵注意经中议论的发挥，

① 《文字声韵训诂笔记》。

② 今所见《春秋属辞比事记》只有七门，而毛氏《春秋毛氏传·总论》曰："今试观《春秋》二十二门，有一非典礼所固有者乎？毋论改元、即位、朝聘、盟会以至征伐、丧祭、蒐狩、兴作、丰凶、灾祥，无非吉、凶、军、宾、嘉五礼成数，即公行告至，讨贼征乱及司寇刑辟刺放赦宥，有何一非周礼中事？而《春秋》一千八百余条，栉比皆是，是非礼乎？故读《春秋》者，但据礼以定笔削，而夫子所为褒所为贬，概可见也。"据此知毛氏拟分二十二门，将《春秋》事迹完全纳入其中，与周礼联系起来进行研究。毛氏以为《春秋》记事完全不出这二十二门，显然他阐释《春秋》以礼为主。不仅毛氏，前代还曾有些学者也采取这种办法解说《春秋》，如元吴澄的《春秋纂言》，就将《春秋》记事分为七类，其中有五类是按周礼的吉凶军宾嘉五礼划分的。这也是联系礼制以阐说《春秋》。见毛奇龄《春秋毛氏传（卷一）·总论》，文渊阁《四库全书本》。

强调尊王、大一统，对于典章制度也不甚措意。清初以后，考据学大兴，对经典的研究和宋、明学者已大不相同，以前宋、明学者不太重视的文字校勘、山川地理、典章制度都得到适度的发挥。尤其是典章制度的探究，更是清人治经最主要的贡献之一。《皇清经解》和《皇清经解续编》中礼学的著作，占群经第一，即可得到证明。"①

总之，一方面，由于清代朴学家一般都注意典籍中的礼制问题，所以无论是礼学专著，还是典籍中相关的礼制研究成果都较丰富。这些成果特别是关于《春秋》经传的，均为竹添光鸿撰著《左氏会笺》直接提供参考。另一方面，清代学者注重礼制考论的精神也开启了风气，其对竹添氏笺注《春秋》经传详于礼制产生了很大影响。

竹添氏的《左氏会笺》能详于典制，这一点据台湾学者林庆彰和香港学者李维棻的研究可得到明证。李维棻在《竹添光鸿〈左传会笺〉论评》中指出竹添氏的笺注能深入探讨《左传》中典制之出处，李氏云："《左传》一书，详于典制，凡三代以上之文章礼乐，尚可考见其大凡，故于立制之因，变革之迹，皆应逐其始末，明其真相，而后乃有所论断焉。诸如：隐元年之论盟法，七年之论成昏，八年之论谥法，十一年之论简策，僖十五年之辨河东、河内，文二年之论明堂，宣十六年之论井田，成元年之论丘甲，八年之论媵妾，襄十二年之辨大小宗，二十七年之论乘邑，又论内外朝，二十八年之论超辰之限，二十九年之论坐跪，昭元年之论享宴，又考太原，四年之论夹室，十二年之论投壶，二十五年之论拜礼，哀二年之论封建，又论棺椁……凡此皆旁征博引，反复推求，可谓纵横融洽，折衷一是。"

林庆彰则更为细致地举例说明了《左氏会笺》详于典制的特色。他说：

> 竹添氏在清人学风的影响下，重视文字校勘、纠补杜预注之失，详释山川地理和典章制度。这些都可以从《左传会笺》的"笺曰"看得出来。虽然竹添氏引用各家说法对杜预注作了相当详细的补注，关注的层面相当广，但如果仔细分析，仍可看出竹添氏对《左传》中各种典章制度的重视。因此，在笺注的过程中，一碰到各种古代的典章制度，即以相当大的篇幅来作诠释。在诠释过程中，旁征博引各种资料，来证成己说，以达到明经的目的。

① 林庆彰分析说，如将《皇清经解》和《皇清经解续编》中有关礼学总论和三礼的著作合并计算，约占两书所收种数的四分之一。

> 通观《左传会笺》中解释典章制度的例子，如隐公元年论盟法，隐公七年论成昏，隐公八年论谥法，桓公二年论鞶厉游缨、火龙黼黻，僖公八年论寝宫，文二年论明堂，宣公十六年论井田，成公元年论丘甲，成公八年论媵妾，襄十二年辨大小宗，论周公之庙，襄公二十七年论乘邑、论内外朝，襄公二十九年论坐跪，昭公元年论享宴，昭公四年论夹室，昭公十二年论投壶，昭公二十五年论拜礼，哀公二年论封建、论棺等，都可以说尽可能详细地解说了这些典章制度。如果把这些条目的资料汇集成一书，也可以说是一部礼制辞典。①

林庆彰为能呈现《左传会笺》解释典章制度的大概面貌，选取数例进行了具体分析。如隐公七年论成昏，林氏指出“竹添氏对成昏有较详细的论述”，“竹添氏首先为成昏下定义，再举《左传》中有关成昏的例子，并辨证前人对成昏的误解”；成公八年论媵妾，林氏指出，竹添氏对媵妾做了解释，“竹添氏以为媵如果是妾，齐、晋是强国，何以愿意将女儿送到鲁国为媵妾？引《楚辞》朱注，认为媵是送的意思，并引万斯同的话，来证明自己的观点”；襄公二十九年论坐跪，林氏指出，竹添氏“此详论坐、跪、箕踞之不同，以为箕踞为大不敬之行为，三代所无”；昭公十二年论投壶，林氏指出，“杜预对投壶之礼并没有注释”，“竹添氏依据《正义》并加以论述”，他“除引《正义》说明投壶执行之方法外，投壶所需的用具，如矢、筭、壶的形制也都有所论述。另外，竹添氏也引了熊过和黄宗羲各一大段话作为辅助资料，则投壶礼如何执行，各种用具的形制，历来执行此礼的相关记载，都可在竹添氏的‘笺曰’得到相当充分的资料”；昭公二十五年论稽颡，林氏指出，杜预无注，竹添氏“除解释稽颡的意义外，又将《左传》中与稽颡有关的事例引出，一一加以说明，然后再引黄以周之言，证成稽颡为凶拜的说法”。②

林庆彰强调说：“从上述所引数则竹添氏注解《左传》中典章制度的例子，吾人可以得到数点启示：其一，杜预《左传》，由于受到当时条件的限制，加上古学者只重训诂，所以队《左传》中的典章制度，并没有作详细的注释。其二，清代考据学家特别重视典章制度，有关三礼的著作特别多，竹添氏注《左传》

① 林庆彰《竹添光鸿〈左传会笺〉的解经方法》，载《日本汉学研究初探》，第 60 – 64 页。

② 林庆彰《竹添光鸿〈左传会笺〉的解经方法》，载《日本汉学研究初探》，第 60 – 64 页。

时，自克从这些礼学著作中取得所需的资料。这也是《左传会笺》一书特详于礼制的原因。"①

当然《左传会笺》中深入讨论礼制问题的地方很多，再如：

隐公元年传："赠死不及尸，吊生不及哀。"

杜注云："诸侯已上，既葬则缞麻除，无哭位，谅暗终丧也。"

案，杜注显然主短丧之说。《会笺》认为"杜注显与礼悖"，引《左传》载子产为郑伯辞享景王晏乐事、《礼记·曾子问》《曲礼》《聘礼》《丧服小记》《杂记》《檀弓》《郊特牲》《国语·周语》《尚书·周书·顾命》《汉书·律历志》转引"伊训"、汪中《述学·居丧释服解义》等驳杜预短丧之说。顾炎武《补正》云："杜氏主短丧之说，每于解中见之，谓既葬除丧，谅闇三年，非也。改云：'不当既封反哭之时。'"② 顾氏说可为竹添氏驳杜增加一佐证。惠栋曰："荀卿云：'（案《荀子·大略篇》）货财曰赙，舆马曰赗，衣服曰襚，玩好曰赠，玉见曰含。赙赗所以佐生也，襚所以送死也，送（案：杨伯峻注引曰："《说苑·修文篇》作赠。"）死不及柩尸。吊生不及悲哀，非礼也。'赠吊及事，礼之大也。荀卿所称乃时王之礼，故左氏依以为说。杜元凯（杜预字）遂借以文其短丧之说，诞之甚，妄之甚。"③ 由此知该句语出自荀卿，左氏择句为文，本依荀卿之义，以为时语，人人皆知。而至西晋杜预，世易时移，语境变迁，元凯不查荀子本义，因左氏语，断章取义，理解偏误。顾、惠说足证《会笺》之确，由此可见，《会笺》不仅刊正了杜注，也对符合古礼的丧葬制度和习俗做了阐释。

《左传会笺》中诸如此类的有关礼仪典章制度的解说由于篇幅较大，征引材料丰富翔实，证说充分，一般都具有探讨研究性质，而非简单注释，能够为研究者提供借鉴。这也是它和杜预《春秋经传集解》及作为读本的杨伯峻的《春秋左传注》在注释体裁上的不同所带来的优势。

### 三、清代学术对《左氏会笺》笺注特点的影响

从竹添光鸿笺注《左传》的特点上看，其《左传会笺》一书今古兼采，经史结合，汉宋兼综，也体现出清人对他的深刻影响。

---

① 林庆彰《竹添光鸿〈左传会笺〉的解经方法》，载《日本汉学研究初探》，第60－64页。

② 《左传杜解补正》卷上，"吊生不及哀"条，第1页。

③ 《左传补注》卷一"赠死不及尸，吊生不及哀"条，第2页。

## （一）

乾嘉学者虽崇汉抑宋，尊奉古文经学，但很多学者在古学研究实践中却能古文经学与今文经学兼用。如惠士其“论《春秋》曰，《春秋》三传，事莫详于《左氏》，论莫正于《谷梁》，宣子见鲁《春秋》，说《周礼》尽在鲁国。《春秋》本《周礼》以记事。左氏褒贬，都是《春秋》诸儒之论，故记事皆实，而评论或未公。《公羊》不信国史，惟笃信其师说，师所未言则以意逆之，故所失常多。要之，《左氏》得诸国史，《公》《谷》得之师承，虽互有得失，不可偏废。……夫《春秋》无《左传》，则二百四十年，盲焉如坐闇室之中矣。《公》《谷》二家，即七十子之徒所传之大义也。后之学者，当信而好之，择其善而从之。若徒据孟子‘尽信书不如无书’之说，力排而痛诋之，吾恐三传废而《春秋》亦随之而亡也。《左氏》最有功于《春秋》，《公》《谷》有功兼有过。学者信其所必不可信，疑其所必无可疑，惑之甚者也”①。可见惠氏虽重古文经《左传》，却主张不可偏废《公》《谷》。惠氏三代传经，属家学，其学术有继承性。再如段玉裁则以小学大师的才识尊《左》而不废《公》《谷》，择善而从，著《春秋左氏古经》。② 这些卓然有识的学者今古兼采的治学风范也使竹添氏受到了一定的熏染，所以他在《左氏会笺》中亦能以古为宗，今古兼用。

另外，乾嘉学者对《春秋》《左传》的研究，尊古信汉，即重于文字声韵训诂和名物制度、史实的考证，又注意对经传义理加以阐发和辩驳。他们几乎都承认《春秋》中有褒贬，不仅重视《左传》，也承认《公羊》《谷梁》二传的解经作用。③ 他们中绝大多数人认为褒贬寓于记事中，通过叙事是非自显。他们强调在训诂考据的基础上弄清实事，探明文意，以阐发经传义理，避免空发议论；但也有少数学者接受“一字褒贬”，以“义例说经”的观点④。

从《左氏会笺》的注疏中可以看到，乾嘉学者即重训诂考据，又兼顾经传义理的研究特点，也给竹添光鸿带来不小的影响。

---

① 江藩：《汉学师承记》卷二，上海书店 1983 年版，第 20 页。

② 沈玉成：《春秋左传学史稿》，第 292 页。

③ 如陈寿祺在《答高雨农舍人书》中云：“《左氏》之博于史，《公》《谷》之核于经，则言《春秋》者之津梁也，岂得执其一二以废百哉！听远者闻其疾而不闻其舒，望远者察其貌而不察其形。《左氏》《公》《谷》去圣人之世犹近，遗闻绪论，宜有所受。设无三传，则《春秋》孤行数千载以至于今，虽圣哲复生，奚据以稽其文与事而断其义，学者恶能道此经只字哉。”载《左海文集》，《皇清经解》卷一千二百五十四。

④ 如陈寿祺虽属考据派学者，却接受公羊家、谷梁家“一字褒贬”说和“义例说”。

## (二)

关于经史关系的讨论，在传统学术史上是一个由来已久的命题。洎自汉武帝“罢黜百家，独尊儒术”以降，儒家的六籍就被奉为经典而获得学术上的独尊地位。时至魏晋南北朝，郑默、李充、荀勖之侪又设立四部以归坟籍，而经史遂分二途。经史关系的讨论也就以此后隋王通《文中子》[①] 之说为肇端，迄至清季民初纷然不绝。有一大批学者诸如隋王通、唐陆龟蒙[②]，宋陈傅良、王应

① 王通《文中子中说·王道》谓：“圣人述史三焉，其述《书》也，帝王之制备矣，故索焉而皆获；其述《诗》也，兴衰之由显，故究焉而皆得；其述《春秋》也，邪正之迹明，故考焉而皆当，此三者，同出于史而不可杂也，故圣人分焉。”（商务印书馆 1930 年版）关于经史关系的讨论，有些学者认为更早起于班固《汉书·艺文志》的“《春秋》《尚书》出于史官”之论，即班氏所袭刘向、刘歆父子《七略》之义。《汉书·艺文志》云：“古之王者世有史官。君举必书，所以慎言行，昭法式也。左史记言，右史记事，事为《春秋》，言为《尚书》，帝王靡不同之。”班氏将已列为圣经的《尚书》《春秋》视为史，这与王通将经看作先王之典制、陈迹同出一辙，即以经史乃同源之体。

② 陆龟蒙谓：“书则记言之史也。史近《春秋》，《春秋》则记事之史也。六籍中独诗书易象与鲁春秋经圣人之手耳。《礼》《乐》二记，虽载圣人之法，近出二戴，未能通一纯实，故时有龃龉不安者。盖汉代诸儒争撰而献之，求购金耳。记言记事，参错前后，曰经曰史，未可定其体也。按经解则悉谓之经，区而别之，则《诗》《易》为经，《书》与《春秋》实史耳，学者不当浑而言之。且经解之篇句名出於戴圣耳，王辅嗣因之以《易》为经，杜元凯因之以《春秋》为经。孔子曰：‘学诗乎？学礼乎？易之为书也，原始要终。知我以《春秋》，罪我以《春秋》。’未尝称经，称经非圣人之旨也。盖出於周公谥法，经纬天地曰文故也。有经书必有纬书。圣人既作经，亦当作纬。譬犹织也，经而不纬，可成幅乎？纬者且非圣人之书，则经亦后人强名之耳，非圣人之旨明矣。苟以六籍谓之经，习而称之可也。指司马迁、班固之书谓之史，何不思之甚乎？六籍之内，有经有史，何必下及子长孟坚，然后谓之史乎？孔子曰：‘吾犹及史之阙文也。’又曰：‘质胜文则野，文胜质则史。’又曰：‘董狐古之良史也。’此则笔之曲直，体之是非，圣人悉论而辨之矣。岂须班马而后言史哉？以《诗》《易》为经，以《书》《春秋》为史足矣，无待於外也。”（《全唐文》卷八百，中华书局 1983 年版）

麟①、苏洵②、刘恕③、叶适④、胡三省⑤，元刘因⑥、郝经⑦，明宋濂⑧、王阳

---

① 王应麟谓："《文中子》言圣人述史三焉，《书》《诗》《春秋》三者同出于一，陆鲁望谓：'六籍之中，有经有史，《礼》《诗》《易》为经，《书》《春秋》实史耳。'舜，皋陶之《赓歌》《五子之歌》皆载于《书》，则《诗》与《书》一也，《文中子》之言当矣。"（《困学纪闻》卷八《经说》，商务印书馆1959年版）

② 苏洵云："经以道法胜，史以事词胜。""体不相沿，而用实相资焉。"（《嘉祐集》卷八《史论上》，文渊阁四库全书本）

③ 刘恕认为："古有史而无经，《尚书》《春秋》皆史也；《诗》《易》者，先王所传之言；《礼》者，先王所立之法，皆史也。"（《资治通鉴外纪序》，见《资治通鉴外纪》，商务印书馆1929年版）

④ 叶适："经，理也；史，事也。""专于经则理虚，专于史则事碍而不通。"（叶适：《叶适集·水心别集》卷十二，中华书局1960年版）

⑤ 胡三省反对重经轻史，提倡经史并重，经与史同。

⑥ 刘因谓："在吾目中，学史亦有次第，古无经史之分，诗书春秋皆史也。因圣人删定笔削，立大经大典，即为经也。史之兴自汉代始。"（《静修续集·叙学》，长洲顾氏秀野草堂清康熙三十三年（1694）刻本）

⑦ 郝经："古无经史之分。孔子定六经，而经之名始立，未始有史之分也。六经自有史耳，故《易》即史之理也；《书》，史之辞也；《诗》，史之政也；《春秋》，史之断也；《礼》《乐》，经纬于其间矣，何有于异哉！至于司马迁父子为《史记》，而经史始分矣。其后遂有经学、有史学，学者始二矣。"（《陵川集》卷十九《经史论》，文渊阁四库全书本）

⑧ 宋濂《龙门子凝道记》卷下《大学微》谓："或问龙门子曰：'金华之学，惟史学最优，其于经则不密察矣，何居？'龙门子曰：'何为经？'曰：'《易》《诗》《书》《春秋》是也。'曰：'何为史？'曰：'迁，固以来所著是也。'曰：'子但知后世之史，而不知圣人之史也。《易》《诗》固经矣，若《书》若《春秋》，庸非虞夏商周之史乎？古之人何尝有经史之异哉？凡理足以牖民，事足以弼化，皆取之以为训耳，未可以歧而二之。谓优于史而不密察于经，曲学之士固亦有之，而非所以议金华也。'"（《宋濂全集》，浙江古籍出版社1999年版）

明、王世贞、胡应麟、李贽①、薛应旂②、丰坊③、沈国元④、何景明⑤、徐中行⑥、

---

① 李贽云："经史一也。史而不经，则为秽史矣，何以垂借鉴乎？经而不史，则为说白话矣，何以彰事实乎？故《春秋》一经，春秋一时之史也。《诗经》《书经》二帝三王以来之史也。而《易经》则又示人以经之所自出，史之所自来，为道屡迁，变易匪常，不可以一定执也。故谓六经皆史可也。"（《焚书》卷五《经史相为表里篇》，中华书局1961年版）

② 薛应旂："古者左史记言，右史记事。事为《春秋》，言为《尚书》，经史一也。后世史官咸推迁！固，然一则退处士而进奸雄，一则抑忠臣而饰主阙，殆浸失古意而经史始分矣。朱晦翁谓吕东莱好读史遂粗着眼。夫东莱之造诣不敢妄议，若以经史分精粗，何乃谓精义？入神之妙，不外于洒扫应对之间也！"又谓："苏洵氏谓：'经以道法胜，史以事词胜。'而世儒相沿，动谓经以载道，史以载事。不知经见于事，事寓乎道，经亦载事，史亦载道，要之不可以殊观也。"（《宋元通鉴》卷首《凡例》，明天启刻本）

③ 丰坊曰："人有言：经以载道，史以载事。事与道果二乎哉？吾闻诸夫子：'下学而上达。'子思亦云：'率性之谓道。'性也者，天理也；道也者，人事也。人事循乎天理，乃所谓道，故古之言道者，未始不征诸事也。言道而遗于事，老之虚，佛之空而已矣！故曰：'我欲载之空言，不如见之行事之深切著明者也。'空言美听，而非践履之实用，行事有迹，而可以端趋舍之涂，是故《诗》!《书》已删，《礼》《乐》□正，必假《鲁史》修《春秋》，以为《诗书礼乐》之用，必征诸行事而后实也。经与史果二乎哉？繄'六经'赖夫子而醇，诸史出于浮士而杂，非经史之二也，存乎其人焉尔！"（丰坊：《世统本纪序》，见黄宗羲《明文授读》卷三十一，齐鲁书社影印《四库全书存目丛书》集部，册401）

④ 沈国元说："经以载道，史以纪事，世之持论者或歧而二之，不知道无不在，散于事为之间，因事之得失成败，可以知道之万世无弊，史之所系綦重矣。"（沈国元：《二十一史论赞》卷首《自序》，《四库全书存目丛书》史部，册148）

⑤ 何景明《汉纪序》云："夫学者谓经以载道，史以载事。故凡讨论艺文，横生事理，而莫知反说讫无条贯，安能弗畔也哉！《易》列象器，《书》陈政治，《诗》采风谣，《礼》述仪物，《春秋》纪列国时事，皆未有舍事而议于无形者也，夫形，理者，事也；宰事者，理也，故事顺则理得，事逆则理失。天下皆事也，而理征焉，是以经史者皆纪事之书也。"（《何大复先生集》卷三十四，清乾隆赐策堂刻本）

⑥ 徐中行《史记百家评林序》云："夫《易》始庖牺，《诗》逮列国，及《礼》!《乐》之治神人，何者非事，何者非言，何者非记而不谓之史？故《易》长于史，《诗》陈于史，《礼》!《乐》昭于史，老聃居柱下，夫子就皤十二经，经藏于史，尚矣。"（《天目先生集》卷十三，明代论著丛刊第三辑，台北伟文图书出版社有限公司）

闻人诠①、何良俊②、潘府③、顾应祥④、汤明善⑤、许诰⑥、钱谦益⑦，清顾炎武、全祖望、章学诚⑧、王鸣盛、钱大昕、袁枚⑨、卢文弨⑩、龚自珍⑪、章太

---

① 闻人诠在《重刻旧唐书序》中云："书以记事，漫闻为聩，事以著代，间逸则遗，是故史氏之书与天地相为始终，'六经'相为表里。疑信并传，阙文不饰，以纪事实，以昭世代，故'六经'道明，万世宗仰，非徒文艺之夸诞而已也。"（转引自杨翼骧《中国史学史编年》第三册，南开大学出版社1999年版，第288页。）

② 何良俊云："史之与经，上古原无所分。如《尚书》之《尧典》，即陶唐氏之史也；其《舜典》，即有虞氏之史也；《大禹》《皋陶谟》《益稷》《禹贡》，即有夏氏之史也；《汤誓》《伊训》《太甲》《说命》《盘庚》，即有殷氏之史也；《泰誓》《牧誓》《武成》《金滕》《洛诰》《君牙》《君奭》诸篇，即有周氏之史也。孔子修书，取之为经，则谓之经。即太史公作《史记》，取之以为五帝三王纪，则又谓之史，何尝有定名邪?"（《四友斋丛说》卷五《史一》，中华书局1959年版）

③ 潘府曰："五经皆史也，《易》之史奥，《书》之史实，《诗》之史婉，《礼》之史详，《春秋》之史严，其义则一而已矣。"（《南山素言》，江苏广陵古籍刻印社1990年版）

④ 顾应祥《人代纪要自序》云："自夫书契既立，人文日开，于是乎始有简册以纪之。唐虞有典，三代有书。以其载道而谓之经，以其纪事而谓之史，其实一也。《春秋》者，鲁国之史也，孔子取而笔削之，遂得与经并传，其余并传者多矣。"（分见顾应祥《人代纪要》卷首。《四库全书存目丛书》影印明刊本）

⑤ 《人代纪要》的汤明善《序》云："史，一经也；经，一理也。吾心之中万理咸备，以心之理而观经，则理不在经而在心；以经之理而观史，则史不以迹而以理，其迹参乎史，其理准乎经，进退予夺森然，曰政以代殊，理本则一。"（见《四库全书存目丛书》影印嘉靖刊许诰《通鉴纲目前编》卷首）

⑥ 许诰《通鉴前编序》云："经以载道，史以纪事。因行事善恶以示劝戒，是史亦载道也。"（《有学集》卷三十八，四部丛刊本）

⑦ 钱谦益《答杜苍略论文书》云："'六经'之中皆有史，不独《春秋》三传也。"

⑧ 章氏在《文史通义·易教（上）》《答客问（上）》及《章学诚遗书·丙辰札记》诸著作中多次提及"六经皆史"，并对其内涵做了深刻阐释。

⑨ 袁枚谓："刘道原曰：历代史出于春秋。刘歆七略，王俭，皆以史，汉附于春秋而已。阮孝绪七录，才将经史分类，不知古有史无经。尚书，春秋皆史也；诗，易者，先王所传之言；礼者，先王所立之法，皆史也。故汉人引论语，孝经皆称传不称经也。六经之名，始于庄子，经解之名，始于戴圣。历考六经，无以经字作书名解者。"（《随园随笔》卷二十四《诗文著述类》，大达图书供应社1935年版）

⑩ 1776年卢文弓召在湖南主持科举考试，要求举子们重新讨论经史关系："问：史之与经异用而同源，《尚书》《春秋》圣人之史也，进乎经矣。后世祖之，分为二体，可得析而言之欤?"

⑪ 龚自珍《古史钩沉论二》（或题《尊史二》）说："周之世官大者史。史之外无有语言焉；史之外无有文字焉；史之外无人伦品目焉。史存而周存，史亡而周亡。……经之名，周之东有之。夫六经者，周史之宗子也。"又说："诸子也者，周史之小宗也。若道家，若农家，若杂家，若阴阳家，若兵，若术数，若方技，其言皆称神农、皇帝。神农、皇帝之书，又周史所职藏，所谓三皇、五帝之书者是也。"（《龚自珍全集》，上海人民出版社1975年版）

炎等人的阐述都直接或间接地表明了"六经皆史"的观点。① 其中王阳明的提法最有启发性，章学诚的论说最有影响力。王阳明以理和事的相辅相成，不可分割的密切关系为基础，从经史同源的角度分析了古无经史之别，经史合一的传统学术特点，明确提出了"五经皆史"的说法。因秦燔以后，乐书散佚，六经剩为五经，所以"五经皆史"，即为"六经皆史"。王阳明之后，学者继踵而起，发挥、推阐"六经皆史"说者比比皆是，这就使古无经史之分、经即史的观念深入人心，成为明清以来人们较为普遍的认识。② 乾嘉学者章学诚集前人之大成，在总结王阳明等人论说的基础上，直接使用"六经皆史"的概念，并丰富了"六经皆史"说的内涵。他说："古人未尝离事而言理，六经皆先王之政典也。"③ "三代学术，知有史而不知有经，切人事也"，"府史之史，庶人在官供书役者，今之所谓书吏是也；五史，则卿、大夫、士为之，所掌图书、纪载、命令、法式之事，今之所谓内阁六科、翰林中书之属是也。官役之分，高下之隔，流别之判，如霄壤矣。然而无异义者，则皆守掌故，而以法存先王之道也"④。章氏指出，三代官守制度典章，以法存先王经世之道，官吏所载所藏之书皆为史，非圣人有意立言以为后世尊奉之经典，"经"是后人根据自己的需要，而树立之名。他说："六经不言经，三传不言传，犹人各有我而不容我其我也。依经而有传，对人而有我，是经传人我之名，起于势之不得已，而非其质本尔也。""而儒者著书，始严经名，不敢触犯，则尊圣教而慎避嫌名，盖犹三代以后非人主不得称我为朕也。然则今之所谓经，其强半皆古人之所谓传也。古之所谓经，乃三代盛时，典章法度见于政教行事之实，而非圣人有意作为文

---

① 关于"六经皆史"的溯源问题的考论，可以参钱钟书《谈艺录》八六章"实斋与随园""六经皆史"，（载《谈艺录》（补订本），中华书局1984年版，第263－266页）。凡钱钟书先生已经征引者，本书皆从略，不再于小注中标明。

② 钱玄同《重论经今古学问题》中说："考'六经皆史'之说，始于宋之陈傅良，其后明之王守仁，清之袁枚，章学诚，龚自珍，及章太炎师皆主此说。陈、王、袁、章四氏，不但非古文家，且非经学家；龚氏则为今文家；为章君为古文家耳。然则云'六经皆史'之说为古文家言者，非也。……但前于三氏之今文家龚自珍即主'六经皆史'之说。（《钱玄同文集》第四卷，中国人民大学出版社1999年版）清嘉、道以来，许多承袭乾嘉学风的汉学家也都有经史并重的认识。如俞樾曾致函李鸿章，建议应以"经史实学为主"培养人才，提倡："省会书院，宜存贮《十三经》《廿四史》及周、秦诸子之书，诸生中有笃学嗜古者，许其赴院读书，师友讲习，以求实学，或亦造就人才之助乎。"（俞樾：《与李少荃同年前辈》，《俞曲园尺牍》第6页。上海文明书局民国十一年（1922）《近代十大家尺牍》刊本）段玉裁也称："何谓有用之书，经史是也。"（段玉裁：《与外孙龚自珍札》，载《经韵楼集》卷9，第15页）

③ 章学诚：《易教上》，叶瑛：《文史通义》卷一内篇一。

④ 章学诚：《史释》，叶瑛：《文史通义》卷三内篇三。

字以传后世也。"①"三代以前，《诗》《书》、六艺，未尝不以教人，非如后世尊奉六经，别为儒学一门而专称为载道之书者。盖以学者所习，不出官司典守、国家政教；而其为用，亦不出于人伦日用之常。是以但见其为不得不然之事耳，未尝别见所载之道也。"② 后世为经作传者，以意尊经，使儒家六经获得至高无上的地位。而在三代并无经史之分，后世的经，即三代的史。章学诚从史学发展渊源出发，指出后世奉为圭臬的儒家六经，都是记载三代的典章制度的载籍，是当时的时政制度的记载，是史。以此说明六经皆史，古无经史之别。章学诚在《文史通义》等著作中深刻而明晰地揭示了传统学术体系中经史同源、经史互动的特点，为人们更加透彻地理解封建社会经学独尊的文化背景下六经的本质、经史关系的本质奠定了心理基础。可以说，章氏的"六经皆史"说将学术史上的有关经史关系问题的讨论提高到了一个崭新的高度。章氏以后，虽然讨论者不乏其人，但始终不出章氏"六经皆史"的定论，足见其影响力之大。当然，不同时代不同学术环境中的学者，关于经史关系的讨论和经即史、六经皆史的说法，其所体现的具体学术理念和学术精神是各不相同的，其所包含的学术内涵也是十分复杂和丰富的，不可一概而论。这点因与本文无涉，不加赘言。这里需要强调的是，无论诸家学者的讨论内容多么复杂，其中有一点是十分确定的，就是关于"经即史""六经皆史"的说法表明了六经所具有的亦经亦史的学术性质，也反映了人们对这一性质的深刻认识。

就《春秋》《左传》而言，有关《左传》传不传《春秋》，《春秋》《左传》是经还是史等经传关系、经史关系问题的讨论是伴随着经学史上的经今、古文之争而展开的。关于《左传》的经史之辨，这也是传统学术史上一个历久弥新的命题。它的历史比经史关系的讨论还要悠长，肇自儒家经术获得独尊地位的汉代，经学内部今、古文学派、史学家、理学家等争论不休，以迄清季民初，随着封建政权的灭亡和经学神圣地位的崩溃才终告消歇。可以说，《春秋》《左传》的经史之辨问题的讨论贯穿了整个传统学术发展史的始终，贯穿了整个《春秋》《左传》学发展史的始终，是一个颇为引人注目的问题。

简言之，今文经学为了保持学术上、思想上、政治上的权威，必须排挤古文经学，今文学派以《春秋》为经，认为《左传》是史，"自是一家书，不主

① 章学诚：《经解上》，叶瑛：《文史通义》卷一内篇一。
② 章学诚：《原道中》，叶瑛：《文史通义》卷二内篇二。

为经发"①，力倡《左传》不传《春秋》之说②，以此否定《左传》的经典地位，甚至否定《左传》的学术价值。古文经学为了在经学处于学术统治地位的条件下，占有一席之地，坚持《左传》为传《春秋》而作，以此争得《左传》的经学地位，证明《左传》的学术价值。一般来说，今、古文学派对《春秋》《左传》的经、史性质，及《春秋》《左传》关系的看法大致如此。但随着讨论的深入和后代学者经史关系认识的加深，以及客观求实的学术精神的增强，古文经学派对《春秋》《左传》经、史性质的认识是有变化的。如汉代的古文经学家是把《春秋》《左传》都看作经的，并以此为据证明《左传》是解释《春秋》的。魏晋以来，随着社会普遍历史意识的自觉增强，古文经学家们才逐渐认识到《春秋》《左传》中包含的史的成分。比如杜预的《春秋经传集解序》

---

① 《晋书·王接传》。

② 清代今文经学家皮锡瑞在《经学通论》中指出："史是据事直书，不立褒贬，是非自见；经是必借褒贬是非，以定制立法，为百王不易之常经。""说《春秋》者，须知《春秋》是孔子作，作是做成一书，不是抄录一过。又须知孔子所作者，是为万世作经，不是为一代作史。"（《经学通论·春秋通论》）皮氏以有无褒贬之论作为判断经史的唯一标准，定《春秋》为经，而将《左传》定为史，所以极力说明《左传》的解经语是后人窜入。他说："左氏于叙事中搀入书法，或首尾横决，文理难通。如《郑伯克段于鄢》传文，'太叔出奔'下，接'书曰郑伯克段于鄢'，至'不言出奔，难之也'云云，乃曰'遂置姜氏于城颍'，遂字上无所承，文理鹘突。若删去'书曰'十句，但云'太叔出奔共，遂置姜氏于城颍'，则一气相承矣。其他'书曰''君子曰'，亦多类此，为后人搀入无疑也。"（《经学通论·春秋通论》）由此，皮氏提出《左传》根本不解经。皮氏关于《左传》的解经语是后人添加的观点，赵伯雄先生在《春秋学史》中已详加辨驳。赵先生指出这些解经语与史实部分在文气上不够贯通，"主要与左氏处理史料的方式有关"。左氏在编撰《左传》时，没有进行整体创作，而是多处直接采用了现成的史料，其中穿插自己的议论褒贬。因而致使记事与解经语两部分在叙述上不能浑然一体。（详参赵伯雄《春秋学史》，第 19 – 28 页）皮氏的这些阐释就将经、传关系完全割裂了，这并不符合传统学术史的发展实际。汉唐以来很多学者认识到了《左传》的史实对揭示《春秋》义理的作用，并借助《左传》研究《春秋》。所以传统的《春秋》学研究都会涉及《左传》，而《左传》学研究也自然包括《春秋》。更何况，《左传》中确实有很多史事与《春秋》经文的记载相对应相比附。（赵伯雄指出，其从《左传》的传经方法，传所载史事与经本事的联系等角度讨论了无经之传的解经问题，发现很多无经之传实则远承经文。参见赵伯雄《左传无经之传考》，《文史》1999 年第四辑及《春秋学史》，第 28 – 34 页）退而言之，设若皮氏的说法成立，原本《左传》并无解经语，仅是史事的记载，是史。即便如此，传统史学也强调发挥警惩的社会功能。史官撰史往往会通过选择、剪裁、安排史料以体现其惩恶扬善之意，完全不蕴含史官思想的史籍是不存在的。这与孔子修经以见圣人之义，在维护人伦、纲常，宣扬政治教化方面，本质上并无二致。

就对《春秋》和《左传》的史的性质做了挖掘和阐释,[1] 在《春秋经传集解序》中杜预指出,《春秋》是"仲尼因鲁史策书成文",是鲁史。孔子对旧有史官记载虽作了笔削,但只是"其教之所存,文之所害,则刊而正之,以示劝戒,其余则即用旧史",所以《春秋》是"经承旧史,史承赴告"[2];而《左传》是随《春秋》而发的,作者"左丘明受经于仲尼……身为国史,躬览载籍,必广记而备言之",用"辞义赡富"的史实解释、补充《春秋》,敷衍《春秋》大义。[3] 一方面慑于传统经学独尊的思想威权,一方面为了保持古文经学的正统地位,作为古文经学家的杜预并不敢公开对抗传统,明言《春秋》《左传》为史。但在论述中处处表达了他对《春秋》《左传》所具有的史的性质的体悟。而时至晚清,由于政治危机、思想危机重重,封建政权受到打击,出现衰颓之势,经学在学术上的统治地位也发生了动摇,经尊史卑、荣经陋史的观点已经被打破,许多包含着科学性的认识也都出现在有关《春秋》《左传》的经史之辨中。继两汉之后,在晚清的又一次经今、古文之争的高潮中,古文经学家为了彻底反击今文经学家否定《左传》的学术价值,以《左传》为史,认为《左传》不传《春秋》的说法,公开指出《春秋》是史,《左传》也是史,以肯定

---

① 近代学者方孝岳说:"杜预虽不以史言《左传》,然求《左传》之史意者,实亦不能舍预之言。"《左传通论·史意篇》第十八章,《刘知几所明〈左传〉之史学》,第43页。

② 杜预:《春秋经传集解序》曰:"仲尼因鲁史策书成文,考其真伪而志其典礼,上以遵周公之遗制,下以明将来之法。其教之所存,文之所害,则刊而正之,以示劝戒。其余皆即用旧史,史有文质,辞有详略,不必改也。"杜预指出了孔子以鲁史旧文为基础,在某些不符合纲常、人伦,不体现赏罚之义的地方作了"刊正"。这个阐释已暗含了《春秋》经源出于史之论。《孟子》云:"王者之迹熄而《诗》亡,《诗》亡然后《春秋》作,晋之《乘》,楚之《梼杌》,鲁之《春秋》,一也:其事则齐桓晋文,其文则史,孔子曰:'其义则丘窃取之矣。'"从孟子的论述中不难看出孔子因鲁史作《春秋》,《春秋》事义兼顾,是经源出于史。杜预的"经承旧史"之说盖源出于此。

③ 杜预:《春秋经传集解序》,《十三经注疏》本。

《左传》对《春秋》的解释作用，从而肯定了《左传》的学术价值。①

由经学内部今、古文之争而引发的《春秋》《左传》的经史之辨，唐宋以来受到了越来越多的学者，不仅仅经学家，还有诸如史学家、理学家等经学以外学者的关注。如唐陈商说："孔子修经……与司马迁、班固等列。"② 他就把被归属于正统经学体系的《春秋》看作了史。当然，唐宋学者对《春秋》《左

① 晚清今文经学与古文经学之争又掀起了一个高潮。在《春秋》《左传》研究上，其争论的重点仍然是《左传》传不传《春秋》，这自然涉及《春秋》《左传》的经史之辨。今文经学家承续西汉今文学家的观点，极力否定《左传》的经学地位。首倡者刘逢禄作《左氏春秋考证》，彻底否定《左传》的解经作用，把《左传》完全看作史学，企图将《左传》从经学中排挤出去。其后皮锡瑞、康有为等都以《左传》是史，不传《春秋》为说。皮氏说："然《左氏》记载诚善，而于《春秋》之微言大义……无特立褒贬之义。"又说："刘氏（刘逢禄）以为刘歆改窜传文，虽未见其必然，而《左氏传》不解经，则杜、孔极祖《左氏》者，亦不能为之辨。"（《经学通论·春秋通论》）康氏云："《左传》详文与事，是史也，于孔子之道无与焉；惟《公羊》独详《春秋》之义。"（康有为《春秋董氏学自序》，《春秋董氏学》，中华书局 1990 年版）而晚清古文学家以章太炎、刘师培为代表，提出《春秋》《左传》皆史的看法，以东汉古文经学家训诂、考据之法，以治二书。章太炎作《春秋左传读》，刘师培作《读左札记》等猛烈反驳刘逢禄等人对古文经学的打击。章太炎视《春秋》为史，他称"孔子即史家宗主"，（《自述学术次第》，《中国现代学术经典》章太炎卷，河北教育出版社 1996 年版，第 644 页。）"仲尼，良史也"（《订孔上》，《检论》卷三，《章太炎全集》（三），上海人民出版社 1984 年，第 426 页）。再如，刘师培也认为《春秋》是史，他说："吾谓'春秋'之名，乃古代史书之总称，亦即编年史制总称也。……东周之时，春秋亦列教科之一，大抵以本国之史，教本国之民。孔子鲁人，而设教之地又在鲁境之中，故所编之《春秋》，亦以鲁事为主，则《春秋》者，乃本国历史教科书也。……《春秋》又即本国近世史也。虽然，以史教民，课本所举，仅及大纲，而讲演之时，或旁征事实，以广见闻；或判断是非，以资尚论。时门人七十，弟子三千，各记所闻，以供参考，而所记之语，复各不同。或详故事，或举微言，故有左氏、谷梁、公羊之学。然溯厥源流，咸为仲尼所口述。惟所记各有所偏，亦所记互有详略耳。"又云："《左氏》一书，本于百二十国宝书，记载较实，故战国学士大夫，莫不尊为信史。"（刘师培《读左札记》，《刘申叔遗书》本）在《读左札记》中刘师培运用考据学方法对刘逢禄等晚清今文学家否定《左传》，指斥《左传》别为一书，与《春秋》经文无涉的说法进行了大力反驳，并反复论证了《左传》传《春秋》的观点。刘师培认为："《春秋》一书所道者名分，而所重者事也"，"孔子所修《鲁史》以'春秋'名，则记事之法必符史官所记"。"《春秋》一书，缘古制以匡今失……惟所言皆先王之制，故所举之事均用史册旧文而加以褒贬"。"孟子言孔子作《春秋》，即言孔子因古史以为《春秋》也。故又言其事则齐桓、晋文，其文则史。"（见《孔子作〈春秋〉说》）"记事之最详者，莫若古文之经"，古文经如《周官》《左氏传》"大抵近于征实"。参见其《汉代古文学辩诬》（载《左庵外集》）及《孔子作〈春秋〉说》《〈左氏〉不传〈春秋〉辨》《〈左传〉古义凡例》（载刘申叔遗书，南京江苏古籍出版社 1997 年版）。

② 令狐澄：《大中遗事》，《说郛三种》本，上海古籍出版社 1988 年版，第 2274 页。

传》经史之争这个问题的看法并不这么单纯。有的学者认为《春秋》是经，《左传》是史，如宋代的王晳撰《春秋皇纲论》主要讨论了《春秋》书法义例，可见是把《春秋》当作经看待①，而对《左传》则认为："《左氏》善览旧史，兼该众说，得《春秋》之事迹甚备。然于经学外自成一书。"② 其说继承了唐刘知几对《左传》"善览众史"的评价，可见是把《左氏》看作史。有的学者认为《春秋》是史，《左传》也是史，如唐代著名史学家刘知几和宋代理学家朱熹就持这种观点。刘知几质疑《春秋》书法③，就在他的史论名著《史通·六家》中将《春秋》看作史体六家之一。赵伯雄先生说："刘知几对《春秋》的总的看法，并没有超出古文经学的藩篱，他受刘歆以及杜预的影响十分明显：'逮仲尼之修《春秋》也，乃观周礼之旧法，遵鲁史之遗文，据行事，仍人道，就败以明罚，因兴以立功，假日月而定历数，藉朝聘而正礼乐；微婉其说，志晦其文，为不刊之言，著将来之法。故能弥历千载，而其书独行。'按这段文字是综合了《汉书·艺文志》和杜预《春秋左传序》而成的。刘知几紧紧抓住'《春秋》本是记事史书'这一实质问题，把《春秋》作为史书来考察和评论。"④ 再如，宋代朱熹首先用"史学"一词强调了《左传》的性质，他说："《左氏》是史学，《公》《穀》是经学。"⑤ 他在《朱子语类》中对有关《春秋》问题的回答，也反映了他把《春秋》当作"史"看的观点。例如，问："《春秋》当如何看?"曰："只如看史样看。"又曰："圣人亦只因国史所载而立之耳。圣人光明正大，不应以一二字加褒贬于人。若如此屑屑求之，恐非圣人之本意。"再如，他说："此（《春秋》）是圣人据鲁史以书其事，使人自观之以为鉴戒尔。其事则齐威（桓）晋文有足称，其文则诛乱臣贼子。若欲推求一字之间，以为圣人褒贬善恶专在于是，窃恐不是圣人之意。"他对今文家一字定褒贬之说深致不满。在《朱子语类》中反复强调其不可信。他承认《春秋》中有义理，但认为须通过记载实事传达出来的，绝非以"一二字加褒贬于人"，"屑屑求之"。唐宋学者中，还有的把《春秋》《左传》都看作经的。唐人修《五经正义》，将《左传》定为五经之一，当然是以《春秋》《左传》为经。宋人程

---

① 王晳《春秋皇纲论》，五卷，二十三篇，从其《公即位》《卿书名氏》《称人》《朝会盟》《会盟异例》《侵伐》《取灭》《归入》《会及》《书遂》《公至》《杀大夫》《日月例》等篇来看，内容多为讨论《春秋》之书法义例。

② 王晳：《春秋皇纲论·传释异同篇》，文渊阁《四库全书》本。

③ 刘知几：《史通·惑经》。

④ 赵伯雄：《春秋学史》，山东教育出版社 2004 年版，第 376 页。

⑤ 《统论三传》卷 57。

颢、程颐①、陈傅良也都将其奉为经。程氏反对将《春秋》看作史，而陈傅良则不同意将《左传》看作史。② 另有一些学者则提倡“舍传求经”，把《春秋》作为经世大典研究，否定《左传》的学术价值，以为“《左氏》繁碎，学之虚费光阴，耽玩文采”，“莫若潜心圣经”。③

元明《春秋》学研究，以胡安国为宗，但也有些学者如吴澄④、黄泽⑤及赵汸⑥等不为胡安国《春秋传》所拘，信从朱熹之说，倾向于《春秋》有史的性质，并肯定《左传》对理解《春秋》义理的作用。时至清代，清初的征实派及乾嘉汉学派以求实精神治《春秋》《左传》，重于文字训诂、详于史实考据、精于名物制度考证，以治史的方法研究《春秋》《左传》，反映了他们对一直以来被统治者奉为经的《春秋》《左传》两书所具有的史的性质的认识。可见，由经学内部学派分歧而引起的《春秋》《左传》是经还是史的争论，从魏晋以后，已越出经学视域，成为贯穿整个学术史，而非仅仅经学史的纷争问题，断断续续，几近两千年，在旧时代学者那里最终没有定论。

---

① 程颐云：“后世以史视《春秋》，谓褒善贬恶而已。至于经世之大法，则不知也。《春秋》大义数十。其义虽大，炳如日星，乃易见也；惟其微词隐义、时措从宜者为难知也。或抑或纵，或与或夺，或进或退，或微或显，而得乎义理之安，文质之中，宽猛之宜，是非之公，乃制事之权衡，揆道之模范也。”（见《宋史·程颐传》，中华书局1977年版）程氏强调《春秋》中有微言大义。

② 参见陈傅良：《左氏国纪序》，载《文献通考·经籍考》，卷十；程颐云：“《诗》《书》《易》言圣人之道备矣，何以复作《春秋》？《春秋》圣人之用也。《诗》《书》《易》如律，《春秋》如断案；《诗》《书》《易》如药方，《春秋》如治法。”见《二程集》，中华书局1981年版，第401页。

③ 《宋史·胡安国传》。

④ 吴澄云：“邵子（邵雍）曰：‘圣人之经，浑然无迹，如天道焉，《春秋》书实事，而善恶形于其中矣。’至哉言乎！朱子（朱熹）谓据事直书，而善恶自见，其旨一也。”（《春秋诸国统纪序》，《吴文正集》卷二十，文渊阁《四库全书》本）又说：“《春秋》，鲁史记也，圣人从而修之，笔则笔，削则削，游夏不能赞一辞，修之者，约其文，有所损无所益也。其有违于典礼者，笔之，其无关于训戒者，削之。”（《春秋备忘序》，《吴文正集》卷十八。文渊阁《四库全书》本）吴澄一面信从邵雍、朱熹之论，用评史的观点赞叹《春秋》“据事直书，善恶自见”，一面又强调《春秋》有笔削之义，不难看出在他的意识里，《春秋》是经是史并未截然分开。

⑤ 黄泽在《春秋师说》中说：“《春秋》本是记载之书，记事而提其纲要，以著得失，明大义也。学者只当考据事实，以求圣人笔削之旨。”“夫子《春秋》多因旧史，则是非亦与史同；但有隐微及改旧史处，始是圣人用意。然亦止用旧文而亦自有意义者。大抵圣人未尝不褒贬，而不至屑屑焉事事求详，若后世诸儒之论也。”（《春秋师说》，四库全书本）

⑥ 元人赵汸《春秋集传序》中总结了十五项“策书之例”，表明他认为《春秋》具有史的性质。

尽管历代学者们关于《春秋》《左传》的经史之辨看法颇为复杂，但有一点是可以肯定的，那就是从总体趋势上看，他们对被正统学术思想奉为经的《春秋》《左传》① 的史的性质的认识，是与日俱增的。

再从《春秋》《左传》即经、传关系的讨论上看，随着争论的深入，汉唐以来，不仅古文学家，大多数学者都能客观地肯定《左传》所记史实对理解《春秋》经义的重要意义，认定《左传》传事解经。东汉古文经学家和清初的考证派及乾嘉汉学派学者都非常重视对《左传》以史实传经的研究。从某种角度考虑，学者对《春秋》《左传》关系的肯定，一定程度上也反映了他们对经史关系的承认。因为在六经被奉为权威的封建经学传统下学者是无法摆脱历来把《春秋》作为经的思想束缚的，如，晚清的古文经学大师章太炎先生虽然在其相关的《春秋》《左传》研究著作中每每强调《春秋》是史，但也不得不承认孔子赋予了《春秋》劝惩大义②；也不能不为两千多年来《春秋》一直被统治者奉为经的传统风习所染，在畅论《春秋》是史的同时，却频频用“经”的字眼代指《春秋》③。而只要以客观求实的态度来对《左传》，就不能不承认其所包含的史的性质。所以经传关系，究其实质也就成了经史关系。

唐宋以来经传不分、经史莫辨的现象，正是人们对《春秋》《左传》亦经亦史性质认识的反映。

《春秋》《左传》到底是经，还是史？今天我们都知道把它们归入现代历史学范畴。但在学术为政治统治服务的封建社会里，是无法将其黎然分清的。近代学者方孝岳说：“自来论左氏者，说有二种。一者谓《左传》可独立成一家言，一者谓《左传》全附《春秋》为羽翼。前者近史迁，后者近刘歆……下至挽近章炳麟氏著《春秋左传读叙录》即痛诋刘逢禄亦全以左氏传经非著史之意为直干二义相迕，攻驳论难历久而愈新，平章折衷，殆不易也。”又说：“夫经史之分，诚为后世簿录因便随时之法，经与史古本一源，然自司马迁罢弃一切儒者断义历人年月数家神运，而专以表见《春秋》《国语》盛衰大指为学者要删，其取于丘明者固已有明示一辙之意，其后专门史家如荀悦、干宝者流亦已明法丘明以撰史。丘明原意诚不必一端，而后人取法则多主史体。学术流别之

① 唐修《五经正义》将其奉为经。

② 《国故论衡·原经》。

③ 这不仅仅是章太炎个人现象，很多学者都如此，这是一种无意识的行为，却往往暴露问题的本质。一方面是著者字面用语与论说内容的矛盾，另一方面不可否认的是，阅读者自然明白经就是指《春秋》，也很难把《春秋》理解为纯粹的史。

变迁，往往有非人力所可止者，此其一例也。"① 方孝岳"经史同源"的看法，盖源于章学诚的"六经皆史"说②，章学诚在《文史通义・易教上》中云："六经皆史也。古人不著书，古人未尝离事而言理，六经皆先王之政典也。或曰：《诗》《书》《礼》《乐》《春秋》，则既闻命矣。《易》以道阴阳，愿闻所以为政典，而与史同科之义焉。"章学诚在《易教》中详细地论及了《易》经与"先王之教典"的关系，证明了其"与史同科之义"。章学诚再三强调指出古无经史之分，他说，古"无经史之别，六艺皆掌之史官，不特《尚书》与《春秋》也"③，又说，"古无经史之分，圣人亦无私用自作经，以寓道法之理，六艺皆古史之遗，后人不觉其渊源，故觉经异于史耳"。还说，"古人之于经史，何尝有彼疆此界，妄分孰轻孰重哉？小子不避狂简，妄谓史学不明，经师即伏、孔、贾、郑，只是得半之道。《通义》所争，但求古人大体，初不知有经史门户之见也"④。晚清章太炎先生也强调了章学诚所阐述的经史合一关系，他提出了经史一体，经、传一体的说法。他说："《春秋》义经而体史，……称之为史，无害麟笔之尊严。"⑤ 他又说："古者经史本非异业，荀勖之分四部，不学无术，明哲所讥（章氏按，唐宋以来，《春秋》为经，《左氏》为史之说，强以经史分涂，不悟荀勖以前，未有此别……）。孔子《春秋》，丘明作传，复有《国语》《世本》。……汉初遭秦灭学，书籍散亡。重以董生专固，废斥诸子，学官既立，所见惟六艺。以平易近人之简书，而比之于天声帝谓，固其所也；然经与传记，

---

① 方孝岳：《左传通论・史意篇》第十七章"左传为经为史之争"，上海商务印书馆 1934 年版，第 41－43 页。

② 章氏此说实倡自王守仁，其《传习录》云："（徐）爱曰：'先儒论六经，以春秋为史。史专记事。恐与五经事体终或稍异。'先生曰：'以事言谓之史。以道言谓之经。事即道。道即事。春秋亦经。五经亦史。易是包牺氏之史。书是尧舜下史。礼乐是三代史。其事同。其道同。安有所谓异？'"王说至章氏推阐而益精。章学诚在《报孙渊如书》中又强调六经皆是史学。其经史同源说之根据有二：一就学术源流言，六经其源皆出于史，六经出于王官之学，而掌之者史，《周官》中有载（说详《校雠通义・原道》）；一就经史本质言，孔子述六经，皆取先王典章，未尝离事而著理（《经解中》语），记事与言事之理，体势相因，知六经皆史。另，龚自珍《古史钩沉论》中亦曰："六经者，周史之宗子也。"张尔曰《史微・史学》篇先分论六经为史，后总曰："六艺相续为史，可以心知其意矣。"以上详参《文史通义・易教上》"六经皆史"，校注，载《文史通义校注》，叶瑛校注。

③ 章学诚：《论修史籍要略》，《章学诚遗书》卷十三，文物出版社 1985 年版。

④ 章学诚：《上朱中堂世叔》，载《章学诚遗书》，文物出版社 1985 年版，第 315 页。

⑤ 章太炎：《检论卷三・订孔上》，朱维铮校注《章太炎全集》（三），上海人民出版社 1985 年版，第 424 页。

亦不竟分为二。”① 章太炎这个论述与章学诚在《报孙渊如书》中的说法近似。章学诚说：“愚之所见，以为盈天地间凡涉著作之林，皆是史学。六经，特圣人取此六种之史以垂训者耳。子、集诸家，其源皆出于史。末流忘所自出，自生分别，故于天地之间，别为一种不可收拾不可部次之物，不得不分四种门户矣。”② 他们都认为经史古无分别，晋荀勖撰《中经簿》，立经部、史部，始分二途，正属经史同源论范畴。如果说唐宋学者对《春秋》《左传》经传混同、经史莫辨的现象还只是体现出一种非自觉非理性的认识倾向，而清代学者的经史同源观点则较为理性地反映了能够跳出学派门户圈限的旧时代学者，对《春秋》《左传》的学术性质得出的符合封建时代特征的客观看法。

以上各个方面分析表明，关于《春秋》《左传》的经史之辨、经传关系之争最终仍归于经史关系的探讨。一面不能不承认长期以来的经学传统，一面也无法否定作为经的《春秋》《左传》所包含的史的性质。学术史上长期以来有关这些问题的探讨和争论大大加强了传统经学思想束缚下的人们对六经、六经之一的《春秋》及被奉为经的《左传》的史学性质的认识，逐渐形成了晋宋以来人们对经史合一关系普遍接受的心理积淀，从而为清代学者提出“六经皆史”“经史同科”之说奠定了基础，准备了条件。所以这些论说影响颇大，在乾嘉以来的学人中庶几获得普遍认同。

竹添光鸿也接受了清人经史同源的观点，只要仔细分析一下就会明白这样说并非虚妄之语。前人已经提到，据日本所藏中国商船舶来汉籍的“书籍元帐”“落札帐”，即“船载书目录”③ 可以了解到，清中叶以后，中国商船往来海东日渐频繁，提高了汉籍东渐的速度，加大了汉籍传播的数量。清人的著作刊刻不久几乎都能在日本汉学界流布，这使得清代学术尤其乾嘉汉学就成为日本江户时代西学东渐的主流。

中国乾嘉时代的学者章学诚的《文史通义》在乾隆三十七年（1772）已经

---

① 《春秋左传读叙录》，《章太炎全集》（二），第845页。

② 刘翰怡编：《章氏遗书》卷九，商务印书馆1936年版。

③ 严绍璗：《汉籍在日本的流布研究》，第76－87页。

写定，① 嘉庆元年（1796）自刻本已镌。② 道光十二年（1832）章学诚之子章华绂又刻大梁本《文史通义》。大梁本与后来刘氏嘉业堂刊刻的《章氏遗书》本为《文史通义》最通行的两种版本，也是道光以来，多种版本《文史通义》所承之本。从当时汉籍流传日本的情况看，这么多种版本的《文史通义》应该有中国书商舶去海东。作为江户中后期的中国学家，竹添光鸿先生也应该能看到《文史通义》，应该阅读到章氏“六经皆史”的深刻阐释。另有日本学者岛田虔次的论文《六经皆史说》谓：“‘六经皆史’是清代章学诚的学说。在我国，自从内藤湖南③加以表彰以来，在稍微关心中国学问的人中间已经是常识了。”④ 这条资料也反映竹添氏受到了章氏学说的影响。

设若竹添光鸿没有见到《文史通义》，他也从其他清代学者的著作中接触了经史合一的观点，间接受到了章氏经史同源论的影响。如他在《左氏会笺·总论》中引崔述曰：

> 朱子以《左氏》为史学，《公》《谷》为经学，《左氏》纪事详赡，而是非多谬，《公》《谷》纪事虽疏，而多得圣人之意。余按《公》《谷》之说，大抵多取月、日、名字，穿凿附会，以为圣人书法所在，未见其能得经意也。且事实者义理之根柢，苟事实多疏，安望义理之反当乎。《左传》载二百余年之事，细心求之，圣人之意自可窥测。《左传》之远胜二家者，正在事实也。夫经史者，自汉以后分别而言之耳。三代以上所谓经者，即当日之史也。《尚书》，史也，《春秋》，史

---

① 乾隆三十七年章学诚《上慕堂光禄书》云：“裒辑所著《文史通义》，其已定者，得内篇五、外篇二十有二，文多不可致，谨录三首求是正！”（载仓修良编：《文史通义新编》，上海古籍出版社 1993 年版，第 531 - 532 页）同年《上晓徵学士书》云：“故比者校雠其书，申明微旨，又取古今载籍，自六艺以降，迄于近代作者之林，为之商榷利病，讨论得失，拟为《文史通义》一书。分内、外、杂篇，成一家言。”（载仓修良编：《文史通义新编》，上海古籍出版社 1993 年版，第 523 页）

② 胡适著、姚名达订补：《清章实斋先生学诚年谱》（台北商务印书馆 1980 年版，第 122 - 123 页）和钱穆：《实斋文字编年要目》（见《中国近三百年学术史》上，商务印书馆 1997 年版，第 468 - 470 页）都以章学诚《与汪龙庄书》等文献材料为据，断定《文史通义》自刻本于嘉庆元年刊刻，并认为这是《文史通义》最早的刻本。一直以来，学界也公认其说。

③ 内藤虎次郎《支那史学史》昭和二十四年弘文堂中“浙东学派之史学”一章及附录“章学诚之史学”（1928）概述了内藤湖南的见解（岛田虔次注）。据何寅、许光华主编《国外汉学史》（上海外国语教育出版社 2002 年版）知内藤湖南（1866—1934）是明治大正时代的中国史研究者，受清代乾嘉朴学影响较大。

④ 刘俊文主编：《日本学者研究中国史论著选译》第七卷，中华书局 1992 年版。

也。经与史，恐未可分也。①

正如竹添氏在《〈左氏会笺〉自序》中说其述作该著，对前贤时修之说普收博采，凡遇有所感悟者，则援以见其与诸家有“所同然之心”。他在《总论》中征引安井衡、洙兰泰、曾镛、崔述、钱绮、汪容甫诸位学者的观点表明其对《左传》著作时代、作者、性质、内容等问题的看法认同各家之见。崔述阐述了经史合一的观点，说明了《春秋》《左传》的史学性质，并肯定了《左传》所载史实对理解《春秋》大义的重要意义。竹添光鸿引崔氏之言正所谓其与崔述有“所同然之心”，秉承崔述观点。据此不难推断竹添氏对清代学者的经史同源说是有较深认识的。

再从竹添光鸿创作《左氏会笺》的意图上看，在《春秋》与三传的关系上，他是看重《左传》记载的史事对《春秋》的解释作用的。竹添光鸿撰述《左氏会笺》《毛诗会笺》及《论语会笺》的最终目的是为阐明孔子之道。为此，他以为必须先弄清孔子时期的时势，因而著《左氏会笺》一书。② 在《复俞曲园大史书》中竹添光鸿说，读左氏能知孔子之世，然后三复《论语》，身置当时，瞑目而思之，孔子之学，其得仿佛，是左氏一书所以洙泗之津梁也。他认为孔子经世之大作用，只有读左氏之传才可能窥见。③ 再看看俞樾给《左氏会笺》所作的序，俞《序》云：“是年秋，君以书来求序，其书洋洋千余言，大意谓学孔子之道，不当求之空言而当求之实事。左氏因《春秋经》而为传二百四十年，事实备焉，故将出其所著《论语会笺》，而先出此《左氏会笺》，以

① 崔述：《洙泗考信余录》，《崔东壁遗书》，上海古籍出版社 1983 年版，第 394 页。崔述在《洙泗考信录自序》中讨论经史关系时又说：“三代以上经史不分，经即其史，史即今所谓经者也。后世学者不知圣人之道体用同原，穷达一致，由是经史始分。”（《遗书》第 262 页）

② 参见上野贤知《〈左氏会笺〉三稿》中“《左氏会笺》著述的目的”。

③ 《复俞曲园大史书》，载竹添光鸿《独抱楼诗文稿》中，详参上野贤知《〈左氏会笺〉三稿》一文。

左氏乃洙泗[①]之津梁也。”[②] 俞《序》中所云书信，即竹添氏的《复俞曲园大史书》，由此，据竹添光鸿的自述、俞《序》的陈述和前文所提及的上野贤知关于竹添氏撰述目的的研究可知，竹添氏是把《左传》当作了解孔子时代的史书来看的。他说“左氏因《春秋经》而为传二百四十年，事实备焉”，也就表明他对《左传》以事传《春秋》的观点的认同。他说，学孔子之道，不当求之空言而当求之实事。看来，他深嫉公羊家空发议论和理学家空谈心性的凿空之语，强调史事富赡的《左传》对理解孔子之道的重要性。

如果再考察一下竹添光鸿所谓学孔子之道，不当求之空言，而当求之实事之语的依据本源，也许会更肯定他对《春秋》《左传》的史学性质是有认识的。此语乃本《史记·太史公自序》[③] 而来，自序云：“周道衰废，孔子为鲁司寇，诸侯害之，大夫壅之。孔子知言之不用，道之不行也，是非二百四十二年之中，以为天下仪表，贬天子，退诸侯，讨大夫，以达王事而已矣。子曰：‘我欲载之空言，不如见之行事之深切著明也。’”司马贞《史记索隐》道：“孔子言我欲徒立空言，设褒贬，则不如附见于当时所因之事。人臣有僭侈篡逆，因就此笔削以褒贬，深切著明而书之，以为将来之诫者也。”由此可知，竹添氏接受了《史记·太史公自序》和《索隐》的观点，以为既然“《春秋》因鲁史而成”，圣人因事明义，所以后人亦不可离事解经，空言其义，不可舍传求经，弃《左传》而究《春秋》。深刻认识到《左传》史事对理解《春秋》的重要性。竹添氏对《春秋》《左传》史的性质的强调和重视，也反映了“六经皆史”说对他的影响。

总之，竹添光鸿对清代学者“六经皆史”说、“经史同源”论确实有所接受，这使他对《春秋》《左传》抱有了亦经亦史的观念，在《左氏会笺》中既以治经又以治史法进行笺注，形成了经史结合的特色。

一方面，在观念上，清代学者的“经史同源”论对竹添光鸿产生了很大的

---

① 洙泗：即洙水和泗水。古时二水自今山东省泗水县北合流而下，至曲阜北，又分为二水，洙水在北，泗水在南。春秋时属鲁国地。孔子在洙泗之间聚徒讲学。《礼记·檀弓上》：“吾与女事夫子于洙泗之间。”后以“洙泗”代称孔子及儒家。如南朝梁任昉《齐竟陵文宣王行状》：“弘洙泗之风，阐迦维之化。”唐卢象《赠广川马先生》诗：“人归洙泗学，歌盛舞雩风。”宋叶适《宋厩父墓志铭》：“余尝考次洙泗之门，不学而任材者，求也。”明陈汝元《金莲记·构衅》：“接洙泗之渊源，拟荷千秋之担。”清谭嗣同《仁学》一：“其在上者，亦莫不极崇宋儒，号为洙泗之正传。”见《汉语大辞典》第三册，第1150页洙字条。

② 俞樾《序》，载《春在堂杂文补遗》。

③ 《史记·太史公自序》引董仲舒之言。

影响，使他对《春秋》《左传》形成了亦经亦史的认识；另一方面，在实践上，清代考据学即汉学的研究方法本身就具有事理兼赅①、经史结合的特点。首先，考据学方法重视证据，看重对文献事实的分析论证而获得的依据，看重借助对材料的辨析、选择和运用获得的结论。这种充满客观求实精神的研究方法必然将研究目标锁定在记录或保留“实事”的载籍上，以避免空洞言理。这就使考据学家往往把具有史学特点的经典作为研究对象，史著中包含的“实事”恰好契合了清代考据学家们提倡征实、避免空言的意向。如考据学家王鸣盛说：“学问之道，求于虚不如求于实，议论褒贬皆虚文耳。作史者之所以录，读史者之所以考核，总期于能得其实焉而已矣。”② 王鸣盛、钱大昕醉心于史学考辨就缘于这种认识。研究内容是史学的，而目的是经学的，这就必然使以解经为目的的研究带上重史的倾向，使考据学带上了经史结合特色。比如在《春秋》《左传》的研究上，清代考据学家以求实精神对其进行版本校勘、文字训诂、名物典章制度考索，史实考证等工作，主要是从史学研究对象入手，探求经义的。如清初顾栋高撰《春秋大事表》，他以史表的形式将《春秋》经传中所载史事加以归纳研究，这完全是以历史研究的方法探讨《春秋》经传问题。梁启超在《中国近三百年学术史》中评论说：“这部书的体例，是将全部《左传》拆散，拈出若干个主要题目，把书中许多零碎事实按题搜集起来，列为表的形式，比较研究。……《礼记》说‘属辞比事，《春秋》之教’，治史的最好办法，是把许多事实连属起来比较研究，这便是‘属辞比事’。……用这种方法治历史的人，向来很少，震沧这部书，总算第一次成功了。”③ 顾氏这部书是被视为史学名著的。但从他在《春秋大事表》的叙、论中所阐释的有关《春秋》经传的观点来看，他是把《春秋》当作经的，他不否认《春秋》中有圣人的褒贬之义。他表明其撰此书的目的是为了推求经义。他称自己在该著中所做的史学研究“此皆有关于经义之大者”④。他把解决这些史学问题当作是解经的重要途径和手段，治史，在他看来，是为解经服务的。他认为《春秋》中圣人的褒贬并非寓于一二字之间，而是寓于记事之中。所以他治《春秋》经传，就从史事入手，以史家的眼光，从历史的角度考察春秋中史事与经义的关系，借事明义，完全以治史法治经。他以为治《春秋》应该“经经纬史”，也就是因为《春秋》经

① 考据学强调考辨，本身就包含一定的理的成分，具有思辨精神，所以考据学本身就有事理兼包的特点。

② 王鸣盛：《十七史商榷序》。

③ 梁启超：《中国近三百年学术史》，第95页。

④ 《春秋大事表·总叙》。

史相依，经因史而存义，所以推寻经义应该经史结合。赵伯雄先生也曾指出，清初“顾栋高的《春秋大事表》，为传统的《春秋》学研究开辟了新的途径”，“把《春秋》看作史文，对《春秋》的内容作史的研究”，“顾氏的《春秋》学，既是经学，也是史学；或者说在他那里，经、史本来就是不分的。他也在寻求经义，也在推求褒贬，但他认为这些东西都存在于史实之中，学者首要的任务是在弄清历史的真相。因此尽管他的目的是经学的，方法却是史学的。这也正是顾氏学术的价值所在。顾氏此书，在当时就很受人重视”①。从当时学者对顾氏的推重看可以了解到顾氏经史结合的做法对时人来说是有心理接受基础的，是可以普遍接受的。这说明六经皆史说、经史同源论当时已深入人心，庶几获得公认。

其次，清代汉学涉及领域较广，“其研究范围以经学为中心，而衍及小学、音韵、史学、天算、水地、典章、制度、金石、校勘、辑逸等等，而引证取材，多极于两汉，故亦有‘汉学’之目”②。汉学的训诂考据之法不仅是以吴派、皖派为中心的经学家们治学的主要手段，而且史学家也大力使用③，诸如万斯大、王鸣盛、钱大昕④等都专以考据方法研治史学，既是杰出的史学家，又是颇负盛名的考据学家。经学家以治史法（重证据，重实事）为治经服务，史学家以

① 赵伯雄：《春秋学史》（上），山东教育出版社2004年版，第643页。

② 梁启超：《清代学术概论》，中华书局1954年版。

③ 乾嘉汉学鼎盛时期，史学也受考据学风气濡染，提倡以训诂、考据疏通史籍。考校史籍成了乾嘉史学的主流。王鸣盛的《十七史商榷》、钱大昕的《廿二史考异》、赵翼的《廿二史札记》、杭世骏的《诸史疑然》、洪颐煊的《诸史考异》等都是综合考辨史书的代表作。而惠栋、洪亮吉、梁玉绳、万斯同诸人则以考证的方法对《春秋》《左传》等进行了研究。

④ 王鸣盛、钱大昕都有经史合一的观念，如王鸣盛云：“余束发，谈好史学，将壮，辍史而治经。经既竣，乃复重理史业，摩研排缵二十余年，始悟读史之法，与读经小异而大同。何以言之？经以明道，而求道者不必空执义理以求之也，但当正文字、辨音读、释训诂、通传注，则义理自现，而道在其中矣。……读史者不必以论求法戒，但当考其典制之实；不必以褒贬为与夺，而但当考其事迹之实，亦犹是也。故曰同也。要之，二者虽有小异，而其归于务求切实之意，则一也。”（《十七史商榷序》，中国书店1987年版）钱大昕曰：“经与史岂有二学哉？昔宣尼赞修六经，而《尚书》《春秋》实为史家之权舆。汉世刘向父子，校理秘文为《六略》，而《世本》《楚汉春秋》《太史公书》《汉著记》列于《春秋》家；《高祖传》《孝文传》列于儒家，初无经史之别。厥后兰台、东观作者益蘩，李充、荀勖等创立四部而经史始分，然不闻陋史而荣经也。自王安石以猖狂诡诞之学要君窃位，自造《三经新义》，驱海内而颂习之，甚至诋《春秋》为断烂朝报。章、蔡用事，祖述荆舒。……由是说经者日多，治史者日少。彼之者言曰，经精而史粗也，经正而史杂也。予谓经以明伦，虚灵玄妙之论，似精实非精也，经以致用，迂阔刻深之谈，似正实非正也。”（《廿二史劄记》序，中国书店1987年版）。

治经法（经学考据学方法）实现治史目的，他们在以训诂考据求实的学术理路上殊途同归，共同呈现经史结合的治学特色。竹添光鸿的《左氏会笺》对其治学方法及考据学成果都有所汲取，这自然也对该著形成经史结合的特点产生了不小的影响。

## （三）

能够冲破学术樊篱，兼采各派，是各人和时代学术获得进步和取得集大成之成就的重要因素。清初不少著名学者面对传统的汉宋两派之学，都能持以兼取的态度。如顾炎武其学以务实为标识，强烈反对宋儒空谈，但并不一概否定宋学，而能对宋明理学中有价值的东西予以承认。张舜徽先生分析顾氏对理学的态度说："顾氏平生所反对的理学，仅限于掺杂了禅学成分的理学，从来没有反对过从五经四书中提炼出来的理学，也没有反对过其他理学家。所以他一生对宋代程颐、朱熹，是十分推重的；对其他理学家的言论，是普遍引用的。这和后来乾嘉学者们所采取的态度迥然不同。"可见顾氏对理学的态度是一分为二的。他之所以学问淹通，能首开学术风气之先，与其擅于摆脱门户之限，能够兼贯不无原因。沈玉成先生也曾分析过顾炎武治《左传》汉宋兼采的特点，他在《春秋左传学史稿》中说："顾炎武从服而非杜，体现了他对汉人旧说的尊重。在清初尚未摆脱宋学影响的学风中，顾炎武能重视汉人旧说，以之补正流传了近千年的杜注，在当时是颇具开创精神的。至于四库馆臣在《提要》中赞扬他'甚重杜解而又能弥缝其阙失，可谓扫除门户，能持是非之平'，实际上是在肯定他能采用宋明人的意见，和以后那些只知有汉、过于胶执的考据学家相比，顾炎武的汉宋兼采无疑有其通达的一面。"又说："作为一个有眼光有识见的大学者，他不废宋学，在考证中善于从宏观考察微观，通令古之变，而不拘执。他对《春秋》经传内容的不少考证就建立在对春秋社会的宏观理解之上。""有了这种纵横捭阖的气势，他就能把散乱的历史资料有机地结合起来，发现其中的内在联系，成竹在胸而后着其枝叶，不似汉学末流和一般陋儒徒见树木而不见森林。在《补正》中，这种考证成果也为数不少。"① 顾炎武撰《左传杜解补正》，也参考了明人的观点。如其在《序》中云："吴之先达邵氏宝有《左觿》百五十条，又陆氏粲有《左传附注》，傅氏逊本之为《辨误》一书，今多取之。"② 据《四库提要》介绍，明人的这三部书既有训诂、考证，又杂有史事之评论，书法之解说。顾炎武皆能去其糟粕，取其精华，以辅《补正》。

① 沈玉成：《春秋左传学史稿》，第 285－286 页。
② 《左传杜解补正序》，载《亭林文集》卷二，中华书局 1983 年版。

再如王夫之，他既被看作理学家又被看作朴学家，亦因其学问兼通之故。又如，清初治实学者朱鹤龄也主张汉宋兼综。他议论当时的经学说："六经之学，汉兴之，唐衍之，宋大明之，至今日而衰。其兴也以不专一说而兴，其衰也以固守一说而衰。何则？学成于信者也。信生于辨，辨生于疑，疑生于不一说。"① 朱氏反对墨守一说，强调学术争鸣的重要，提倡汉宋兼综。清初学者的这种学术努力为清代学术的繁荣做出了一定贡献。

实际上清代的很多学者的学术成就都是在批判地继承汉宋之学的基础上形成的。晚清学者陈澧说"国朝考据之学源出朱子"（《东塾读书记·自述》），这是一个十分有见地的提法。它反映了清代一部分有眼光的学者对学术发展的继承性特点的深刻认识。清代考据、训诂之学之所以兴盛，不仅仅取决于时代文网严密，士人畏祸，埋首故籍的社会政治状况这一个方面，可能有种种缘故，诸如古代文献整理的客观需要，考据训诂之学本身发展的必然结果等不可忽视的原因。我国具有悠久的文献整理传统，自南宋朱子以来，由于文献发展的客观需要，这个传统不断发展，与文献整理相关的训诂、考证等学术事业本身也不断获得进步，加之清初提倡实学，对明代空疏学风的反思，几代学者的种种努力才促成了清代考据训诂之学的大盛。这正是陈澧等清代学者对清代考据学发展兴盛过程中学术自身继承发展因素的强调。由此可见，完全抛弃宋学而强调清代考据学，则会使其成为无本之木，无源之水。因此，汲取宋学的合理成分，汉宋兼综，对促进包括清代考据学在内的学术发展是十分有益的。

他们的这种治学作风盖对竹添光鸿笺注《春秋》经传汉宋兼综特点的形成也产生了一定程度的影响。

### 小结

据王国维分析总结，清代学术以"清初""乾嘉"之许，"道咸以降"三个时期为界限，各个时期的学术呈现出不同的特色。清初以顾炎武、王夫之、黄宗羲为首的实学家们高扬征实、经世致用的旗帜，提倡实学以经世。这两种学术精神一直贯穿清代学术的始终。而征实则成为清代朴学的滥觞。乾嘉之许，

① 朱鹤龄：《寄徐太史健庵论经学书》，载《愚庵小集》卷十，上海古籍出版社 1978 年影印本。

以惠栋、戴震为首的学者以求真、求是为治学标帜①，强调训诂考据以通经明道，蔚成洋洋大观的考据学风，考据学成为这一时期的学术主流。张舜徽先生说："乾嘉学者中绝大多数，从事考证名物，训诂典章制度，虽然取得了很大的成绩，有它的历史地位。但是流于烦琐，失掉了十七世纪学术思想界弘伟活泼的气象，谈不上个性的发展和见解的创辟。这应该说是十八世纪的中国学术界晦塞的一面。"② 乾嘉考据学派尤其是考据学末流由重视训诂考据以明义理转向专务考据，为考据而考据，轻视义理，抛弃经世精神。考据学者以东汉古文经学为宗，谨守门户；以经学为尊，荣经陋史③；以汉学为重，扬汉抑宋。乾嘉考据学虽然为整理研究古籍做出了巨大贡献，但也形成了各种积弊。针对考据学的弊端，不仅少数诸如章学诚、汪中等具有远见卓识的乾嘉学者对其加以大力批判，提出了"六经皆史""经史并重"等补偏救弊的办法，而且有些汉学家本身也进行了反思④。嘉道、道咸以降，随着国运日艰，时势日蹙，经世之念愈盛和学术自身的发展，乾嘉汉学漠视现实，树立宗派，严守门户，独尊经学的流弊难逃诟病，越来越多的学者对其大加诋呵。针对乾嘉考据学的重视古文经、轻视今文经，重视经学、轻贱史学，重视汉学、排斥宋学的现象，这一时期学界出现了古文经学与今文经学、经学与史学、汉学与宋学调融的趋向⑤，学术呈现博采特征。

前面已经提及自十七世纪至十九世纪中期（即日本的江户时代）的二百余年间，汉籍的买卖，一直是中日两国贸易中的大宗货物。⑥ 这一时期汉籍文献传入日本的数量多，速度快。随着汉籍东渐，清代学术思想也迅速传入江户时

① 钱穆在《中国近三百年学术史》中指出，惠栋治经，"尊古而信汉"（商务印书馆 1997 年版，第 351 页），梁启超的《中国近三百年学术史》也称惠栋治学"以信古为标帜"，而称戴震之学"以求是为标帜"。清代学者王鸣盛论惠、戴二人的异同云："方今学者，断推两先生，惠君之治经求其古，戴君求其是，究之，舍古亦无以为是。"（洪榜《戴先生行状》，《戴震文集》附录，中华书局点校本），可见以惠、戴二人为首吴、皖两派的治学取向，在主体精神上是相通的，都提倡实事求是的实学。

② 张舜徽：《清儒学记》，济南：齐鲁书社 1991 年版，第 380 页。

③ 钱大昕说："自惠、戴之学盛行于世，天下学者但治古经，略涉三史，三史以下，茫然不知，得谓之通儒乎！"（见江藩《国朝汉学师承记》，中华书局 1983 年版，第 49 页）钱大昕指出乾嘉汉学的观念是"经精而史粗，精正而史杂"（见钱大昕为赵翼《廿二史札记》所作的序）。

④ 如汪中、焦循、陈澧、阮元等都对考据学不务世事、脱离实际、烦琐考据的弊端表示不满，著述不抱守成弊。

⑤ 罗检秋：《嘉庆以来汉学传统的衍变与传承》。

⑥ 严绍璗：《汉籍在日本的流布研究》，第 58 页。

代的日本。清代学术中强烈的经世意识、实证精神①，各家、各派、各学科兼采融合，取长补短的观念都给生活在江户中后期的竹添光鸿撰著《左氏会笺》以很大影响，使他能在对《春秋》经传的研究中，深藏现实关怀，透散经世意味；能在笺注中以训诂考据见长，并能古今兼采、经史结合、汉宋兼综，呈现征实和博综兼采特色。就史学而言，在经学享有崇高地位的封建社会，它在学术领域里明显地被看作经学附庸。秦汉以后，各代史官撰史“立言选义，宜依经以树则，劝戒与夺，必附圣以居宗”②，所以后代学者经史并重，经史合一的治学理念对于提高史学的地位，扭转长期以来形成的厚经薄史的偏颇学风很有意义。

---

① “厌倦主观的冥想而倾向于客观的考察”，这是梁启超对明末以迄清季三百年间学术的主流特点的概括，确有见地。见梁启超《中国近三百年学术史》，第7页。

② 《文心雕龙·史传》。

# 第五章

# 杨伯峻《春秋左传注》及其他对《左氏会笺》的汲取

沈玉成先生在《春秋左传学史稿》中指出："使用现代的治学方法对《左传》进行注释整理，以杨伯峻先生的《春秋左传注》成绩最为突出。这是'五·四'以来对《左传》经传全文作校勘、新注的唯一著作。"① 并说，作者在整理《左传》过程中，"大量参阅了已有的文献材料，其所利用和征引的约在四百种以上，包括原始资料，前人的研究专著和笔记，现代学者，国外学者的研究论文以及考古发掘和金甲文的整理成果。此书的出版，从一个侧面体现了本世纪中整理《春秋左传》的成绩"。② 由此可见，总结前人研究成果，推陈出新，是《春秋左传注》成为当代《左传》学研究代表著的重要基础。

作为《左传》的一部重要传释之作，竹添光鸿《左氏会笺》的研究成果，也为杨伯峻先生《春秋左传注》所大量汲取。该书被杨伯峻先生列入《春秋左传注》的《引用书目》的第二部分"春秋左传类"中，简称《会笺》，作为其参考文献中的一种，此即为杨注参用该书的一个明证。本章即拟以此为切入点，分析一下竹添光鸿《左传会笺》影响《春秋左传注》的几种方式。文中所举各条《经》《传》，凡《左传会笺》做解的称"笺曰"，《春秋左传注》诠释的称"杨注"。

## 一、对《会笺》表述的基本接受

综观《春秋左传注》全书，③ 可以发现其中有些条注释是基本上接受了《左传会笺》的观点，④ 有些甚至在基本表述上亦采自《会笺》，如：

**隐公元年经："三月公及邾仪父盟于蔑。"**

---

① 《春秋左传学史稿》，沈玉成、刘宁著，江苏古籍出版社 1992 年版，第 409 页。

② 《春秋左传学史稿》，沈玉成、刘宁著，江苏古籍出版社 1992 年版，第 409 页。

③ 中华书局 1990 年修订本。

④ 台湾新文丰出版公司汉文大系本 1987 年版。

笺曰："盟之为法，先凿地为坎，杀牛于其上，割牛左耳，盛以盘；又取血，盛以敦。读书告神而歃血，乃坎牲余血，加书于上以埋之也。《周礼》天子之盟，诅祝为载辞，司盟读之而告神，盟毕则作副以藏之。若大盟则大司寇临其书而藏其副于天府也。"

杨注："盟法，先凿地为坎（穴、洞），以牛、羊或马为牲，杀于其上，割牲左耳，以盘盛之；取其血，以敦（音对，容器）盛之。读盟约（古谓之载书，亦省称载或书）以告神，然后参加盟会者一一微饮血，古人谓之歃血。歃血毕，加盟约正本于牲上埋之，副本则与盟者各持归藏之。"

案，两者关于盟法的阐述相同。

**隐公元年经："公子益师卒。"**

笺曰："益师，孝公之子，字众父。后为众氏，即众仲之先也。"

杨注："益师，鲁孝公之子，字众父。后为众氏，即众仲之祖先也。"

案，两者关于"益师"的解说相同。

**隐公二年经："九月纪裂繻来逆女。"**

笺曰："《王制》云'上大夫卿'，则卿亦大夫也，故杜多以大夫言卿。文四年'逆妇姜于齐，卿不行，非礼也'，然则裂繻逆女，礼也，《传》在彼，故略于此。"

杨注："杜《注》'裂繻，纪大夫'，纪君娶鲁惠公女，裂繻为之来逆。据文四年《传》：'逆妇姜于齐，卿不行，非礼也。'此不言非礼，则裂繻实卿，大夫可以包卿言之。"

案，两者以同样的方式，从同样的角度，申说了杜《注》之意，以大夫言卿。

**隐公三年传："苹蘩蕰藻之菜。"**

笺曰："毛即菜也。而重其文者，谿沼言地之陋；蕰藻言菜之薄，故文重也。"

杨注："上文云'涧、谿、沼、沚之毛'此又云'苹蘩蕰藻之菜'，毛即菜也，所以重复者，上句言其产地之陋，此句言其产物之薄，用意不同。"

案，两者对重文之因的解释相同。

**隐公三年传："公曰：'不可。先君以寡人为贤，使主社稷。若弃德不让，是废先君之举也，岂曰能贤？'"**

笺曰："弃德与'下先君之令德'相照，让国是德举也，不让即弃德矣，非两层。言先君使己嗣位者，以为贤也；今不让先君之子则非贤，是废先君所以举己也。襄十三年：'昔臣习于知伯，是以佐之，非能贤也。'能贤，盖当时常语。"

杨注："穆公之意，弃德与'下先君之令德'相照，让国是德举也，不让即弃德矣，非两层。言先君使己嗣位者，以为贤也；今不让先君之子则非贤，是废先君所以举己也。襄十三年：'昔臣习于知伯，是以佐之，非能贤也。'能贤，盖当时常语，犹今之言贤能也。"

案，两者都在释同一句，同一词，文字表达相同。

**隐公三年传："卫庄公娶于齐东宫得臣之妹，曰庄姜。"**

笺曰："庄姜是齐庄公之女，僖公姊妹也。得臣为大子早死，故僖公立也。不言僖公姊妹而系得臣者，见其適女也。《硕人诗》云'东宫之妹'，故不言大子而曰东宫。"

杨注："据《卫世家》，庄公五年娶齐女为夫人，此齐女即庄姜，当是齐僖公之姊妹，齐庄公之嫡女。东宫，太子所居，故名太子曰东宫。得臣，齐庄公之太子，当是未得立而死，故齐庄公死，齐僖公得继立。不曰僖公之妹，而曰东宫得臣之妹者，明得臣是嫡长子，其妹必是嫡女也。《诗·卫风·硕人》云'东宫之妹'，《传》文本此。"

案，杨伯峻注对《会笺》关于"庄姜系于得臣"，"得臣未得立而死"等论说基本接受。

**隐公四年经："戊申，卫州吁弑其君完。"**

笺曰："上年十二月有癸未，则此年二月无戊申，戊申书州吁事，不蒙上文'二月莒伐杞'，故杜云'有日无月'也。"

杨注："二月无戊申日，戊申当是三月十六日。此条不蒙上文，故杜云：'有日而无月'。"

案，两者关于杜注的阐释相同。

**隐公四年传："秋，诸侯复伐郑，宋公使来乞师。"**

笺曰："外乞师不书，唯晋特书之，非以非卿不书也。"

杨注："考之《春秋经》，他国来鲁乞师，除晋国外，皆不书，故此宋来乞师，不见于《春秋》。"

案，两者都在说明经文不载此次"宋来乞师"之因。

**隐公七年传："谓之礼经。"**

笺曰："礼经犹曰礼之经，言礼之大法也。十一年：'恕而行之，德之则也，礼之经也。'襄二十一年：'会朝，礼之经也。'《乐记》：'著诚去伪，礼之经也。'皆可以证。礼本于安民，故继好息民，谓之礼经。杜以礼经为周公所制之凡例，误也。"

杨注："礼经犹言礼之大法。隐十一年《传》云：'恕而行之，德之则也，礼之经也。'襄二十一年《传》云：'会朝，礼之经也。'《乐记》：'著诚去伪，礼之经也。'此'礼经'即'礼之经也'之意。杜《注》谓周公所制礼经，误。"

案，两者释礼经的含义同。

**隐公十一年传："壬午，遂入许，许庄公奔卫。"**

笺曰："但克许非我功也，不必书及许男出奔；吴入郢，亦不书昭王出奔。"

杨注："许庄公奔卫，《经》文不书，亦犹定公四年吴人入郢，而《经》不书楚昭王出奔。"

案，两者均指出《经》文书法特点。

**桓年传："惠之廿四年晋始乱，故封桓叔于曲沃。"**

笺曰："惠之二十四年，平王二十六年也。……石经凡《经》《传》中二十字皆作'廿'，三十字皆作'卅'，与卷子本合。……《传》中追叙往事，有以鲁年纪者，如惠之二十四年、惠之三十年、惠之四十五年、僖之元年、成之十六年，悼之四年是也；有以他国之年纪者，如晋文公之季年、齐襄公之二年、记郑事曰僖之四年、简之元年是也；列国文告称述，有以本国纪者，如寡君即位三年、十二年六月、十四年七月、十五年五月，文公二年六月、四年二月，我二年六月、我四年三月是也；有以所告之国纪者，如在晋先君悼公九年是也；亦有不以君年，而举其年之大事以纪者，如会于沙随之岁、会于夷仪之岁、鲁叔仲惠伯会郤成子于承匡之岁、湨梁之明年铸刑书之岁、齐燕平之月、范宣子为政聘于诸侯之岁是也。当时诸侯之岁参差不齐，而周则天下共主，何以二百余年中绝不闻以周为纪称某王何年，可见是周正之不通行于列国矣。"

杨注："石经凡《经》《传》'二十'皆作'廿'，'三十'皆作'卅'。以下全同，不复注。惠，鲁惠公，惠之二十四年，周平王之二十六年，春秋前二十三年。《传》中追叙往事，有以鲁年纪者，如惠之二十四年、惠之三十年、惠之四十五年、僖之元年、成之十六年，悼之四年；有以他国之年纪者，如晋文公之季年、齐襄公之二年、记郑事曰僖之四年、简之元年；列国文告称述，有以其本国纪者，如寡君即位三年、十四年七月、十五年五月、文公二年六月、四年二月，我二年六月、我四年三月；有以所告之国之年纪者，如在晋先君悼公九年；亦有不以君年而举其年之大事以纪者，如会于沙随之岁、会于夷仪之岁、鲁叔仲惠伯会郤成子于承匡之岁、湨梁之明年铸刑书之岁、齐燕平之月、范宣子为政聘于诸侯之岁。当时诸侯之纪年，参差不齐，周名为天下共主，却不闻以周某王何年纪事者。"

案，两者都总结《传》中追叙往事时记年的几种方式。

**桓公六年传："奉盛以告曰：'洁粢丰盛。'"**

笺曰："此言为谷则絜清，在器则丰满。"

杨注："此言为谷则洁清，在器则丰满。"

案，两者解释句意相同。

**闵公二年传："齐人使昭伯烝于宣姜，不可，强之。"**

笺曰："齐人当齐僖公，卫惠公以桓十三年立，以十六年十一月奔齐，而齐僖公以桓十四年十二月卒。年月可推也。僖公以春秋前八年立。宣姜当僖公女。"

杨注："齐人盖齐僖公，僖公于春秋前八年立，宣姜（宣公夫人，惠公之母）当是僖公女。卫惠公以桓十三年立，以十六年十一月奔齐，而齐僖公卒于桓十四年十二月，推其年月可以知。"

案，对比可知，杨注接受了《会笺》的表述。

**僖公五年经："公及齐侯、宋公、陈侯、卫侯、郑伯、许男、曹伯会王世子于首止。"**

笺曰："《春秋》无称及以会某文，唯是一出。尊王世子之义也。"

杨注："《春秋经》书及某某会某某者，仅此一次，旧说俱以为尊王世子故书会，理或然。"

案，对比知杨注基本采取了《会笺》的说法。《会笺》"尊王世子之义也"是概括杜注而来。① 杜注系由服注而来。② 据此可知，《会笺》之说乃整理旧注而得。

**襄公二十三年传："祸福无门，唯人所召。"**

笺曰："《荀子·大略篇》：'祸与福邻，莫知其门。'《文子·微明篇》：'祸之至也，人自生之；福之来也，人自成之。祸与福同门。'《淮南子·人间训》亦载此数语。又《览冥训》云：'祸福之门，不可求而得也。'盖古有是言，而闵子马见之也。"

杨注："此盖古时习语。《荀子·大略篇》：'祸与福邻，莫知其门。'《淮南子·人间篇》：'夫祸之来也，人自生之；福之来也，人自成之。祸与福同门，利与害为邻。'《文子·微明篇》亦有此语。其意相近。"

---

① 杜注云："惠王大子郑也，不名而殊会，尊之也。"

② 洪亮吉《春秋左传诂》引服虔云："惠王以惠后故，将废大子郑，而立王子带；故齐桓帅诸侯会王大子，以定其位。"

案，杨注与《会笺》基本相同，是参考《会笺》而得。

**定公二年经："秋楚人伐吴。"**

笺曰："楚伐吴者凡七，而止于此。"

杨注："楚伐吴七次，止于此矣。"

案，两者对经文的解释相同。

**定公三年传："临廷，阍以瓶水沃廷。"**

笺曰："诸侯三门，唯雉门有观台，内为治朝，外为外朝，此廷盖谓外朝。"

杨注："诸侯三门，唯雉门有观台，似今之城门楼。雉门内为治朝，外为外朝，此廷盖外朝廷。"

案，两者对诸侯三门的解释相同。

**定公四年传："且夫祝，社稷之常隶。"**

笺曰："社稷谓社稷之神。"

杨注："社稷谓社稷之神。"

案，两者对社稷的解释相同。

## 二、对《会笺》约取其意

《春秋左传注》有些经文、传文的解说基本上是对《左传会笺》的说法做了些归纳总结或是取其大意，隐括其辞。如：

**隐公元年以前传："惠公元妃孟子。"**

笺曰："元者，始也，长也。一元字兼始嫡两义，故杜云始嫡夫人，言以前未曾娶而此人始为嫡夫人也。文二年'凡君即位，娶元妃以奉粢盛，孝也'、宣三年'姞，吉人也，后稷之元妃也'皆同。"

杨注："据文二年《传》'凡君即位，娶元妃以奉粢盛'，宣三年《传》：'姞，吉人也，后稷之元妃也'，则元妃为第一次所娶正夫人。"

案，杨注释"元妃为第一次所娶正夫人"，与《会笺》解元妃为"以前未曾娶而此人始为嫡夫人也"义本同，只是改变表达方式而已。

**隐公元年前传："孟子卒。"**

笺曰："夫人系夫谥，《诗》称'庄姜''宣姜'是也。然景王未崩，妻称'穆后'。而鲁十二公夫人，《经》有九人皆书其谥，其从夫谥者，独有定姒。他列国齐姜、夷姜、戴妫、厉妫、辰嬴之类，皆别有谥。则从夫谥之说，未必然也。"

案，隐公元年前传"惠公元妃孟子"，杨注云："女子有以丈夫之谥冠姓者，如庄姜、宣姜，有别为谥冠姓者，如下文声子、厉妫、戴妫之类。鲁自文姜后，夫人多不从夫谥，别为谥以尊夫人。”可见，杨注对《会笺》的说法约取其大意而得。

**隐公元年以前传：“宋武公生仲子。仲子生而有文在其手，曰为鲁夫人，故仲子归于我。”**

笺曰：“古人言文不言字。宣十二年‘于文止戈为武’、十五年‘于文反正为乏’、昭元年‘于文皿虫为蛊’、《中庸》‘书同文’，并不言字也。《易》‘女子贞不字，十年乃字’、《诗》‘牛羊腓字之’、《后传》‘其僚无子，使字敬叔’，皆训为乳。《书·康诰》‘于父不能字厥子’、《后传》‘乐王鲋字而敬’、《孟子》‘以大字小’者，亦取爱养之义。以文为字，始于秦始皇琅邪台石刻，曰：‘同书文字。’《说文·序》：‘依类象形谓之文，形声相益谓之字；文者物象之本，字者孳乳而生。’《周礼·外史》：‘掌达书名于四方。’《注》：‘古曰名，今曰字。’《仪礼·聘礼注》：‘名书文也。’今谓之字，则字之名，由秦而产生，自汉而显，三代以上，言文不言字也。”

杨注：“文即字，而先秦书未有言字者，《周礼·外史》《仪礼·聘礼》皆言名，《左传》《论语》《中庸》并言文。以字为文，始于《史记·秦始皇琅邪台石刻》曰：‘同书文字。’”

案，《会笺》列举了文献中“字”的各种含义，并指出了其古今意义的演变。杨注直取结论，其他略而不用。

**隐公元年传：“不义不昵，厚将崩。”**

笺曰：“义下插则字看，不义即上文多行不义之不义。《说文》：‘黏，黏也。’引此传‘不义不黏’，或从刃作䵒。《尔雅·释言》：‘䵒，胶也。’《考工记·考人》：‘凡昵之类不能方。’郑司农云：‘故书昵或作樴。’杜子春云：‘樴读作不义不昵之昵，或为䵒，是黏、昵相通也。’但黏为胶合之义，昵为亲近之义，此从黏义为长。子封云：‘厚将得众。’故反其言，言多行不义，百姓离心，不相附著，虽厚将崩坏，此以筑墙为喻。”

杨注：“不义不昵，杜《注》以为不义于君，不亲于兄，则不义与不昵平列，然昵为亲近之义不确，当解为不义则不昵。‘昵’依《说文》当作‘黏’，黏连之义。犹今言不义则不能团结其众。”

案，杨注释“不义不昵”句，亦找出昵的本字本义，系取《会笺》大意而得。

**隐公三年传：“四月，郑祭足帅师取温之麦。”**

笺曰：“禾者，谷在野之总名，以连稿、本而言，然古书称禾者多言粱也。”

杨注：“禾有两义，一为百谷之通名，一位稷类谷物之专名，此盖第二义。”

案，杨注本《会笺》之说而来。

**隐公三年传："为公故，曰'君氏'。"**

笺曰："称君氏，自是创例，亦变例也。隐公自居于摄，不以夫人之礼丧其生母，而史臣则终以公故必谨而书之，不称夫人，不曰薨者，成公志也。于是变其例而书卒，即后此姒氏卒之例也。君者，小君也。君氏者即君夫人氏之谊也。襄二十六年：'左师见夫人之步马者，问之，对曰，君夫人氏也'。盖当时有此称，然则去其夫人即为君氏矣。氏是母氏之氏，母之与子，氏族必异，故经典通呼母舅为母氏，舅氏，言其与己异氏也。"

杨注："声子姓子，依惯例，宜曰'子氏卒'，但隐公当时正为鲁君，声子是其生母，如此对待声子，或者有伤隐公之心，举襄二十六年《传》，当时习惯有'君夫人氏'之称，此不便明言'夫人'，故省'夫人'两字，改称之曰'君氏'，故曰'为公故，曰君氏。'国君曰君，君夫人曰小君，'君氏'者，犹言'小君氏'，'氏'犹'母氏'、'舅氏'之例。"

案，杨注显然是隐括《会笺》大意而成。

**隐公四年传："陈桓公方有宠于王。"**

笺曰："称其谥，此旁注'桓公'二字，夺本文'侯'字而代之也。或谓左氏欲使后世知陈侯有宠于王者为桓公，故特书其谥。然桓五年经书'葬陈桓公'，何待左氏之追书而后知之哉？《公羊》翚谓桓曰，吾为子口隐矣云云，请作难弑隐公，此则史家之追书，《史记》此类甚多。"

杨注："此时陈桓公未死，不应举其谥，此或《左传》作者偶疏之笔。《左传》全书仅此一例，而《史记》则多有之。"

案，杨注概括了《会笺》之意。

**隐公五年经："九月考仲子之宫，初献六羽。"**

笺曰："宫即庙也，庙者，貌也，象其尊貌，谓之为庙；言其环垣，称之为宫。《经》例周公称太庙，群公称宫，故仲子依例称宫也。若《传》文则大庙或称宫，即大宫之椽是也。群公或称庙，即同宗于祖庙，同族于祢庙是也。"又曰："惠公元妃孟子先卒，既祔于祖姑矣，其祭亦必以孟子配，惠公以夫人之礼再娶仲子，可以与孟子并祔并配，而今为仲子别立宫者，盖隐以摄君自居，故为桓特尊异其母，以明己志也。"

杨注："《春秋经》例，周公之庙称大庙，群公之庙不称庙而称宫。故此仲子之宫，即仲子之庙，《左传》文例不如此，周公太庙亦或称宫，群公之宫亦或称庙。仲子，惠公夫人，桓公之母，隐公本代桓公执政，实奉桓公为君，故为桓公尊异其母，为别立一庙。"

案，杨注对《会笺》加以删改，使之简约而不简单，更趋精粹。

**隐公九年传："九年春，王三月，癸酉，大雨霖以震，书始也。"**

笺曰："言自癸酉日始，以后雨且震，连绵不止也。《尔雅》：'久雨谓之淫，淫谓之霖'。《经》所谓大雨与大雪同，非暴雨也，故大雨霖。震必有电，故省；大雨增一字，震电减一字，与《经》错综成辞，其示义在癸酉大雨，而不在震电，故举《经》四字，而下变辞也。"

杨注："书始也者，依杜注义，谓癸酉日为开始霖雨之日，霖雨为久雨，当不止一日。《经》作'大雨震电'，《传》作'大雨霖以震'，文异而义同，所谓错综成辞。"

案，杨注说明经传错综成辞，乃概取《会笺》之意。

**桓公二年传："是以清庙茅屋。"**

笺曰："《考工记》有葺屋、瓦屋，则屋之覆盖，或草或瓦。此曰茅屋，其屋必用茅也。……其有用茅者，盖洛邑之明堂也。蔡邕云：'明堂者，天子之大庙也。'《大戴礼》云：'明堂茅屋。'可知清庙即明堂也。清庙用茅葺屋，犹大路结草为席，备物中存至俭，圣人重古之道备矣……吴文起曰：'周初洛邑有明堂而无宗庙，明堂之中央室曰太室。'《书・洛诰》：'王入太室裸。'郑君曰：'太室，明堂之中央室是也，祀文、武于其中，此宗礼特祀，不在七庙常数之中也。'许氏宗彦曰：'……周公营洛建明堂，大合诸侯，祀于太室，所以显明文、武之功德于天下，此周人祖宗之钜典也。'案文、武祀于明堂太室，故又谓之大庙，亦曰清庙。又以文统武，只称文王庙，古《周礼》《孝经》说：'明堂，文王之庙。'《大戴礼・盛德篇》或以为明堂者，文王之庙，《乐记》郑注：'文王之庙为明堂'是也。又案《诗・清庙・序》：'祀文王也。'周公既成洛邑，朝诸侯，率以祀文王焉，我将序，祀文王于明堂矣。而文、武以上皆不及祭，故知洛邑无宗庙也，盖明堂、太室、太庙、清庙一也。……"

杨注："清庙即太庙，一曰明堂，一曰太室，屋之覆盖以茅苇谓之茅屋，《周礼・匠人》谓之苇屋；覆盖以瓦者，谓之瓦屋，清庙茅屋者，谓清庙以茅草盖屋，示节俭。"

案，《会笺》引用大量文献证明清庙即周初洛邑文王之庙，与明堂、太室、太庙同，并指出其覆盖以茅草，备物中存至俭，用以张扬圣人重古之精神。对比可知，杨注是对《会笺》的概括总结。

**桓公九年经："九年春，纪季姜归于京师。"**

笺曰："称季姜自我之辞，犹称伯姬、叔姬归于某，杜据《公羊》解不称'王后'之义，云'伸父母之尊'，不知逆不可称季姜，归不可称王后，此史文述作之道也。若曰‘王后归于周’，则是宁父母而归之辞耳。”

杨注：“纪季姜即去年祭公所迎之桓王后，纪为其国，季为其姊妹排行，姜为其姓。古代同姓不婚，故女子必著姓于下。迎时称王后，归时称其母家姓，盖当时书法如此。”

案，《会笺》驳杜注，并点出经文书法义例，杨注取其大略而就。

**桓公十一年传：“君次于郊郢，以御四邑。”**

笺曰：“《坊记》云：‘礼，君不称天，大夫不称君，恐民之惑也。’又有通称者，《仪礼·丧服》郑《注》‘天子诸侯及卿大夫有地者皆曰君’是也。斗廉呼莫敖为君，是用通称，非以楚僭王号故也。范巫呼子西、子玉亦曰君，苌弘呼刘献公、文公为君，是属大夫贵卿士也。又有人臣而隆其称曰君者，周公若曰‘君奭’是也。篇中言君奭者四，但言君者六；而成王之书，王若曰‘君陈’；穆王之书，王若曰‘君牙’，皆此例也。犹汉时人主称丞相为君侯也。”

杨注：“君指屈瑕，郑玄注《仪礼·丧服》所谓‘天子诸侯及卿大夫有地者皆曰君’，则君除指国君外，亦为一般对称敬词。”

案，杨注概取《会笺》之意，指出此传文中君的具体含义。

**桓公十二年传：“秋公及宋公盟于句渎之丘。”**

笺曰：“渎音豆，穀丘之穀读如斗教於菟之教，一言为穀，二言为句渎，此即缓急声呼也，又曰合声。”

杨注：“句渎之丘即穀丘。急读之为穀，缓读之为句渎。”

案，杨注正为《会笺》的概括之意。

**桓公十七年传：“公子达曰：‘高伯为其戮乎！复恶已甚矣！’”**

笺曰：“复训报，见《周礼·大司寇职》郑注，即复仇之复。《汉书·谷永传》‘报德复怨’，师古云‘复亦报也’。复恶之义，与复怨同。言高渠弥为昭公所恶，而遂弑之，则其报复为已甚矣！《韩非子》亦载此事，复恶作报恶。杜训复为重，失之。”

杨注：“复，报复。报恶犹报怨。”

案，杨注择取了《会笺》的主要说法。

**庄公二十年传：“郑伯闻之，见虢叔。”**

笺曰：“《周语》韦注：‘王卿士虢公林父也。’然林父是虢仲，桓十年‘虢仲谮其大夫詹父’是也。僖五年‘虢公丑奔京师’，此虢叔当是丑。仲是世号，今不曰虢仲而曰虢叔，盖以弟嗣，故仍以行次称耳，非字也。”

杨注：“贾逵、韦昭《周语》注均以虢叔为虢公林父之字，然桓十一年传云：‘虢仲谮其大夫詹父。’则林父字仲不字叔也。疑此虢为僖五年传之虢公丑。”

案，刘文淇《疏证》谓：“贾逵注云：‘虢公，林父也。’”并谓杜注及《国语》韦注都用贾说。《会笺》考证虢公林父是虢仲，非此虢叔，此虢叔为虢公丑，与林父不是一人。杨注吸收并归纳了《会笺》这个值得肯定的观点。但《会笺》指出叔、仲均为行次，非字，驳正了贾逵、杜注之误，这一正确说法，杨注未予采纳，是其不足之处。

**闵公二年传：“乃先之。至，则告守曰：‘不可待也。’”**

笺曰：“待，御也。言狄师盛强，不可御也。《鲁语》：‘帅大讐以惮小国，其谁云待之。’《楚语》：‘其独何力以待之。’韦注并云：‘待犹御也。’御敌谓之待，故为宫室以御风雨，亦谓之待，重门击柝以待暴客；上栋下宇以待风雨，其义一也。”

杨注：“《鲁语》下及《楚语》下韦注并云：‘待犹御也。’此‘不可待’，亦不可抵御之意。”

案，杨注概括《会笺》意而得。

**僖公五年经：“五年春，晋侯杀其世子申生。”**

笺曰：“襄三十年传云：‘书曰：天王杀其弟佞夫，罪在天王也。’晋侯、宋公杀世子，义皆总归于彼矣。”

杨注：“襄三十年传云：‘书曰：天王杀其弟佞夫，罪在天王也。’此亦当同，罪在晋侯。”

案，将杨注与《会笺》对比知，杨注乃取其大意而已。

**僖公十五年传：“使以免服衰绖逆。”**

笺曰：“使人斋丧服，以迎秦伯也，意谓我死秦伯当服是服耳。下文‘丧归’句与此相应。遭丧之服，始死则有免，服成则衰绖。”

杨注：“遭丧之服，初死则有免，服成则衰绖。”又云：“《传》意盖使使者持此服以迎穆公，如已及儿女皆死，穆公当即著之。”

案，对比可知，杨注约取《会笺》大意而得。

**襄公十三年传：“唯是春秋窀穸之事，所以从先君于祢庙者。”**

笺曰：“屯夕之事即身后之事。‘春秋窀穸’犹曰春秋遥远。当连下‘所以从先君于祢庙者’为一长句。是谓作谥之事。”

杨注：“‘唯是’至此作一逗读，意谓死后议谥。”

案，杨注采纳了《会笺》对该传文句读及“作谥”的解说。

**襄公十四年传：“卫献公戒孙文子、宁惠子食，皆服而朝，日旰不召，而射鸿于囿。二子从之，不释皮冠而与之言。”**

笺曰："昭公十二年，楚子见子革去皮冠，是对子革朝服而夕，故脱去皮冠。今亦对二子朝服，宜脱皮冠。如不朝服，虽对大臣不必脱焉。《士冠礼》注云：'皮弁以白鹿皮为之。'"

杨注："君见臣，臣若朝服，依当时仪节，应脱去皮冠。昭十二年传叙楚子见子革去皮冠可证。"又云："孙林父、宁殖着朝服，卫献见之不脱皮冠，盖故意辱之。"

案，杨注约取《会笺》意而来。

**襄公二十三年传："王鲋使宣子墨缞冒绖。"**

笺曰："一曰缞、冒、绖三者皆墨之。"

杨注："缞，衰服；冒，冒巾；绖，腰绖。三者皆墨色。"

案，杨注约取《会笺》意而得。

**襄公二十五年传："男女以班。"**

笺曰："别男女而系累，以示为臣妾之意也。是文与下'使其众男女别而累'照映。哀元年：'蔡人男女以辨。'曰班、曰别、曰辨，文相变也。"

杨注："'男女以班'即下章之陈候使其众男女奴隶别而累。哀元年传：'蔡人男女以辨。'以示降服也。"

案，《会笺》谓《左氏》曰班、曰别、曰辨意同，对比知，杨注约取其意而得。

**襄公二十八年传："夏，齐侯、陈侯、蔡侯、北燕伯、杞伯、胡子、沈子、白狄朝于晋，宋之盟故也。"**

笺曰："胡国归姓，襄三十一年'胡女敬归'可证。《路史》乃据《韩非·说难篇》郑武公谓胡为兄弟之国语，遂以为姬姓。夫胡既为武公袭灭，春秋时何得复见。盖郑所灭者姬姓胡，楚所灭者归姓胡也。今安徽颍州府阜阳县西北二里胡城。"

杨注："胡有二，一为姬姓之国，《韩非子·说难篇》郑武公谓胡为兄弟之国、哀八年传齐侯杀胡姬是也，为郑武公所灭，故城当在今河南漯河市一带。此胡子则为归姓国，三十一年传胡女敬归可证。故城在今安徽阜阳县治。定十五年为楚所灭。此当是归姓之胡。"

案，杨注概括《会笺》而来。

**襄公三十一年传："高其闬闳。"**

笺曰："《说文》：'闬，门也。'《汉书》'绾自开闬'，注：'闬音扞，楚名里门为闬。'据是以扞非常，故从干。《尔雅》'衖门谓之闳'，闳、巷同，盖闳取其大。'盟诸僖闳'，庙也。或后宫，或城门皆称闳，闳与闬皆谓门也，犹垣与墙同义。此句言馆门高大可通大车四马也。”

杨注：“闬音扞。闳闬皆门义。”

案，杨注直接采用《会笺》的考证结果。

**定公元年传：“易几而哭。”**

笺曰：“几与期通，《诗》云：‘卜尔百福，如几如式。’《疏》释几为期节，是也。朝夕哭有定期，子家子不欲见叔孙，故易期而哭。”

杨注：“《诗·小雅·楚茨》云：‘如几如式。’毛《传》：‘几，期也。’古代丧礼，初丧，朝夕哭同在中庭北面。子家子不欲见叔孙，故改易己哭时，或较早或较晚。”

案：杨注是对《会笺》隐括其辞而得。

**定公四年传：“文武成康之伯犹多。”**

笺曰：“四王之子而年长者也，与成季友桓之季也，同例。非四王之伯兄也。以文王之伯言之，则周公兄有管叔，庶妾白男，年长于周公必多矣。邘、晋、应、韩，武王之子也，康叔不必第一行，合成康而数之，故曰犹多。”

杨注：“此谓四王之子年长于三叔者尚多，如周公兄有管叔（见《史记·管蔡世家》），武王之子甚多，唐叔虞应有庶兄，故云。”

案：杨注约取《会笺》大意而成。

**定公六年经：“夏季孙斯、仲孙何忌如晋。”**

笺曰：“内大夫聘晋二十四：僖三十年公子遂为聘晋之始，文公之世，如晋者五；宣公事齐，于晋仅归父一聘而已；成公时，如晋者三，晋不以德绥诸侯，公数见止辱，失盟主之礼。悼修文襄之业，使命数来，而鲁事晋亦谨。襄公之篇，见经者九，昭公屡朝而见拒，屡聘而执行人，鲁不知所以自立，而晋伯亦衰，定六年以后，鲁君臣之如晋者无闻焉。”

杨注：“鲁卿聘晋，始见于僖三十年之公子遂，终于此，共二十四次。此后无闻。”

案：《会笺》详细讨论了鲁君臣各世聘晋情况，但杨注只取首尾而已。

**定公九年传：“猛笑曰：‘吾从子，如骖之有靳。’”**

笺曰：“直以靳为服马，恐非。孔又据《说文》为服马当胸皮……孔说亦非。《诗·小戎》：‘游环胁驱。’《毛传》：‘游环，靳环也。’沈重曰：‘靳者言无常处，游在服马背上，以骖马外辔贯之，以止骖之出。《左传》云：‘如骖之有靳。’郑笺‘胁驱’者，著服马之外胁，以止骖之入。《正义》云：‘胁驱者，以一条皮，上系于衡，后系于轸，当服马之胁，据此则游环禁骖马外出，胁驱却骖马内入也。’《正义》又云：‘游环者以环贯靷，游在背上。’然游环所以贯辔，非以贯靷也。辔以御马，靷以引车，非可混为一事。猛意谓骖后于服，而制于靳，不能离服先进，己从书亦犹此，故取以为喻耳。”

杨注：“古代战车驾四马，两旁之马曰骖，中间二马曰服。服背有靳，靳亦曰游环，《诗·秦风·小戎》‘游环胁驱’是也。两骖之辔由外贯于游环中，而总于御者。则靳所以使骖随服，不致外出或前行。王猛之意，吾必如骖，行在服马后。”

案：杨注释靳，采《会笺》之意；释句意，在《会笺》基础上概括得之。

**哀公十二年传：“侯伯致礼，地主归饩。”**

笺曰：“侯伯，诸侯之长，谓盟主也。致，致之于彼也。下曰行礼，归饩曰致饩，见桓十四年。侯伯为主则诸侯皆宾。礼宾当有以礼之，或设饮食与之宴也。”

杨注：“侯伯谓盟主，此指吴。致礼，礼宾也。与会诸侯为宾。归饩亦曰致饩，见桓十四年传，详桓六年：‘馈之饩’注。地主，会地所在国之诸侯。”

案，桓公十四年传：“十四年，春，会于曹。曹人致饩，礼也。”笺曰：“得地主之礼也。哀十二年传：‘夫诸侯之会，事既毕亦，侯伯致礼，地主归饩，以相辞也。’与此相照。”杨注云：“哀公十二年传述子服景伯之言曰：‘夫诸侯之会，事既毕亦，侯伯致礼，地主归饩，以相辞也。’此会曹既为地主，亦于会毕致饩，故传曰：‘礼也。’”对比两传笺曰、杨注可知，杨注约取《会笺》大意而得。

### 三、对《会笺》取其精粹

《春秋左传注》的有些条注释对《会笺》进行删繁就简，粹取其说。

**隐公元年传：“庄公寤生，惊姜氏，故名曰寤生，遂恶之。”**

笺曰：“《三十国春秋》前秦蒲洪其母姜氏因寝产洪，惊悸而寤。《南燕录》慕容德母公孙夫人因昼寝生德。左右以告，方寤而起，以为生似郑庄公。此则与杜氏寤寐而生之说合。《郑世家》云：‘生大子寤生，产之难。’据《史记》则寤生者产难之称，此说近理。寤字当属庄公，寤即牾之假借，《尔雅·释言》：‘逜，寤也。’《释文》云：‘孙炎本逜字作午。’《说文》午，牾也。寤牾皆以吾为声，声同则义通。《列女传》：‘不拂不寤。’《新序·杂事篇》：‘卫灵公蹴然易容，寤然失位。’皆牾字之义。《说文》：‘牾，逆也。’凡妇人产子，首先出者为顺，足先出者为逆，庄公逆生，所以惊姜氏也。医家之说则《丹波元简医剩》云‘《育婴家秘》云：儿才生下，即气绝不啼哭，俗称闷脐生即寤生也’，必是难产。《物理小识》作闷寂生。《胤产全书》谓之梦生，《汇聚群方》谓之梦胎，《推拿秘法》谓之草迷，并同。又《太平御览》三百六十一引《风俗通》曰：‘不举寤生子，俗说儿堕地便能开目睹者，谓之寤生，举寤生子，妨父母。’谨案《春秋左氏传》郑武公娶于申，曰武姜，生庄公及共叔段，庄公寤生惊姜氏，因名寤生。武公老终天年，姜氏亦然，安有妨父母乎？据应劭所言，知汉时俗间相传有此说，盖左氏记事，往往有涉怪异者，殆周末俗习为然。然则应说亦未可全废也。”

杨注：“寤生，杜注以为寤寐而生，误。寤字当属庄公言，乃‘牾’之借字，寤生犹言逆生，现代谓之足先出。明焦竑《笔乘》早已言之，即《史记·郑世家》所谓‘生之难’。应劭谓生而开目能视曰寤生，则读寤为牾，亦误。其他异说尚多，皆不信。”

案，《会笺》列举了文献中关于“寤生”的各种说法，良莠俱见。杨注只取其中合理部分，其他杂说一笔带过。将两者对比，杨注末句所云“其他异说尚多，皆不信”，也反映了其对《会笺》的借鉴，可以想见，杨注是参考了《会笺》，而后发此论说。

**隐公元年传：“公曰：‘姜氏欲之，焉辟害？’”**

笺曰：“姜氏犹曰母氏，申生称骊姬曰姬氏，赵盾称嫡母曰君姬氏，亦其类也。女子重姓，举姓可略其氏，母之与子，氏族必异，故呼母为母氏，言其与已异氏也。”

杨注：“庄公称其母为姜氏，亦犹赵盾称其嫡母曰君姬氏，申生称骊姬曰姬氏，此是当时习惯称谓。”

案，杨注取《会笺》中精粹部分而得。

**桓公六年传：“不以畜牲。”**

杜注：“畜牲，六畜也。”

笺曰：“《尔雅·释畜》于马、牛、羊、豕、狗、鸡之下，题曰六畜。《周礼·庖人》：‘掌共六畜。’郑注：‘六畜，六牲也。’《膳夫》‘膳用六牲’、《牧人》‘掌牧六牲’，郑并以马、牛等六者当之。然则畜、牲一物，养之则为畜，共用则为牲，故杜以六畜解六牲。”

杨注：“畜牲，马、牛、羊、豕、狗、鸡也。养之则为畜，用之以祭祀则为牲。此亦同义词连用，与上文隐、疾相对。”

案，《会笺》引《尔雅》及《周礼》的《庖人》《膳夫》《牧人》辨析畜与牲的异同，以申发杜注。《会笺》将“畜”“牲”进行同义词辨析，对此，杨注加以概括吸收。

**桓十四年经：“宋人以齐人，蔡人、卫人、陈人伐郑。”**

笺曰："齐、蔡、卫、陈与郑无怨，徒以宋怨，郑突之背己而出师以听宋所为，故书'以'自此始。《传》曰'宋人以诸侯伐郑'，示以例也。霸事既兴，则征兵于诸侯，虽能左右之而不复书'以'矣。其书'以'者，僖二十六年'以楚师伐齐'，定四年：'蔡以吴子伐楚'是已。"

杨注："《经》书'以'者仅三次，此及僖公二十六年'公以楚师伐齐'及定公四年'蔡侯以吴子及楚人战于柏举。'"

案，《会笺》仔细分析《经》书"以"的情况及原则，杨注取其要紧处为说而已。

**桓公十六年经："夏四月，公会宋公、卫侯、陈侯、蔡侯伐郑。"**

笺曰："凡《经》《传》言'会某伐某者'，皆谓会其师。但君在焉，则称侯不言师，非行会礼也……杜以会为朝会之会，故其说每谬。"

杨注："正月曹之会为盟会，所以会者，据《传》，为谋伐郑，则此伐郑之会为会师。"

案，《会笺》主要解释此经文中"会"一词之含义，杨注就取其关键性说法为解。

**闵公二年传："间于两社，为公室辅。"**

笺曰："天子有大社，又有胜国之社，故云丧国之社屋之。鲁亦有亳社。哀四年'亳社灾'是也。其所置之处，《小宗伯》云'右社稷，左宗庙'，宗庙、社稷在中门内之左右也。《谷梁》云'亡国之礼以为庙屏戒'，或在庙，或在库门内之东，则亳社在东也。《正义》云，《周礼》云'左宗庙，右社稷'，彼谓天子、诸侯之正社稷。《周礼》又云'决阴事于亳社'，明不与正同处，明一在西，一在东，是也。定六年'阳虎盟公及三桓于周社，盟国人于亳社'，周社即国社也，国社在中门内，亳社在库门内。故曰间于两社，此以朝廷执政所在为言，宜系君臣日见之朝，凡朝君臣咸立于庭，朝有门而不屋，故雨沾衣失容则辍朝。天子、诸侯皆三朝，曰外朝、曰治朝、曰燕朝。诸侯之宫有三门，曰库门、曰雉门、曰路门。库门即外门也，雉门即中门也，路门即寝门也。外朝在库门之内，断狱蔽讼及询非常之处，外朝君不常视。三询之事见于经传者，太王属耆老而告，询国迁也；僖十五年，晋阴饴甥朝国人，曰'孤虽归，辱社稷矣，其卜贰圉'，询立君也；定八年，卫灵公朝国人，问叛晋，襄元年，陈怀公朝国人，问欲与楚，欲与吴，询国危也。治朝在路门之外，或谓之正朝，君臣日见之朝。古者视朝之仪，臣先君入，君出路门立于宁，遍揖群臣，则朝礼毕，于是退释路寝听政，诸臣至官府治事处治文书。王朝有九室，诸侯之朝左右亦当有室也。如议论政事，君有命，臣有进言，则于内朝，《太宰》所谓赞听治者，于治事处赞之。非谓揖群臣时也。燕朝在路寝门内，君之视之也，一为与宗人图嘉事，《文王世子》'公族朝于内朝'是也。一为君臣有谋议，臣有所进言，则治朝既毕后视内朝。一是群臣以玄端服夕见，亦是有事谋议也。"

杨注："鲁国有两社，一为周社，一为亳社。天子诸侯皆有三朝，曰外朝、曰治朝、曰燕朝。诸侯之宫有三门，曰库门，即外门；曰雉门，即中门；曰路门，即寝门。外朝在库门之内，断狱决讼及询非常之处，君不常视；治朝在雉门之内，或谓之正朝，君臣日见之朝。古者视朝之仪，臣先君入，君出路门立于宁，遍揖群臣，则朝礼毕，于是退释路寝听政，诸臣至官府治事处治文书。王朝有九室，诸侯之朝左右亦当有室。燕朝一曰内朝，如议论政事，君有命，臣有进言皆于内朝。雉门之外右有周社，左有亳社。间于两社，外朝正当其地，其实亦总治朝内朝言之。治朝不但有君臣日见之朝，诸臣治官书亦在焉。"

案，《会笺》参考《左传正义》《周礼·大宗伯》《小宗伯》《小司寇》《太宰》及注，并结合《左传》史实对天子、诸侯有三朝，诸侯之宫有三门、两社、间于两社的问题进行了详细解说。对比可知，对三朝、三门的解说，杨注取于《会笺》。但对"间于两社"的理解，两者不同。《会笺》谓此以朝廷执政所在为言，宜系君臣日见之朝，即治朝；杨注以《周礼·朝士》及《小宗伯》郑注所谓两社在雉门外之左右，外朝在雉门外之说为据，提出外朝论。而据《左传》"间于两社，为公室辅"的记载，两社之间，朝廷执政所在①，正为治朝。则《会笺》符合传意，其说为确。刘文淇《疏证》驳斥《仪礼·公食大夫礼》疏所云两社之间，遥系外朝而言的观点，亦谓"云执政所在，当指治朝而非外朝"。江永《乡党图考》意同此。

**文公四年传："曹伯如晋会正。"**

笺曰："会正者，定岁额以为贡赋也。自齐桓官受方物，使自贡于天子。晋文继霸则敛于列国而代之贡。故诸侯皆朝晋会正。"

杨注："杜注云：'会受贡赋之政也，《传》言襄公能继文之业，而诸侯服从。'读正为政，盖当时小国诸侯有向霸主纳贡赋之义务，因以定其额也。"

案，杨注引杜注释会正，并云："盖当时小国诸侯有向霸主纳贡赋之义务，因以定其额也。"可见，杨注参用了《会笺》的重要观点。

**宣公元年传："秋，邾子来朝。"**

笺曰："邾在桓十五年一来朝，历庄、闵、僖、文之世，不复朝鲁矣。近以须句之怨，文十四年犹兴南鄙之师，才逾五年而来朝新君者，齐鲁讲好而

① 见刘文淇《疏证》引贾逵注。杜注亦本此。

惧也。”

杨注：“郕于桓十五年一朝鲁，历庄、闵、僖、文之世，未见再书来朝。此来朝，盖以宣公初立，朝新君也。”

案，杨注本《会笺》而来。

**襄公十四年传：“（孙文子）并帑于戚，而入见蘧伯玉，曰：‘君之暴虐，子所知也。大惧社稷之倾覆，将若之何?’对曰：‘君制其国，臣敢奸之？虽奸之，庸知愈乎?’遂行，从近关出。”**

笺曰：“伯玉力不能制孙子，欲明不与乱臣，所谓可卷而怀之也。伯玉事灵公，与孔子友，献公之时恐未得为卿也。灵公以昭八年立，哀二年卒，自今至灵公六十七年。”

杨注：“旧读‘并帑于戚’为句，‘而入’属下，不确。此从于鬯《香草校书》。帑音奴，当广指子弟臣仆一切家众。”“孙文子家众本分二处，一在采邑戚，一在卫都帝丘。此时为发动叛乱，将家众聚于戚地，而后率领入帝丘。‘而入’者，入都攻卫献也。旧读‘而入见蘧伯玉’，不知蘧伯玉为灵公臣，且与孔丘为友。灵公为献公孙，鲁昭公八年立，哀公二年死。自此年距卫灵之死六十七年矣。此时蘧伯玉年甚少，必不在高位，孙林父不必往见之也。”“此系孙林父入都时偶然遇见伯玉，因伯玉见其率领兵众，林父不得不与之言。”

案，《会笺》对蘧伯玉生平大略的考证和推断宜情宜理，对此杨注加以汲取。

应须注意的是，对“并帑于戚而入见蘧伯玉”这句传文的理解，《会笺》与杨注相异。杨注云：“旧读‘并帑于戚’为句，‘而入’属下，不确。此从于鬯《香草校书》。帑音奴，当广指子弟臣仆一切家众。”“孙文子家众本分二处，一在采邑戚，一在卫都帝丘。此时为发动叛乱，将家众聚于戚地，而后率领入帝丘。‘而入’者，入都攻卫献也。”杨注认为此时蘧伯玉年少位卑，孙林父不必往见之。传文“见蘧伯玉”，“此系孙林父入都时偶然遇见伯玉，因伯玉见其率领兵众，林父不得不与之言”。《会笺》以旧读为准，认为：“帑，妻、子之通称。（孙文子）将欲作乱，虑祸及妻、子，故令并处于戚。”对“帑”的注释，依据字书，《会笺》是准确的。杨注有臆解之嫌。孙文子将发动叛乱，不可能挈妇将雏而入卫都，“并帑于戚”就是为避免后顾之忧而采取的措施，奈何又将妻、子变为拖累。传文孙蒯惧、“并帑于戚”云云，都烘托出孙文子将叛的气氛，交代出事件的起因、进展。左氏叙述孙文子将妻、子家眷安置于戚，只为说明其欲叛之决心已形之于色，见之于事。杨注解为“将家众聚于戚地，而后率领入帝丘”，非左氏意。可见杨注有失信据。

《庄子·则阳》:"蘧伯玉行年六十,而六十化。未尝不始于是之,而卒诎之以非也。未知今之所谓是之非五十九非也。"郭庆藩《集释》云:"(蘧瑗字伯玉)卫之贤大夫也。盛德高明,照达空理,故能与日俱新,随年变化。"①《淮南子·原道》:"蘧伯玉年五十,而有四十九年非。"《大戴·将军文子》:"外宽而内直,自设于隐括之中,直己而不直于人,汲汲于仁,以善存亡,盖蘧伯玉之行也。"《论语·宪问》:"蘧伯玉使人于孔子。孔子与之坐而问焉,曰:'夫子何为?'对曰:'夫子欲寡其过而未能也。'使者出。子曰:'使乎!使乎!'"诸子皆以伯玉为言,由此可知,蘧伯玉是个修德养性之人,所以虽卫献公时他年少位卑,但德高望重。孙文子将叛希望得到他的舆论支持。伯玉没有威权,无力制止孙文子之为,愤而出关,所以《会笺》用旧读或可信。

**昭公四年传:"飨大夫以落之。"**

笺曰:"落,始也。室成始居之饮酒曰落,器成始用之饮酒亦曰落。礼,宗庙成则衅之,宫室成则落之。据此知落与衅明是二事。七年楚子成章华之台,愿与诸侯落之,其享公于新台,即是与诸侯落之之事也。然则落之之事,享也,非祭也。衅亦非涂血之谓也。"

杨注:"落与衅不同。古代凡器用,如钟、鼓之类,及宗庙,先以猪、羊或鸡之血祭之,曰衅(《孟子·梁惠王上》谓以牛衅钟,乃特例,详焦循《正义》)然则飨宴,则名之曰落,犹今言落成典礼。衅不必享,落则享客,此云'飨诸大夫',七年传'楚子成章华之台,愿与诸侯落之','楚子享公于新台'俱足为证也。"

案,《会笺》考证落与衅仪式不同,说明该句是享客而落之,非祭而衅之。杨注接受了它的观点。

**定公二年传:"邾庄公与夷射姑饮酒,私出。"**

笺曰:"襄十五年:'师慧过宋朝,将私。'《注》:'私,小便。'此私亦当是小便,盖饮半将便而出也。《世说》'王祥私起',字例同。杜云'避酒',非也。"

杨注:"私,小便。"

案,杨注就取《会笺》中的核心观点为说。

## 四、对《会笺》加以申发

《春秋左传注》有些条注释受到了《会笺》的启发,而取其说法的合理部

① 郭庆藩《庄子集释》,中华书局2004年版。

分，并于此基础上做进一步的申发说明。兹举例如下：

**隐公元年传："祭仲曰'都，城过百雉，国之害也。'"**

笺曰："《孟子》曰'三里之城'，盖谓大都也，三里则举其成数言。"又曰："盖中都当取其雉之整数为八十雉，小都六十雉；以丈计则大五百，小三百也。"

杨注："都、城为两词，都为都邑，城谓城垣，与闵元年《传》之'分都城而位以卿'之都城为一词者不同。古之城邑皆可谓都，庄二十八年《传》：'凡邑有宗庙先君之主曰都，无曰邑。'实则可以通称。"

案，《会笺》注意到此传中都与城虽连文，但不为"都城"一词，都与城意义不同，其笺注也显示了都与城含义的区别。《春秋左传注》在《会笺》的基础上对都与城含义之异同做了提粹与进一步申说。

**隐公三年经："三月庚戌，天王崩。"**

笺曰："襄廿八年王人来告丧，问崩日，以甲寅告，故书之，以惩过也。此《经》亦惩过者。杜云欲请诸侯速至，臆说已。"

又，隐公三年传："三年春，王三月，壬戌，平王崩，赴以庚戌，故书之。"

杨注："此谓周平王实以三月壬戌日死，而赴告却云庚戌日（十二日），故《春秋经》从讣告，亦书庚戌日。赴告何以将死日误提早十二日，杜注云：'欲诸侯之速至，故远日以赴。'恐是臆测之辞。襄二十八年《经》云：'十有二月甲寅，天王崩。'《传》云：'癸巳，天王崩，未来赴，亦未书，礼也。王人来告丧，问崩日，以甲寅告，故书之，以惩过也。'与此可以互相发明。"

案：将经文与传文对照，再将《会笺》与杨注对比，不难看出传文下杨注的解说是对经文下《会笺》之意的阐释发挥。

**隐公三年传："又娶于陈，曰厉妫，生孝伯，早死。"**

笺曰："季孙宿以襄公姑姊二人妻邾庶其，自是二妻。又，鲁文公有二妃敬嬴，齐桓公有三夫人，邾文公有二妃，陈哀公有元妃、二妃、下妃，卫庄姜在位，庄公娶于陈，郑世子忽娶于陈，齐侯又请妻之，皆是夫人。惟元妃为嫡，不敢匹之耳。"

杨注："《左传》曰'又娶'，《史记·卫世家》曰'又娶陈女为夫人'，则厉妫是庄公夫人无疑。诸侯是否当再娶，三《礼》无文可征，《公羊传》谓诸侯不再娶，《白虎通》亦主是言，以《左传》考之，不合史实。"

案，《会笺》列举了《左传》中的许多史实，意在说明诸侯可再娶。《春秋左传注》则列举了其他文献中的相关说法，以申发《会笺》之意。最后又以《左传》史实为据，通过驳斥与《会笺》相异的观点，而使《会笺》的说法得到了进一步的明确。

**隐公十一年传："寡人有弟，不能和协，而使糊其口于四方。"**

笺曰："糊口者，不足于食，仅给其口而已。《释言》：'糊，饘也。'则糊是饘鬻别名。后世以薄鬻涂物，谓之糊纸、糊帛，则糊者以鬻食口之名，故云糊其口也。《说文》训糊为寄食，小徐引此《传》为证，则于昭七年正考父鼎铭所谓'饘于是，鬻于是，以糊余口者'，不可通也。鬻乃食之薄者，考父自谦，苟以得食为幸，与仅给其口意合。"

杨注："糊口之糊，即今糊纸，糊窗之糊，以薄粥涂物也。昭七年《传》正考父鼎铭'饘于是，鬻于是，以糊余口'可证。糊口者，以薄粥供口食耳。'糊口于四方'，'于四方'三字始有寄食之意，《方言》云：'糊，寄也。'《说文》云：'糊，寄食也。'皆王筠《说文句读》所云：'约举《传》意以为说耳。'不然，不但不能以之释正考父之鼎铭，《庄子·人间世》云：'挫针治繲，足以糊口。'亦难解释矣。"

案，此条下《春秋左传注》对《会笺》的合理说法做了简括其辞的归纳，并进一步为《会笺》释疑解惑。《会笺》认为《说文》训糊为寄食，虽合此《传》文意，但以其去释正考父之鼎铭，却不可通。实际上是对《说文》的解释提出了质疑。《春秋左传注》详究此《传》文意，并征引文献，对《会笺》的质疑做了回答。

**桓公五年经："天王使仍叔之子来聘。"**

笺曰："叔是荣叔、虢叔之类，盖始祖之行叔，而后世因以为家号者，犹赵氏世称孟，知氏世称伯。仍采地名，哀元年归于有仍少康，为仍牧正，可征。作《云汉》诗者，当是人之祖。称子有父之辞，《传》曰弱，曰父在，互相发也。"

杨注："仍叔，《穀梁传》作'任叔'。仍叔世为周大夫。《诗·大雅·云汉·序》云'云汉，仍叔美宣王也'，此周宣王时之仍叔，自此年上距周宣王之卒已七十六年，若当初年，则百二十年矣。周有尹氏、武氏、仍叔、荣叔、家父，曰氏，曰叔，曰父，皆世称，如晋称赵孟，世世称之。此仍叔之子不书名，亦犹隐公三年《经》书'武氏子'，其人本于朝廷无爵位，父老而以门子代其事。"

案，对"仍叔"及"仍叔之子"的注释说明，《春秋左传注》在《会笺》的基础上做了进一步的讨论。

**桓公六年传："属诸右公子。"**

笺曰："属者《世家》使右公子傅之是也。隐三年'召孔父而属殇公'，僖十七年‘属孝公于宋襄公’，是自一义。”

杨注：“《卫世家》云‘以为太子，而令右公子傅之’，则所谓属之者，使傅之也。此与隐公三年传‘宋穆公疾，召大司马孔父而属殇公焉’，僖公十七年传‘公与管仲属孝公于宋襄公以为太子’，其意则一，其嘱记之方法则有不同，《史记》具言之。”

案，对“属”的解释，《春秋左传注》在《会笺》的基础上做了进一步说明。

**桓公九年传：“斗廉衡陈其师于巴师之中，以战而北。”**

笺曰：“北者，乖背之名，战败者必背敌而走，故谓战败为北。《说文》：‘从二人相背。’即其义也。”

杨注：“北，军败奔走也。段玉裁《〈说文解字〉注》云：‘谓背而走也。’韦昭注《国语》云：‘北者，古之背字。’”

案，杨注在《会笺》的启示下对传文中北之本字本义加以进一步申说。

**桓公十三年经：“无冰。”**

笺曰：“周二月藏冰之月也，而无以纳于凌阴，故书。左氏不为发传，以昭四年申丰之言示义矣。”

杨注：“《春秋》书‘无冰’者凡三次，此及襄二十八年不书月，成元年则书‘二月’，以昭四年《传》‘日在兆陆而藏冰’证之，此及襄二十八年皆当是二月，盖‘藏冰’为古二月之礼，至此气候仍暖，无冰可藏，故史官书之。”

案，杨注循《会笺》之意以列举方式详细讨论了《春秋》书‘无冰’的情况及原因，透示出《春秋》的书法特点。

**桓公十五年传：“诸侯不贡车服。”**

笺曰：“《周官》九贡有服贡，郑《注》以为絺紵。凡《禹贡》所举玄纁纤纩织文织贝皆是也，可用以为服，故曰服贡。车服之服，成服也，与服贡异。”

杨注：“车与戎服，乃在上者所以赐与在下者，故诸侯不用以贡于天子。《周礼·天官·太宰》九贡中有服贡，《大行人》因朝而贡亦有祭服，但所贡皆是制作衣服之材料，非已制成之衣服。”

案，杨注也重点区别了车服与服贡之异，这个讨论实际上是在《会笺》的启发下对该问题做了理论概括，使之进一步明确。

**僖公十五年传：“晋于是乎作爰田。”**

笺曰：“服虔、孔晁皆云：‘爰，易也。’杜云‘爰之于所赏之众’，则亦以爰为易。《晋语》作辕田，贾侍中云：‘辕，易也。’为易田之法，赏众以田，易疆界也。孟康《地理志》注，辕、爰同。爰田，州兵，从前无其法，故皆曰作，下文云‘众悦，晋于是乎作州兵’，是作州兵固众悦，而众悦因征缮以下之言，则此作爰田，亦因众皆哭，而众皆哭因以君命赏也，然则爰田之制，因赏而作，非赏以爰田也。爰犹爰书之爰，换也。《汉书·食货志》‘三岁更耕之，自爰其处’，《三国志·陆瑁传》‘少爰居会稽’，《钟离牧传》‘同郡徐原爰居永兴’，此爰有换之义。作爰田者，开其阡陌，以换井田之法也。故《汉书》云‘秦孝公用商君，制辕田’，贾《国语》注云‘易疆界’，盖亦谓开阡陌也。晋既以田赏公，公田不足，故开阡陌以益之。名之为爰田耳。”

杨注：“《汉书·地理志》云：‘秦孝公用商君，制辕田，开阡陌，东雄诸侯。’商君之制辕田，即晋惠之作爰田也。商君制辕田而后开阡陌，则此之作爰田亦必开阡陌，从可知也。昔人以爰田与古人之休耕强为比附，故不得其正解。又云：“盖晋惠既以大量田土分赏众人，自必变更旧日田土所有制，一也；所赏者众，所得必分别疆界，又不能不开阡陌以益之，二也。商鞅‘制辕田，开阡陌’，然后秦孝公得以‘东雄诸侯’，则晋此之作爰田，其作用亦可知矣。”

案，爰田，古今异解纷纭，如杜预、李贻德、严蔚、姚鼐、惠栋、高亨诸人的分税说、趄田易居，换工休耕说、单纯赏田说、以田出车赋说、解放农奴，取消公田说等，或无确证，或不尽传意，或臆测，皆不足取。杨伯峻《春秋左传注》对其一一加以驳斥。尔后，取《会笺》意申发为其说。对比即知之矣。《会笺》观点本贾、服以爰为易说，参以《汉书》《三国志》等文献及传意申发而得。其说可信。刘文淇《疏证》亦以贾、服“易田之法”为确。

**文公四年传：“昔诸侯朝正于王。”**

笺曰：“襄二十八年：‘公在楚，《传》曰：释不朝正于庙也。’朝正言朝正月也。杜与会正混，误矣。”

杨注：“襄二十九年《传》云：‘春王正月，公在楚，释不朝正于庙也。’新正至祖庙贺正，谓之‘朝正于庙’，则此‘朝正于王’，谓以正月朝贺京师也。”

案，笺曰：“襄二十八年”，“八”当为“九”之误，《会笺》常有这样的错误，如襄公十八年传：“亦舍兵而缚郭最，皆衿甲面缚也。”笺曰：“面缚详僖七年。”七当为六之误，检传文即明。由此比较可知，杨注是发挥《会笺》而得。

**文公十七年经：“十有七年，春，晋人、卫人、陈人、郑人伐宋。”**

笺曰：“龟井昱曰，卫在陈上，此类宜以郑先宋，不失所也比拟之也。间二年又曰卫人、陈人，知孔宁惰故也。十五年传称宋公、卫侯、蔡侯、陈侯，盖蔡、陈背晋从楚，而蔡最后至。唯卫以与陈睦，受晋疑，其罪轻，且早请平于晋，晋以抑蔡侯，故进卫于蔡、陈上也。若以三侯班位次之，则卫当在蔡、陈下耳。盖赵盾惩贰怀睦之权宜欤。新城之盟曰宋公、陈侯、卫侯、郑伯，此四国皆新服盟国，故从本班次之也。十五年扈之盟，以黜蔡侯，本属楚故，进卫而特次蔡上，据此则当时卫在陈上者，其义可窥。然经文未尝改二君本位，唯于大夫会而从主盟权宜而已。故宣元年曰，陈侯、卫侯，二年曰，卫人、陈人，其成二年曰陈人、卫人，此楚之盟也，固当如此。襄五年、七年并曰陈侯、卫侯，襄二十七年宋之盟，曰卫石恶，（陈）孔奂，昭元年虢之会，曰卫齐恶、陈公子招，二者晋、楚之会也，各以期从互序之也，非卫在陈上。其后定四年有卫侯、陈子而已，陈、卫不复并书。"

杨注："卫与陈之班次，或卫在陈上，自隐公至庄公十四年，四十二年间，凡四会，如此，或陈在卫上，自庄公十五年迄僖十七年，三十五年间，凡八会，如此。自此终于定四年（定四年以后，陈、卫不复并书），陈亦常在卫上，然亦间有卫在陈上者，如此及宣二年之'卫人、陈人'、襄二十七年之'卫石恶，陈孔奂'、昭元年之'卫齐恶、陈公子昭'、定四年之'卫侯、陈子'，盖因时因事而异。"

案，龟井昱指出按周班，则陈当在卫上，但因时因事不同，经传常有书卫在陈上者，并对此做了具体分析。杨伯峻《春秋左传注》则对鲁隐公以来的春秋时期陈、卫的班位序次问题进行了总体讨论，指出，卫与陈之班次，或卫在陈上，或陈在卫上，皆因时因事而异。对比可知，杨注是参考《会笺》所引的龟井昱《左传缵考》之说，并对其观点加以申发而得。

**襄公十三年传："秋，楚共王卒。子囊谋谥。"**

笺曰："《楚语》：'及葬，子囊议谥。'《檀弓》：'公叔文子卒。将葬，其子戍请谥于君。'《家语》：'既死而议谥，谥定而卜葬，既葬而立庙。'"

杨注："《白虎通·谥篇》云：'所以临葬而谥之何？因众会欲显扬之也。'《楚语上》叙此事亦云：'及葬，子囊议谥。'《檀弓下》亦谓：'公叔文子卒。其子戍请谥于君。'云云，则知葬前便议谥。《孔子家语》谓：'既死而议谥，谥定而卜葬，既葬而立庙。'仅得其大略。"

案，杨注对《会笺》所引文献加以归纳申发，阐明其义。

**定公元年经："夏六月癸亥，公之丧至自乾侯。"**

笺曰："丧过葬期而始至，季氏之慢也。"

杨注："据隐公元年《传》及《礼记》《礼器》《杂记下》，诸侯五月而葬。案之《春秋》经传，三月而葬者亦多。昭公死于去年十二月十四日，至此已逾六月，合《传》文季平子之拟议推之，其办丧事迟缓。"

案，杨注显然是对《会笺》之意的申发阐微。

**定公九年传："尽借邑人之车，锲其轴，麻约而归之。"**

笺曰："绝轴而麻约之，骋之必折，故杜云：'欲绝追者。'盖虎锲轴所入毂处，故邑人不觉耳。"

杨注："深刻车轴，以麻束之，而后还于借主。盖知己逃，必用其车以追之，车轴被深刻，易折，则难追矣。"

案，杨注是将《会笺》之说阐发了一下。

**五、对《会笺》有所增补**

《春秋左传注》有些条注释是对《会笺》做了增补，或增加了文献例证，或对其作以理论上的补充，使之或更完善，或更充分或更深入。如：

**隐公元年经："三月公及邾仪父盟于蔑。"**

笺曰："《公羊传》邾皆作邾娄，《檀弓》亦然。娄者邾之余声也。合邾娄之音为邹，故至《孟子》时改国号曰邹。"

杨注："《礼记·檀弓》《公羊》皆作'邾娄'，《国语·郑语》《晏子春秋·内篇上三》《孟子》并作'邹'，盖邾娄速读而音变。"

案，杨注在《会笺》之上又补充了《国语》《晏子春秋》中的这两个文献例证。

**隐公元年传："吊生不及哀。"**

笺曰："自始死及殡，自启及反哭，皆主人所至哀。"

杨注："自始死及殡（将葬停棺），自启（将葬举棺）及反哭（古礼，葬后返庙而哭），皆主人所至哀，此所谓哀者，指自始死至返哭时。"

案，杨注在《会笺》之上又增补了一些解说，使问题分析得更清楚透辟。

**隐公三年经："夏四月辛卯，君氏卒。"**

笺曰："君氏，《公》《穀》皆作尹氏，云尹氏天子之大夫也。盖《经》本作君，后字脱其半而成尹。《周礼》'司几筵其柏席用萑'，《注》谓柏，椁字磨灭之余；君之为尹，所谓磨灭之余也。昭二十年'棠君尚谓其弟员曰'，《释文》君或作尹，亦其例。《公》《穀》不知为残阙，见春秋时适有尹氏，遂牵合其说耳。夫周之世卿，何为书之？且尹氏多矣，何得此尹氏独书卒？不得以王子虎、刘卷赴吊如同盟比也。又《经》自天王、鲁君外，他国诸侯及王臣，未有卒不名者，此独称氏，安知其为何时之尹氏？且又安知其不为郑之尹氏也？果然，他国之微者，徒以私恩书其卒，更觉无谓耳。"

杨注："君氏，《公羊》《穀梁》皆作尹氏，谓尹氏天子之大夫。'尹'盖'君'之残误字，《公》《穀》盖因字残而误。昭二十年传'棠君尚'，《释文》

云‘君’或作‘尹’；《荀子·大略篇》‘尧学于君畴’，《汉书·古今人表》作‘尹畴’，皆君、尹形近而误之证。《春秋》除周王及鲁侯外，列国诸侯以及卿大夫，其卒，常例皆书其名，而此尹氏若果为周大夫，竟不书名，则不可解，以是可知《公》《穀》之误。”

案，《春秋左传注》取《会笺》之大意，并又增加一文献佐证：《荀子·大略篇》中“君”，在《汉书·古今人表》中作“尹”，亦形近而讹之证。

**隐公三年传：“郑武公、庄公为平王卿士。”**

笺曰：“经典言卿士、士者甚多，大率六卿中执政者是也。《诗·十月之交》四章，首言‘皇父卿士’，则此卿士当是六卿之长。《洪范》：‘卿士维月，下王一等。’《常武》：‘王命卿士，在大师皇父之前。’可知卿士为最尊之位，大约卿士一职，即以六卿为之，如郑桓庄以司徒，王子虎以大宰之类。周初官制，冢宰总内外之政，后来改制，盖冢宰总百官，而卿士则专督诸侯，犹周初二伯之职，其有左右，亦分陕而治之遗意也。及桓文兴，王朝不闻复有此官也。”

杨注：“经书屡见卿士一词，意义不一。《尚书·洪范》‘谋及卿士，谋及庶人’，《顾命》‘卿士邦君麻冕蚁裳，入即住’，卿士似泛指在朝之卿大夫，此广义之卿士。《牧誓》言‘是以为大夫卿士’，则卿士不包括大夫，此卿士义当同于《诗·小雅·十月之交》：‘皇父卿士，番维司徒。’《商颂·长发》‘降予卿士，实维阿衡’之‘卿士’，此狭义之卿士。杜《注》谓‘卿士，王卿之执政者’，盖得之。《左传》凡八用‘卿士’，皆狭义。”

案，《春秋左传注》指出经典中出现的“卿士”有狭义、广义两种，而《左传》皆狭义，这实际是对《会笺》“卿士”含义的解说做了补充归纳。

**隐公五年经：“九月考仲子之宫，初献六羽。”**

笺曰：“《杂记》曰‘成庙则衅之，路寝则考而不衅’，庙成而封羊血祭之也。谓之衅者，厌怪御衅之义也；考者，寝成以酒食浇落之也，谓之考者，成就之义也。故衅不可称之寝，而考可通称之庙。今曰‘考仲子宫’，筑宫成之谓也。”

杨注：“古时宗庙宫室或重要器物初成，必举行祭礼，或名曰考，此‘考仲子之宫’，及《诗·斯干序》所云‘宣王考室’是也。或名曰落，昭四年《传》‘叔孙为孟钟，乡大夫以落之’是也。或名曰成，《礼记·檀弓》‘晋献文子成室’是也。或名曰衅，定四年《传》：‘祓社衅鼓’是也。考与衅对文则异。《礼记·杂记下》‘成庙则衅之，路寝成则考之而不衅。’郑玄注云：‘考之者，设盛食以落之尔。’但仲子之宫亦是宗庙，非生人居室，故知此考即衅。”

案，《春秋左传注》对古代宗庙宫室等初成所举行的仪式之名归纳为考、落、成、衅，并参照《会笺》的观点讨论了本《传》中考与衅含义的异同，其对传文的解释说明是于《会笺》的说法之外作了增补。

**桓公二年传："卿置侧室。"**

笺曰："侧室对正室之称，非官名。文十二年'赵有侧室曰穿'，是也。后世以妾为侧室，非古义矣。侧室之称系乎子，不系乎母也。《韩非子·亡徵篇》'君不肖而侧室贤，太子轻而庶子伉'，侧室亦谓君之弟也。汉《文帝赐南越王书》'联，高皇帝侧室之子'，亦谓嫡子外之余子也。颜师古乃注云：非嫡所生，则竟以侧室为妾矣。《南史》：齐安成王秀早孤，文帝命侧室陈氏母之。又《韦放传》：放与张率皆有侧室怀孕，指腹为婚姻，则六朝时已以妾为侧室，故师古致有此误耳。"

杨注："侧室之义甚多。《左传》凡三用侧室一词。杜预注此云'侧室，众子也，得立此一官。'是以侧室为官名。文十二年传云'赵有侧室曰穿'，杜注云'侧室，支子'，则又一义也。然亦未尝不可解为官名。当时赵盾为晋国正卿，赵穿为赵夙庶孙，于赵盾为从父兄弟，则被立为侧室者，不必亲子弟，选其宗之庶者而为之即可矣。此左氏侧室之义也。《韩非子·八奸篇》云'侧室公子，人主所亲爱也；为人臣者，事公子侧室以音声子女'，是侧室又指诸侯之群子言。《韩非子·亡徵篇》云：'君不肖而侧室贤，太子轻而庶子伉，官吏弱而人民桀，如此则国躁；国躁者，可亡也。'是侧室似又指人主之庶弟言（王先慎谓侧室即君之父兄行）。此又一义也。至《礼记·檀弓下》：'有殡，闻远兄弟之丧，哭于侧室。无侧室，哭于门内之右。'及《内则》'妻将生子，及月辰，居侧室，夫斋，则不入侧室之门'等侧室①，又指房舍，犹今之耳房，此又一义也。《汉书·南粤传》载《文帝赐赵佗书》：'联，高皇帝侧室之子。'颜师古注云：'言非正嫡所生。'《淮南子·修务训》云：'侧室争鼓之。'《南史·梁宗室下》：'安成康王秀、秀母弟始兴王憺，文帝哀其早孤，命侧室陈氏并母二子。'② 又《韦放传》云：'放与吴郡张率皆有侧室怀孕，因指为婚姻。'则侧室又为姬妾之通称。《左传》无此义。"

案，《会笺》通过举例的方式说明古籍中"侧室"的意义有古今差异。古义一为与"正室"相对，一为"君之弟"，六朝以来，其又增新义为"姬妾之

---

① 杨伯峻引文献多约取之，如《礼记·内则》谓："妻将生子，及月辰，居侧室，夫使人日再问之，作而自问之，妻不敢见，使姆衣服而对。至于子生，夫复使人日再问之，夫斋，则不入侧室之门。"

② 此处引文又为约取。

通称”。杨注在《会笺》的基础上又补充了侧室在古籍中所具有的“诸侯群子”“耳房”诸义。

需指出，《会笺》与杨注分别有几点不准确的说法。文公十二年传：“赵有侧室曰穿，晋君之婿也。”笺曰：“适子曰正室，支子在適子之侧，故曰侧室，桓二年‘卿置侧室’是也。”如果参考桓公二年与文公十二年传《会笺》的解释，可知它认为两条传文中“侧室”意都与“正室”相对，指支子而言。桓公二年传刘文淇《疏证》云：“杜注云：‘侧室，众子也，得立此一官。’疏云：‘《礼记·文王世子》：公若有出疆之政，庶子守公宫，正室守太庙。’郑玄云：‘正室，適子也。’正室是適子，故知侧室是众子。文十二年传曰‘赵有侧室曰穿’，是卿得立此一官也。按文十二年杜注：‘侧室，支子。’支子犹众子也。”《会笺》将桓公二年与文公十二年传中“侧室”释为“支子”，这是对的。但它称“侧室”非为官名，以此否定杜注，这是不准确的，为其一误。再者，《会笺》将《汉书·南粤传》所载《文帝赐赵佗书》中“侧室”解为“嫡子外之余子”，亦一误。杨伯峻已予以改正。《春秋左传注》将桓公二年与文公十二年传中“侧室”分别作两意解，不准确。

**桓公九年传：“凡诸侯之女行，唯王后书。”**

笺曰：“女子谓嫁曰‘有行’，见于《诗》。”

杨注：“《诗·邶风·泉水》云：‘女子有行，远父母兄弟。’《鄘风·蝃蝀》《卫风·竹竿》亦皆云：‘女子有行，远兄弟父母。’行，皆指出嫁。此行字义亦同。”

案，杨注于《会笺》之外又补采《诗·鄘风·蝃蝀》《卫风·竹竿》为其佐证。

**桓公十一年传：“对曰：‘师克在和，不在众，商周之不敌，君之所闻也。’”**

笺曰：“武王革车三百，虎贲三千人，而纣众如林，是其不敌也。‘纣有亿兆夷人’，昭二十四年苌弘引之。”

杨注：“据《孟子·尽心下》，武王伐殷，革车三百辆，虎贲之士三千人。又据昭二十四年《传》引《大誓》，纣有亿兆夷人。则相传纣王之军多，武王之兵少，而武王卒灭纣。”

案：杨注为《会笺》的说法增补了文献依据。

**桓公十三年经：“己巳，及齐侯、宋公、卫侯、燕人战，齐师、宋师、卫师、燕师败绩。”**

笺曰：“《春秋》诸侯虽未葬，逾年则称爵。宣十一年‘楚子、陈侯、郑伯盟于辰陵'，是时灵公被弑，贼未讨，君未葬，已称陈侯。成三年：'宋公''卫侯'亦同，杜失之。"

杨注："是时卫宣公虽未葬，然死于去年，新君逾年即位，例得称爵。《春秋》之例，旧君死，新君立，当年称子，逾年称爵。当年称子者，如僖公九年正月宋桓公卒，夏宋襄公参与葵丘之会，故书曰'宋子'；僖公二十五年夏，卫文公卒，冬，卫成公与鲁会，书曰'卫子'；僖公二十八年，陈穆公卒，冬，陈共公与温之会，书曰'陈子'；定公四年二月，陈惠公卒，三月陈怀公与召陵之会，亦书曰'陈子'。逾年称爵者，宣公十一年，陈成公与辰陵之盟，是时不但陈灵公未葬，且杀君者亦未讨，然灵公死于去年，新君已改元，故《经》仍书陈侯；成三年《经》书'公会晋侯、宋公、卫侯、曹伯伐郑'，宋公为宋共公，卫侯为卫定公，而是时宋文公、卫穆公俱未葬，但因新君已逾年即位，故仍称爵。"

案，杨注于《会笺》的解说之外补充了"《春秋》之例，旧君死，新君立，当年称子"的内容，并补采了多条文献例证。

**桓公十三年经："己巳，及齐侯、宋公、卫侯、燕人战，齐师、宋师、卫师、燕师败绩。"**

笺曰："败绩称师，常例也。书败绩者十五，而庄二十八年，'卫人败绩'，称人，唯一见，此实是异辞，杜一之疏矣。"

杨注："庄公十一年《传》云：'大崩曰败绩。'《春秋》书'败绩'者十六次，其十四次皆称某师败绩，唯庄二十八年称'卫人败绩'，成公十六年称'楚子、郑师败绩'。"

案，杨注归纳书"败绩"者十六次，于《会笺》"书败绩者十五"多补一次。

**桓公十四年经："秋八月壬申，御廪灾。"**

笺曰："此《经》御廪即神仓也。《祭义》云：'天子为藉千亩，诸侯百亩，躬秉耒以事天地山川社稷先古，敬之至也。'《月令》：'季秋乃命冢宰，藏帝藉之收于神仓。'郑注：'帝籍所耕千亩也，藏祭祀之谷，故为神仓是也。'"

杨注："御廪有两义，此则如杜《注》所云：'藏公所亲耕以奉粢盛之仓也。'《月令》谓之神仓。《说苑·反质篇》述魏文侯之言曰：'夫御廪者，寡人宝之所藏也。'则诸侯之珍宝库亦得曰御廪。"

案，杨注于《会笺》所释的御廪在此经文中的神仓之义外，又为其补充该语境外的另一含义：珍宝库。这就使人既了解到御廪在古文献中的各种含义，又明白了它在具体语境中的意义，由此加深了对经文的理解。

**桓公十五年经："郑世子忽复归于郑。"**

笺曰："忽，《春秋》之所不君，本是世子，故以世子复其位为文。僖二十八年'元咺复归'，是大夫复位者也，复归非啻人君而已。"

杨注："成公十八年《传》云'复其位曰复归'，僖二十八年《经》云'卫元咺自晋复归于卫'，则大夫复其位亦可谓复归。"

案，杨注又补采了一条成公十八年《传》文为《会笺》之佐证。

**僖公十五年传："穆姬闻晋侯将至，以大子弘与女简、璧登台而履薪焉，使以免服衰逆，且告曰：'上天降灾，使我两君匪以玉帛相见，而以兴戎。若晋君朝以入，则婢子夕以死；夕以入，则朝以死。唯君裁之。'"**

笺曰："《释文》云：'曰上天释灾至此，凡四十七字，检古文皆无。寻杜注亦不得有。有是后人加也。'《释文》'四十七字'，七当作二，盖传写之误。《正义》亦云：'《左传》本无此言，后人妄增耳。'然《列女传》叙穆姬并从传文而有此语，则汉时古本旧有焉。孔陆之本，偶尔褫夺耳。孔又以杜解婢子不于此，而于二十二年，徵此文妄增。然杜解不注于前而注于后，亦复不少，则唯此一义不足为徵也。"

案，关于《经典释文》，《左传正义》所提出的此条衍文问题，清人臧琳《经义杂记》、沈钦韩《补注》、洪亮吉《诂》都多有涉及，论说纷纭，意见歧出。竹添光鸿参考各家说法，提出自己的观点。他先以《经典释文》《左传正义》引出问题，且一并交代两家看法。然后引《列女传》及沈钦韩"孔、陆之本，偶尔褫夺耳"之说，提出并证成己意。最后佐以驳正孔疏之举，辅翼其证。他的阐释条分缕析、简洁明了。

将杨注与之对比，阐释过程完全一致，但增加《史记·秦本纪》《礼记·典礼下》二条相关文献佐证。

**襄公十四年传："卫献公戒孙文子、宁惠子食，皆服而朝。"**

笺曰："诸侯每日视朝，君臣皆玄冠、缁布衣、素积以为裳，礼通谓此服为朝服。公食大夫之礼，宾朝服，则臣于君虽非礼食，亦当服朝服也。"

杨注："朝服为玄冠（黑而带赤色之礼帽）、缁布衣、素积以为裳（以生绢作裙，在裙腰处折叠），衣与帽同玄色。裳白色。"

案，杨注表述与《会笺》基本相同，但对玄冠、缁布衣、素积裳的质地、色泽、形制均做了进一步阐释，使今人易于明白，从而对《会笺》起到补充作用。

**定公四年传："苌弘曰：'信，蔡叔，唐叔之兄也。'"**

笺曰："《管蔡世家》以蔡叔为周公弟，苌弘欲以始祖长幼序国，蔡叔果周公之兄，当长蔡于鲁，而今独长于卫，则未尝以蔡叔为周公兄也。……陈蔡新离楚而来，以其进陈子于郑伯上推之，长蔡于盟亦柔服新附之术也。”

杨注：“此苌弘藉口，谓以始祖长幼为次序，实则先蔡者，一则蔡本从楚，今改从晋；二则蔡请伐楚，而晋辞之，以此略慰之耳。”

案，杨注于《会笺》柔服之术的理由，又补充了一条：“蔡请伐楚而晋辞之。”

**定公四年传：“夏后氏之璜。”**

笺曰：“《淮南·泛论训》注：‘半圭曰璋，半璧曰璜，夏后氏之珍玉也。’《明堂位》曰：‘大璜，天子之器。’则阳虎所窃之宝玉是也。”

杨注：“《礼记·明堂位》曰：‘大璜，天子之器。’《淮南·泛论训》及《精神训》高诱《注》云：‘半圭曰璋，半璧曰璜，夏后氏之珍器也。’”

案，杨注补采《淮南子·精神训》高诱注为《会笺》之佐证。

**六、将《会笺》择为一说**

《春秋左传注》有时认为几种说法均合理可信，有时对几种说法都疑而不确，它有些解说是将几家说法并存，供研究者参考，其中《会笺》常被其择为一说。如：

**隐公元年传：“既而太叔命西鄙、北鄙贰于己。”**

笺曰：“《周语》云：‘百姓携贰。’韦昭注：‘贰，二心也。’此贰亦同，言背君而从己也。心不专君而分于己，故曰贰于己；若无‘于’字，其义正反犹‘叛某’‘叛于某’之例。杜云‘两属’，非本义。”

杨注：“贰于己，句法与隐公三年《传》‘贰于虢’同；句意宜与成十三年《传》之‘君有二心于狄’同。杜注谓两属，盖从其实际言之；洪亮吉《左传诂》谓有二心，盖就训诂言之，皆是也。”

案，杨注认为“贰于己”既可作“有二心”，又可意“两属”；实质上是指出《会笺》和杜注的说法都不误，只是角度不同而已。

**隐公五年传：“使曼伯与子元潜军其后。”**

杨注：“曼伯疑即庄十四年《传》之子仪。而顾炎武《左传补正》及日人竹添光鸿《左传会笺》谓为郑昭公忽之字，疑不确。”

案，杨注明确列出《会笺》的解释，作为一说。

**成公十五年传：“鱼石自止华元于河上。请讨，许之，乃返。”**

杨注：“据此，华元仅及黄河边而返。但《经》《传》皆云‘出奔晋’，《经》尚书‘自晋归于宋’，因之或谓盖从其动机与政治靠山而立言，或又谓华元虽仅至黄河边，已入晋国境，故书‘奔晋’‘自晋’。两说未详孰是。”

案，成十五年经：“宋华元自晋归于宋。”笺曰：“鱼石自止华元于河上，是国人逆之，故曰归。言自晋者，已达晋也。《传》云‘止于河上’，已入晋境矣，且书奔无不系国者，不必定抵其都也。”可见，杨注所举“或又谓”一说，即择《会笺》意。

**定公八年传：“辛卯，禘于僖公。”**

笺曰：“是大禘也。大禘必于大庙，今为僖公禘于大庙，以审定昭穆之位，故曰‘于僖公’，犹闵二年‘吉禘于庄公’，非于僖庙行之也。辛卯禘于僖公，即十月顺祀，非二事。”

杨注：“禘为合祭群先公之礼，宜于太庙行之，此于僖公庙行之者，杜《注》谓因顺祀‘当退僖公，惧于僖神，故于僖庙行顺祀也’。或谓禘祭仍于太庙，此谓于僖公者，犹闵二年《传》‘吉禘于庄公’，为庄公也。说亦有理有据。”

案：杨注所择取的“或谓”一说，就是《会笺》的内容。

**定公七年传：“夏四月，单武公、刘桓公败尹氏于穷谷。”**

笺曰：“穷谷即襄四年所谓穷石。”

杨注：“穷谷，江永《考实》谓即昭二十六年《传》萑谷、施谷之类，在洛阳市东，详彼《注》。或谓即襄四年《传》之穷石，穷石在今洛阳市南，相距甚近。”

案，杨注所择取的“或谓”一说，即是《会笺》的内容。

**定公四年传：“其载书云：‘王若曰：“晋重……”’”**

杨注：“晋文公名重耳，此省称重，顾炎武《日知录》二十三云：‘〈晋语四〉，曹僖羁称叔振铎为先君叔振，亦二名而称其一也。’杨树达先生《古书疑义举例续补》因云：‘盖古人记二名，本有省称一字之例。’《会笺》以为‘载书首冠“王若曰”，何等郑重，岂得从省。盖此时合诸侯于召陵，晋为盟主，祝鮀之言虽告苌弘，而晋定公实在会，故为盟主讳，单举“重”字，正“二名不偏讳”之意’。阮芝生《杜注拾遗》说同。”

案，杨注正是择取《会笺》的内容为一说。

## 七、对《会笺》提出异说

《春秋左传注》有些解说显然在参看了《会笺》的观点的基础上，针对《会笺》发表的异说。从表面上看，这些《春秋左传注》的结论与《会笺》分歧很大，两者毫不相干，但从有针对性地提出异说这一点分析，《春秋左传注》

还是受到了《会笺》的启发和影响。

**隐公元年前传："继室以声子，生隐公。"**

杜注："声子为媵。"并云："元妃死则次妃摄治内事，犹不得称夫人，故谓之'继室'也。"

杨云："昭公三年《传》载'晋平公娶少姜，少姜有宠而死，齐请继室于晋'。少姜非晋平公嫡夫人，则所续娶者自非嫡夫人。《鲁世家》谓声子为贱妾，或有所据。哀公二十四年《传》云：'若以妾为夫人，则固无其礼也。'似鲁未曾以妾为妻者，则声子不能视为正室夫人矣。僖公九年《穀梁传》及《孟子·告子下》均载葵丘盟约，有云'毋以妾为妻'，是必先有以妾为妻者，然后载于盟约以禁止之。"

案，《会笺》依据文献所载的天子、诸侯、宗子有"再娶"之礼，及《礼记·曲礼》郑玄注证说"继室"为正妻，辩驳了杜注"继室"为媵妾的说法。据清人毛奇龄的《春秋属辞比事记》知，天子、诸侯有"再娶"之礼；继室，"则媵妾之当室耳"，即当继室者原来身份是媵妾，也可以继为夫人。① 由此，《会笺》的继室为继夫人之说可信。

杨注针对《会笺》的声子继室为夫人之说提出异议，谓"则声子不能视为正室夫人矣"。然而，杨注提出的两条证据皆显不足，首先，杨注所提到的"齐请继室于晋"之说，《会笺》已解释此"继室"为称呼，与"继室以声子"条不同；实际《会笺》指出其词性为名词，而非动词。另外，杨注据一条记载鲁有"毋以妾为妻"的盟约的文献记载，称声子卑贱，不能作妻。但其实杨注本身已说："是必先有以妾为妻者，然后载于盟约以禁止之。"由此可反知上古春秋之际必有以妾为妻的实事存在，这也证明生子为妻不是不可能的。因而杨注驳斥《会笺》之说不足为据。

**隐公六年传："商书曰：'恶之易也，如火之燎于原，不可向迩。'"**

《笺》曰："'恶之易也'，今《盘庚》无此句，盖左氏缩取其意以成辞。"

杨注云："今《商书·盘庚上篇》有此文，而无'恶之易也'一句，疑'恶之易也'一句乃《左传》作者所增。"

案：杨注盖不同意《会笺》的说法，因而又提出了另一种可能的说法。

**桓公十四年经："十有四年正月，公会郑伯于曹。"**

笺曰："僖二十七年盟于宋，宋不与也；僖十九年之齐、二十年之邢、襄二十七年之宋，地主与焉者也。地主与会与否，《传》无明例，不可武断。"

---

① 《春秋属辞比事记》"即位"目，"隐元年"条注。

杨注:“以《传》‘曹人致饩’推之,曹或亦参见此会。”

案,杨注不同意《会笺》的说法。但哀公十二年传述子服景伯之言曰:“夫诸侯之会,事既毕矣,侯伯致礼,地主归饩,以相辞也。”据此,地主无论与会否,依礼,会毕都应致饩。由此,从桓十四年传“曹人致饩,礼也”,亦无法断定曹人参加了此会。因此《会笺》的说法较优。

**桓公十七年经:“秋八月,蔡季自陈归于蔡。”**

笺曰:“《传》曰:‘蔡人召蔡季于陈,秋蔡季自陈归于蔡,蔡人嘉之也。’此国逆曰归之最彰彰者,杜不晓成十八年《传》‘入’‘归’二字互讹,故为‘为陈所纳’耳。”

杨注:“成公十八年《传》云:‘诸侯纳之曰归。’则蔡季之立,虽蔡召之,亦由陈国纳之。”

案,成公十八年传“凡去其国,国逆而立之,曰‘入’;复其位,曰‘复归’;诸侯纳之,曰‘归’;以恶曰‘复入’”。此条杨注与《会笺》观点相异,关键在于他们对成公十八年这条传文是否有误的认识态度不同,这条传文是对《春秋经》书法义例作以阐述的,本应该是在对经文史实归纳演绎的基础上抽绎出的原则,但很多研究者在讨论中指出它的说法有与《春秋经》所载史实不符的地方,因而对它的正确与否产生了怀疑。《会笺》引日人安井衡《左传辑释》的观点,认为“国逆而立之曰入”,与“诸侯纳之曰归”之“归”和“入”两字互讹。(详成公十八年传文该条下《会笺》笺注)而《春秋左传注》虽列举了七八家文献都指出以这四条释例,考之《春秋》全经全文,甚不相合。其中亦包括了日人安井衡的“入”“归”讹误说。且后又引吴闿生《左传微》中吴汝伦之说“凡空释《经》文无事实者皆后之经师所为,非《左氏》之文”,似乎倾向了诸家认为成十八年传文有误的看法,但终究没下断言,却云:“诸说皆乏确证,存疑可也。”此处阐释桓十七年《经》文,《会笺》与杨注都引成十八年传为据,杨注因存疑而用了原文,《会笺》因断定其非,而用了改过之文,自然两者结论相异。

**桓公十七年经:“癸巳,葬蔡桓侯。”**

笺曰:“五等诸侯,卒从其爵,葬称公。称公非僭也,周公、太公之后,皆侯爵耳,故曰齐侯、鲁侯,而太公之子孙曰丁公、曰乙公、曰癸公,周公之子孙曰考公,曰炀公、曰幽公,皆成康之世,亦可谓之僭乎?则诸侯葬称公者,礼也。今蔡桓侯葬而书侯,修《经》之后,传写误耳。”

杨注:“诸侯之卒,例书其爵,而葬则一律称公。今不曰蔡桓公而曰蔡桓侯,据《史记》,蔡国历代君主皆称侯,此或仍其旧称。然宣十七年《经》亦书‘葬蔡文公’。”

案，《会笺》断定该《经》有误，而杨注则对其存有疑问，提出其他说法。

**定公八年传：“主人焚冲。”**

笺曰：“冲，《说文》作锺，云‘陷阵车也’。《淮南·览冥训》‘隆冲以攻’，高《注》：‘隆，高也。冲车大铁著其辕端，马被甲，车被兵，所以冲于敌城也。’然马首前于辕端，辕端虽著大铁，不可以冲城，即令长辕端出于马首，城壁之坚，非独辕所能破，《说文》云‘陷阵车’是也。”

杨注：“冲，《说文》作锺，云‘陷阵车也’。然此文言攻齐廪丘外城，则冲为攻城之车。《诗·大雅·皇矣》：‘与尔临冲，以伐崇墉。’则临车、冲车皆可用作攻城。《淮南子·览冥训》‘隆冲以攻’，高诱《注》：‘隆，高也。冲车大铁著其辕端，马被甲，车被兵，所以冲于敌城也。’当时城郭皆夯土筑成，尚无砖石结构，故不用炮火即可陷城。”

案，杨注针对《会笺》“城壁之坚，非独辕所能破”之说，加以反驳，并据上下文境说明此处冲车非陷阵车而为攻城车，其说可信。

**定公九年传：“臣从之，皙帻而衣狸制。”**

笺曰：“《说文》：‘制，裁也。’盖未成衣，如今斗篷，与裓连文，裓正斗篷。……杜以制为裘，乃望狸文生义……且是时为周之秋，当斗，指午、未、申三月，不当衣裘。狸制，是狸色斑然斗篷耳。”

杨注：“制，今之斗篷，以狸为之，故曰狸制。说见俞正燮《癸巳类稿》卷二《制解》。”

案，俞正燮《癸巳类稿·制解》云：“盖未成衣，如今斗篷……狸制，是狸色斑然斗篷耳。”可见，对于“制”，《会笺》和杨注都采纳了俞氏的说法，认为是未做成衣服的衣料类东西，“如今之斗篷”。但对于“狸制”，两者看法不同，《会笺》用俞氏意，以为狸制之狸强调斗篷的花纹色泽；而杨注则提出异说，强调斗篷的质地，认为是以狸皮为制，这个说法值得商榷。

首先，文献中所反映的古人用狸皮裁制的衣服，多为裘，如《诗·豳风·七月》：“一之日于貉，取彼狐狸，为公子裘。”①《诗·小雅·都人士》及《礼记·缁衣》：“彼都人士，狐裘黄黄。”《左传·僖公五年》：“狐裘龙茸，一国三公，吾谁适从。”《史记·孟尝君列传》云：“孟尝君有一狐白裘，直千金。”都描写了当时贵族身着狐裘的形象。至于用狸皮作斗篷，恐怕与古人的服饰习俗有些不符。

---

① 《十三经注疏》本，中华书局1980年版。

再者，古代穿裘是有贵贱等级的，制度甚严。《礼记·玉藻》："君衣狐白裘，锦衣以裼之；君之右虎裘；厥左狼裘；士不衣狐白。君子狐青裘豹褎，玄绡衣以裼之；麛裘青豻褎，绞衣以裼之；羔裘豹饰，缁衣以裼之；狐裘，黄衣以裼之；锦衣狐裘，诸侯之服也，犬羊之裘不裼，不文饰也。"这也就是说狐白裘乃君之服，虎裘、狼裘乃左右卫士之服，大夫服狐裘镶豹袖、羔裘镶豹饰，士以下只能服犬、羊之裘，并不得加裼衣。《论语·乡党》云："缁衣，羔裘；素衣，霓裘；黄衣，狐裘。"① 由此可见，上古狐裘是不能随便穿的，穿着违制，是有僭越之嫌的，重则问罪处斩。《左传》哀公十七年载卫太子杀浑良夫事，理由就因其衣着行止不合礼度，其中浑良夫着"紫衣狐裘"为一大宗罪过。这种严格的穿裘制度，后代的许多封建王朝皆有沿袭，观览历代正史的《舆服志》，便不难发现相关规定。直到清朝康熙年间，朝廷还曾对穿裘做出一项规定："貉裘、猞猁狲非亲王大臣不得服，天马、狐裘、妆花缎非职官不得服，貂帽、貂领、素花缎非士子不得服……染色鼠狐帽非良家不得服，所不禁者獭皮、黄鼠帽……而已。"② 就秦汉文献中所反映的古人穿的狐裘看，一般为西周春秋时贵族的服饰，如上《诗·豳风·七月》郑玄笺："于貉，往搏貉以自为裘也，狐狸以共尊者。"《诗·秦风·终南》云："君子至止，锦衣狐裘。颜如渥丹，其君也哉。"《礼》言狐裘者多，亦可知以共尊者。如《礼记·玉藻》"狐裘，黄衣以裼之"，郑玄注云："黄衣，大蜡时腊先祖之服也。孔子曰：黄衣狐裘。"又，"锦衣狐裘，诸侯之服也"。《礼记·檀弓》："有若曰：'晏子一狐裘三十年。'"《周礼·天官·司裘》："掌为大裘，以供王祀天之服。"③ 再如，其他载籍也如此，《新序·杂事第一》载，宛春谓卫灵公曰："君衣狐裘，坐熊席。"④《吕氏春秋》曰："卫灵公天寒凿池，宛春谏曰：'天寒起土，恐伤民。'公曰：'天寒乎？'宛春曰：'公衣狐裘，坐熊席，陬隅有灶，是以不寒。'"⑤ 既然狐裘以共尊者用，那么穿狸皮衣服的人身份一定得尊贵，此传文中的"衣狸制"者，为齐东郭书，据定公九年传文所载分析，东郭书就是一个勇敢的士卒罢了，身份并不显赫；从齐晋夷仪之战结束后，齐侯、犁弥、东郭书之间的对话看，与东郭书同时作战的犁弥，并不认识他，可见其身份较低微，非将非帅，就是一

① 《论语卷五·乡党第十》姚永朴撰《论语解注合编》，黄山书社 1994 年版。

② 叶梦珠《阅世编》，上海古籍出版社 1981 年版。

③ 《十三经注疏》本，中华书局 1980 年版。

④ （汉）刘向编著，石光瑛校释，陈新整理：《新序校释》中华书局 2001 年版。

⑤ 事具《艺文类聚》卷 5，岁时下，寒部，中华书局 1965 年版；又见《吕氏春秋》卷 25，吉林人民出版社 1999 年版。

个混迹于战斗队伍的普通士兵而已。由此看，东郭书不应该着狸皮做的斗篷。

另外，《会笺》指出据传文可知时值秋季，东郭书也没必要着狸皮裁制的斗篷。因而杨注狸制的说法欠妥。

## 八、直接注明参考《会笺》

杨伯峻《春秋左传注》有些地方直接注明参看了《左氏会笺》，杨注或者标明引用了《会笺》的观点以说明文义；或者标明将《会笺》的观点择为一说；或者标明《会笺》的观点而后加以订正补充。

### （一）杨注对《会笺》的直接援引

**闵公二年传：“生齐子、戴公、文公、宋桓夫人、许穆夫人。”**

杨注：“齐子，《会笺》：‘齐子谓嫁于齐者。僖十七年：齐侯好内，多内宠。长卫姬生武孟。齐子即长卫姬也。’”

**成公五年传：“十一月己酉，定王崩。”**

杨注：“杜注：‘经在虫牢盟上，传在下，月倒错。众家传悉无此几字。或衍文。’竹添光鸿《会笺》则以为定王不书葬，所以为此传者，盖叙定王谥号，决非衍文。虫牢之盟所以在前，由于子灵被杀在秋，由此顺叙宋共因此辞会而及，不必依随经序。说颇有理。”

**成公八年传：“晋侵沈，获沈子揖初。”**

杨注：“杜注以‘自是’解‘初’字，则‘沈子揖’为句，‘初’字属下读，文义难通。今从竹添光鸿《会笺》以‘沈子揖初’为读。”

案，以上两例杨注据竹添氏的解说驳杜预之说，明确切实，不为无理。

**成公十五年传：“凡君不道于其民，诸侯讨而执之，则曰：‘某人执某侯。’”**

杨注：“《春秋》于诸侯相执，一般书‘某人执某侯’，未必被执者皆‘不道于其民’，此一义例，或仅适用于僖二十八年‘晋人执卫侯，归之于京师’。说参竹添光鸿《会笺》引龟井昱说。”

**成公十五年传：“凡君不道于其民，诸侯讨而执之，则曰：‘某人执某侯。’”**

杨注：“《春秋》于诸侯相执，一般书‘某人执某侯’，未必被执者皆‘不道于其民’，此一义例，或仅适用于僖二十八年‘晋人执卫侯，归之于京师。’说参竹添光鸿《会笺》引龟井昱说。”

**成公十六年传：“先君无乃有罪乎？若有罪，则君列诸会矣。”**

杨注：“列诸会，列之于会；之，仍指先君曹宣公；会，指宣十七年断道之会盟等。杜注误以‘之’指曹成公，则与文义、事理皆不合。说参《会笺》。”

**襄公十三年传：“新军无帅，晋侯难其人，使其什吏率其卒乘官属，以从于下军，礼也。”**

杨注：“襄二十五年传云：‘自六正、五吏、三十帅、三军之大夫、百官之正长师旅及处守者皆有赂。’此什吏之吏，即五吏之吏。五吏者，军尉、司马、司空、舆尉、候奄也。每军皆有此五吏，五吏又各有佐（副手），故此云什吏，什吏即十吏。说参《左氏会笺》。”

**襄公三十年传：“子荡将与焉助之。”**

杨注：“子荡，薳罢之字。‘助之’或属下读，今从《会笺》‘将与焉助之’连读，较长。”

**昭公三年传：“君日不悛，以乐慆忧。”**

杨注：“《诗·唐风·蟋蟀》：‘日月其慆。’《毛传》：‘慆，过也。’言以娱乐度过忧患。说见竹添光鸿《会笺》。”

**昭公三年传：“且小人近市，朝夕得所求，小人之利也，敢烦里旅？”**

杨注：“里旅即《周语中》《鲁语上》之司里，亦即《鲁语上》之里人。其职掌卿大夫之家宅。说参《会笺》及《读左传》。”

**昭公十九年传：“叶在楚国，方城外之蔽也。”**

杨注：“《会笺》云：‘是年楚子迁许于析，更以叶封沈诸梁，号曰叶公。定五年叶公始见于传，哀四年再见，十六年又见，盖自是为楚重镇矣。’”

**昭公二十年传：“私欲养求。”**

杨注：“竹添光鸿《会笺》云：‘养谓口体之奉，求谓玩好之类，皆私欲也。’”

**昭公二十四年经：“婼至自晋。”**

杨注：“杜注：‘喜得赦归，故书至。’然《会笺》云：‘内卿见执，必书其终，例也。杜云喜书，臆断。’”

昭公二十四年传：“刘子谓苌弘曰：‘甘氏又往矣。’对曰：‘何害？同德度义。《大誓》曰：纣有亿兆夷人，亦有离德；余有乱臣十人，同心同德，此周所以兴也。君其务德，无患无人。’”

杨注：“竹添光鸿《会笺》云：‘度与宅通，犹在也。言所谓同德者，惟在于义耳。’文十八年传‘不度于善’，杜注：‘度，居也。’即此义。”

**昭公二十五年传：“鸲鹆之羽，公在外野，往馈之马。”**

杨注：“《会笺》云：‘与季平子每岁买馈之应。’”

**昭公二十六年传：“宣王有志，而后效官。”**

杨注："《会笺》：'周礼郑注：志，古文识。有志谓长而有知识也。'"

**昭公二十八年传："晋祁胜与邬臧通室。"**

杨注："《会笺》：'通室，通共其室而无间隔也，尤见其淫纵。'"

**昭公三十一年传："晋人召季孙。献子使私焉，曰：'子必来，我受其无咎。'"**

杨注："《会笺》云：'受其无咎犹保其无咎也。《尚书·召诰》曰：保受王威命明德，《仪礼·士冠礼》字辞曰：永受保之，是受与保义相近。'"

**哀公三年传："公父文伯至。"**

杨注："《会笺》云：'定五年被阳虎逐，意虎败乃归也。'"

**哀公六年传："吴伐陈，复修旧怨也。"**

杨注："《会笺》云：'夫差之所以亡也。定五年《传》云：子常唯思旧怨以败。'"

**哀公十二年传："夫堕子者得其志矣。"**

杨注："《会笺》云：'卫不欲来者其言验，故得志也。'"

**哀公十三年经："夏，许男成卒。"**

杨注："《会笺》云：'元公也，国灭后楚立之。'"

**哀公十三年经："葬许元公。"**

杨注："《会笺》云：'卒葬日月皆不具，史略。'"

**哀公十三年经："冬十有一月，有星孛于东方。"**

杨注："《会笺》云：'盖长星亘天之类也。虽见于旦，必有宿可言，今曰东方，则初昏见东方，所加遍及东方诸宿，不可以宿名也。'"

**哀公十五年传："季子曰：'是公孙也，求利焉，而逃其难。由不然，利其禄，必救其患。'"**

杨注："《会笺》云：'敢从门内言焉，子路识其声，故曰是声是公孙也。'"

**哀公十五年传："太子闻之，惧，下石乞、盂黶敌子路。"**

杨注："《会笺》以石乞、盂黶为介者五人之二人，或然。子路未着甲胄，故不能敌二人。"

**哀公十六年传："晋人伐郑。"**

杨注："《会笺》云：'去年冬晋侯伐郑盖是也。'"

**哀公十七年传："十七年春，卫侯为虎幄于藉圃。"**

杨注："《会笺》云：'幄幕可驰张移动，传言于藉圃，又言成，是一定不动，非幄幕也。幄当读为楃。楃，木帐也。盖卫侯作小屋于藉圃，其形如楃而刻虎。'"

**哀公二十一年传：“齐闾丘息曰：‘君辱举玉趾，以在寡君之军，群臣将传遽以告寡君。比其复也，君无乃勤。为仆人之未次，请除馆于舟道。’”**

杨注：“《会笺》云：‘在，存也，谓存问之。齐侯以师出，故云寡君之军。’”

**哀公十一年传：“当子之身，齐人伐鲁而不能战，子之耻也，大不列于诸侯矣。”**

杨注：“《会笺》以‘大’字属上读，亦通。季氏专鲁政，鲁被大耻，不能与诸侯并列，即季氏不能列于诸侯。”

（二）杨注将《会笺》作为一说

**僖公四年经：“葬许穆公。”**

杨注：“竹添光鸿《会笺》谓许穆公即隐十一年之许叔，在位盖四十二年。此说同于清姚彦渠《春秋会要》。然据杜氏《世族谱》，许叔为桓公，名郑。杜《谱》不知何据，今姑从姚说。”

**僖公九年经：“伯姬卒。”**

杨注：“《左传会笺》云：‘凡妇女之事，左氏多不传，以其无关大义也。’”

**僖公九年传：“荀叔曰：‘吾与先君言矣，不可以贰。’”**

杨注：“竹添光鸿《会笺》谓贰，变也。亦通。王引之《述闻》谓贰为貣（同忒）字之误，不确。”

**僖公二十年传：“君子曰：‘随之见伐，不量力也。量力而动，其过鲜矣。善败由己，而由人乎哉？’”**

杨注：“善败犹言成败。《周语上》云：‘口之宣言也，善败于是乎兴。’《晋语九》云：‘朝夕诵善败而纳之。’《楚语下》云：‘献善败于寡君。’诸善败皆此义。说详竹添光鸿《会笺》。”

**僖公二十四年传：“于诸姬为近。”**

杨注：“竹添光鸿《会笺》：‘以道路之近为四德之一，意觉不妥。近是亲近之近，言桓公为司徒，武庄为卿士，世等近于王，与晋、卫诸国疏于周室者不同。’”

**僖公二十七年传：“子玉刚而无礼，不可治民，过三百乘，其不能以入矣。”**

杨注：“入谓全师入国。下年传叙子玉既败，王使谓之曰：‘大夫若入，其若申、息之老何？’彼入字与此入字同。说见沈钦韩《补注》及竹添光鸿《会笺》。”

案，沈钦韩云：“言决其败死，不复再入国门矣。”竹添光鸿《会笺》曰：

“子玉既败，王使谓之曰：‘大夫若入，其若申、息之老何?’彼入即此入字。及连穀而死，即不能入之事也。”可见此传沈氏与竹添氏之说互参则解释更完备。

**僖公三十二年传：“公辞焉。”**

杨注：“竹添光鸿曰：‘桓十三年：楚子辞焉一例。’”

**文公六年传：“委之常秩。”**

杨注：“竹添光鸿《会笺》云：‘秩，禄廪也。此言使其禄廪有常。委，《儒行篇》：委之以货财之委。’则谓付之以俸禄。两说（案，指杜预注与竹添氏注）皆可通。”

**文公十三年传：“子家赋《载驰》之四章。”**

杨注：“竹添光鸿《会笺》谓《载驰》本实五章，首章六句，次八句，次六句，次四句，卒四句，则‘控于大邦’两句在四章，又非卒章，或与传合义。”

**文公十八年传：“功以食民。”**

杨注：“孔疏云：‘民不自治，立君牧养，作事成功，所以养食下民，故曰功以食民也。’此一义也。竹添光鸿《会笺》云：‘功成而后受邑受田，以食于民也。此车服以庸之义。《晋语》：公食贡，大夫食邑，士食田，庶人食力，工商食官，皁隶食职，官宰食加，字法全同。杜训食为养，不确。’两说皆可通，后说似较胜。”

**宣公十二年传：“军行，右辕，左追蓐。”**

案，杨注总结此传有两义。一为杜注、孔疏之说，以左右为步卒兵车之左右；一为竹添光鸿《会笺》本傅逊之说而引申之云：“左右与下‘前茅’‘中权’‘后劲’对言，则亦谓左右军，非车左右。盖楚分其军为五部，而各有所任也。辕谓将车之辕，右辕，言右军从将军之辕所向而进退，下文云‘令尹南辕及旆’，又云‘改乘辕而北之’是也。”据此竹添氏以左右为左右军，非车之左右，杨注认为“后说较合理”。

**宣公十二年传：“贱有等威。”**

案，杨注指出此句有两解。一为马宗琏《补注》认为所谓贱者，亦各有其臣属，是所谓等威也；一为竹添光鸿《会笺》云“威、畏通，言贱者有等之可畏，而不苟犯尊也”。杨注认为后说较胜。

**襄公二十七年传：“宋左师请赏，曰：‘请免死之邑。’”**

杨注：“免死有二解，杜注云‘谦言免死之邑也’，《会笺》谓‘此盟事体甚大，及将歃，啧有烦言。苦事破，向戌之罪不容于死。今也幸而成矣。故曰免死之邑’，此一解。沈钦韩《补注》谓‘若后世封功臣有铁券，身免三死，子孙免一死也’，此又一解。疑杜解较长。”

**昭公二十五年传：“初，臧昭伯如晋，臧会窃其宝龟偻句。”**

杨注：“杜注：‘偻句，龟所出地名。’《会笺》云：‘偻句只是龟名。’”

**定公四年传：“其载书云：‘王若曰：晋重、鲁申、卫武、蔡甲午、郑捷、齐潘、宋王臣、莒期。’”**

杨注：“《会笺》以为‘载书首冠王若曰，何等郑重，岂得从省。盖此时合诸侯于召陵，晋为盟主，祝鮀之言虽告苌弘，而晋定公实在会，故为盟主讳，单举重字，正二名不偏讳之意。阮芝生《杜注拾遗》说同’。”

案，杨注解释此传中晋文公重耳，省称重之意，引顾炎武、杨树达、《会笺》各说以便读者参考。

**哀公二年传：“夏，卫灵公卒。夫人曰：‘命公子郢为太子，君命也。’对曰：‘郢异于他子，且君没于吾手，若有之，郢必闻之。且亡人之子辄在。’”**

杨注：“此意有二释，杜注：‘言用意不同。’盖谓郢不欲居君位，以节操自高，吴季扎所谓‘守节’者也。竹添光鸿《会笺》云：‘盖郢母贱，不敢自同于他子，故云异于他子耳。’”

**哀公二十五年传：“公为支离之卒。”**

杨注：“杜注：‘支离，阵名。’《会笺》云：‘支离，分散也，盖分为数队以误敌。’后说较长。”

**哀公二十七年传：“故寡君使瑶察陈衷焉。”**

杨注：“顾炎武《补正》引傅逊曰：‘衷，中也，察其中见灭之由。’《会笺》云：‘衷，情实也。’傅说较长。”

**文公十八年传：“父义、母慈、兄友、弟共、子孝，内平外成。”**

杨注：“杜注：‘内，诸夏；外，夷狄。’竹添光鸿《笺》云：‘此以一家言，则内谓家，外谓乡党。’”

案，在该传随文注释中，竹添光鸿的解说更贴切。

（三）杨注对《会笺》的补充或驳正

**僖公二十三年传：“狄人伐廧咎如。”**

杨注：“竹添光鸿《会笺》据成十三年传吕相绝秦言‘白狄及君同州，君之仇雠而我昏姻也’，以昏姻指季隗，因谓廧咎如为白狄，不知晋与狄通婚，不仅此也，说不足据。”

**僖公三十年传：“东门襄仲将聘于周，遂初聘于晋。”**

杨注：“竹添光鸿《会笺》曰：‘朝曰始，聘曰初，初聘始朝皆就立君而言之。宣十年：季文子初聘于齐，是年齐顷公立；襄二十年：齐子初聘于齐，去年齐灵公卒，庄公立。今晋文公立七年矣，亦初聘也。杞伯、滕子来朝，皆在文十二年，传并曰：始朝公也；襄六年、七年始朝公三出，杜云入春秋始聘，恐失考。' 此说固有理，然鲁之于晋，不同于齐，初入春秋，鲁、晋远隔，庄、闵以前，《春秋》且未尝有晋事，晋亦鲜与闻诸侯之事，文公以前，其无朝聘，可以理推，杜之云云，盖得其实。"

**文公十二年传："裹粮坐甲。"**

案，杨注总结"坐甲有二解"，孔颖达《左传正义》、竹添光鸿《会笺》"皆以坐甲为未着甲"；而惠栋《补注》和沈钦韩《补注》"皆以'坐甲'为已着甲"，杨注据成公二十七年传云"擐甲执兵，固即死也"，断定"句义句法与此相近，亦以已着甲为言，则后说较确"。笔者以为据上下文赵穿与军吏的对话亦可推知当时气氛肃穆，士卒们已着甲整装而待。

**宣公三年传："卜世三十，卜年七百。"**

杨注："《汉书·律历志》云：'周凡三十六王、八百六十七岁。'孔疏云：'过卜数也。'而竹添光鸿则云：'九鼎之定为成王之二十年甲寅，九鼎之沦于泗，为显王之四十二年甲午。自定至沦，凡七百有一年，正合七百年之数。'王孙满云'卜世''卜年'，盖卜有周一代所传之世，所得之年，不能截头去尾以求合七百之数。《晋书·裴楷传》载晋武帝初登祚，探策以卜世数多少，即取其意可证。"

案，竹添氏解释过于牵拘，杨注不以为意。

**宣公三年传："敢徵兰乎？"**

杨注："此句有二解，杜注云：'惧将不见信，故欲计所赐兰为怀子月数。'竹添光鸿《笺》云：'犹言妾以不才，今得进御于君，幸而吉梦有应，以生公子，人将不信，敢请以此所赐兰为徵乎？'此则燕姞对郑文之言，无由言'人将不信'，杜注较可信。"

案，杨注循上下文义，指出《会笺》的解说有一处不确。

**宣公十二年传："是役也，郑石制实入楚师。"**

杨注："竹添光鸿《会笺》引《公羊传》'君之不令臣交易为言，是以使寡人得见君之玉面'为证，是以楚之围郑乃由石制召之也，恐与左氏不合。惠栋于上传'三月克之'《补注》云：'时郑石制为内间，故楚得以克郑'与左氏文义较合。"

**成公十六年传："师逆以至。声伯四日不食以待之，食使者而后食。"**

杨注："使者当是晋军使者，杜注以为是叔孙豹之副使，固误，《会笺》以为即叔孙豹，亦不确。"

**襄公九年传："巡丈城。"**

杨注："竹添光鸿《会笺》疑'丈'为'大'之误，高本汉《注释》疑'丈'借为'长'，皆无据。"

**昭公元年传："叔弓帅师疆郓田，因莒乱也。"**

杨注："疆有两解，杜注谓'正其疆界'。竹添光鸿《会笺》云：'疆者聚土为堑，其外沟之，为关以通出入也。《周礼·封人》，凡封国，封其四疆。造都邑之封域亦如之。'此说虽辩，而《传》凡四言疆田，文元年'晋侯疆戚田'，成四年'郑帅师疆许田'、襄八年'莒人疆鄫田'及此，其义应同。前此皆作定疆界解，此不应独异。且《周礼·封人》言封为聚土，疆仍是疆界义，竹添氏之说似是而非。"

**昭公十一年传："对曰：'郑京、栎实杀曼伯。'"**

杨注："竹添光鸿《会笺》，疑曼伯为昭公之字，然昭公之死，实为高渠弥所杀，见桓十七年《传》，故此说不足信。阮芝生《杜注拾遗》谓曼伯即子仪，据庄十四年传文，可信。"

**昭公十八年传："郲人羊罗摄其首焉。"**

杨注："竹添光鸿《会笺》云：'《论语》：千乘之国摄乎大国之间。摄，夹摄。羊罗摄其首，亦言其首为门扇所夹摄也。盖罗先郲人未闭门，急以己首内于门，门扇为首所碍，不得闭，因遂入之也。'然城门之扇甚重，头伸入而为城门所夹，必将破碎，此说不合情理。"

案，杨伯峻据孔疏、焦循《补疏》、俞樾《平议》以为摄其首应解为持其头，使不能自脱，非斩之。

**昭公十八年传："七月，郑子产为火故，大为社。"**

杨注："竹添光鸿《会笺》云：'为火特祭，盖礼物备具，大于常祭，故称大也。'然祭社未有作为社者，此解无据。《周礼典同注》'为，作也'句谓大筑社庙也。"

**昭公二十四年经："二十有四年春，王二月丙戌。"**

杨注："杜注：'喜得赦归，故书至。'然《会笺》云：'内卿见执，必书其终，例也。杜云喜书，臆断。'"

**哀公八年传："七年春，宋师侵郑，郑叛晋故也。"**

杨注："《会笺》云：'定十四年经，齐侯、宋公会于洮，是始从齐也。然经书郑、卫之盟，而宋则无盟齐文，盖宋虽叛晋，与郑、卫自异。今观齐之不竞，又去齐即晋也。'所言似有据，然此时中原诸国已无霸主，强凌弱，大并小之风益甚，观鲁之伐邾可知。况定十五年郑罕达曾败宋师于老丘，郑、宋相距不远，纠纷时起耶?”

**哀公十一年传：“公使大史固归国子之元，寘之新箧，褽之以玄纁，加组带焉。寘书于其上，曰：‘天若不识不衷，何以使下国?’”**

杨注：“杜注：‘言天识不善，故杀国子。’《会笺》云：‘不衷，斥齐侯也，非斥国子；使下国者，使下国得克也。《吴语》，夫差释言于齐曰：天若不知有罪，则何以使下国胜？此亦为吴王之辞必矣。’《会笺》谓不衷指齐侯，是也。至引《吴语》因谓此加书为吴王之辞，恐未必然。书为鲁所加，自是鲁人语，何以为吴王之辞?”

案，杨注以《会笺》驳杜注之不确，并订正了《会笺》中部分错误。

**哀公十一年传：“鲁之群室众于齐之兵车。”**

杨注：“杜注：‘群室，都邑居家。’吴闿生《甄微》云：‘群室即谓三家。’《会笺》则以为‘群室盖指国都之大夫、士也’。据《论语·先进》‘以吾从大夫之后，不可徒行’，则大夫皆有车，士未必能专有车。群室者，卿大夫之家也。”

案，杨注援引《会笺》的说法，并对其中部分观点提出质疑，稽考相关文献，以订补之。

《春秋左传注》中这些直接注明参见《左氏会笺》的解说，最为明显地体现了《春秋左传注》对《左氏会笺》的受容。

### 九、用《会笺》参稽比勘

《春秋左传注》的凡例（一）中提道：“《经》《传》都以阮刻本为底本……复取《校勘记》所未见者补校，其中……最可贵者，为日本卷子本，以其曾有‘金泽文库’图章，今称金泽文库本。皆能于阮本有所校正。凡改正底本者，多于《注》中作《校记》。其文字有重要不同，虽不改动底本，亦注出，以供参考。至一般异文，则省而不出注，以避烦琐。”可见卷子本左传是《春秋左传注》校勘过程中一个很重要的版本。在凡例中《春秋左传注》又提道：“此卷子本早已归日本天皇宫内省图书寮，其形制、来历，可参岛田翰《古文旧书考》卷一《春秋经传集解》一文。岛田翰之业师竹添光鸿《左传会笺》即据此卷子本。此本首尾完具。”（参见《春秋左传注》凡例一金泽文库本下注）卷子本并不流通于世，研究者能从容不迫地利用卷子本，还有赖于竹添光鸿的《左传会笺》，因为它以卷子本为据，他的刊行流布恰为卷子本的流传创造了机会。

竹添氏的《左传会笺》台湾出版界有多种翻印本，如有台北广文书局 1961

年翻印本，台北凤凰出版社1975年10月翻印本，汉文大系第10、11册，台湾新文丰出版公司1978年10月版，台北汉京文化事业公司1984年1月版，台北明达出版社1986年1月版，台北天工书局1988年9月版等。其中有的版本大陆有些大学的图书馆或历史、文献专业的资料都购入过。这就使卷子本《左传》比较容易找到，否则致力于这方面研究的学者也许将无缘与其谋面。因而就《春秋左传注》而言，从某种意义上，也可以说是《左传会笺》为它提供了一个校勘所需的重要版本。这个版本为它在阮刻本基础上的补勘工作发挥了很大的作用。从下面这几例中可以大略了解到《春秋左传注》中阮刻本与《左传会笺》所据的卷子本即金泽文库本参校比勘的情况。

**隐公七年传："告终、称嗣也。"**

杨注："本脱'称'字，今依石经、宋本、岳本、足利本、金泽文库本补。"

**隐公十年传："八月壬戌，郑伯围戴，克之，取三师焉。"**

杨注："金泽文库本'取'下有'其'字。"

**桓公六年传："以武临之，彼则惧而协以谋我。"**

杨注："'以'阮刻本作'来'，今从《校勘记》及金泽文库本订正。"

**桓公十一年传："子无大援，将不立。"**

杨注："金泽文库本'不'下有'得'字。"

**僖公二十八年传："晋侯患之，听舆人之诵①，称舍于墓。"**

杨注："'谋'下各本有'曰'字，惟金泽文库本及敦煌残卷无，与《通典·兵十五》《太平御览·兵部四十五》所引合，是也。今从之删。"

案，杨伯峻《春秋左传注》采王引之《述闻》"曰称舍于墓"条之说，并利用金泽文库卷子本及敦煌残卷等校订其他各本"曰"为衍文。

**定公四年传："夫子语我九言，曰：'……无犯非义。'"**

杨注："阮刻本'义'作'礼'，今从金泽文库本。"

**定公四年传："犹先蔡。"**

杨注："杜《注》：'……霸主以国大小为（'为'本作'之'，依金泽文库本订正）序也……'"

**定公五年传："袒而示之背。"**

杨注："'示'，阮刻本作'视'，《校勘记》且谓'古皆作视'，但今仍从金泽文库本、宋本等作'示'。"

---

① 杨伯峻《春秋左传注》采王引之《经义述闻》"曰称舍于墓"条之说订正"诵"当为"谋"之误。

**定公九年传："又以葱灵逃，奔宋，遂奔晋适赵氏。"**

杨注："阮刻本无'宋遂奔'三字，今从石经、宋本、淳熙本等及金泽文库本增订。"

《春秋左传注》中与金泽文库本对校出异同、优劣的校记，比比皆是，以上仅举一二例，以略见一斑。金泽文库本是首尾完整的足本，又是古本，它是相当珍贵的《左传》版本，用它与阮刻本互校，再参之石经、宋本、岳本等，自然会使《左传》的版本更趋于完善，更接近原貌。

关于《会笺》对《春秋左传注》的影响，除了以上归纳的几点以外，若将两书做总体的对比考查，还会发现，后者在注释角度、注释倾向、注释重点上也受到了前者的感染，很多地方会情不自禁地与之趋同。这点我们也可以通过几个例子，做以分析：

**隐公十一年经："十有一年春，滕侯、薛侯来朝。"**

笺曰："'十'下言'有'者，十盈则更始，以奇从盈数，故言'有'也。《经》备文，《传》从略，故《传》不言'有'。"

杨注："'有'读为'又'，甲骨文、金文多作'又'。《春秋经》文凡整数与零数之间悉加'有'字，《传》文则否。"

案，杨注与《会笺》注释的重点相同。

**隐公十一年传："虽及灭国，灭不告败，胜不告克，不书于策。"**

笺曰："孔颖达曰：'策本作册'……简策为一类，简据一片而言，策是编连之称…其编连之法，上下各一行，观册字之形，可以知其制也……周代书策册，皆用竹木……盖以竹为之曰简，曰策，以木为之曰方……《左传孔疏》云'单执一札，谓之简，连编诸简，乃名为策'，是简与册异，然编简为策，则策即是简。……盖对文则简与策别，散文则通也。方一曰牍……此简策用竹，方版用木之证也……"

杨注："策，假借为册。古代书写多用竹木。用木者曰方、曰牍、曰版；用竹者曰简、曰册。析言之，单执一札谓之简，连编诸简乃名为策。册字，甲骨、金文以及小篆皆象长短竹简连编之形，可以为证。然对文则异，散文则通，单简亦可谓之策。"

案：《会笺》长篇累牍地讨论了简策的名称、编策方法，春秋以前用作文献载体的木、竹、帛的情况，简策书写制度，简策长短之制等问题。《春秋左传注》也用了一定的篇幅概括地谈到了有关简、策的这些方方面面的问题。《春秋左传注》之所以将"策"作为注释的重点，也是《会笺》影响的结果。像这样，《会笺》在注释的重点上、倾向上影响《春秋左传注》的还可以列举许多，如隐公八年传："诸侯以字为谥，因以为族。"《会笺》分析了句读、将传文与《驳五经异义》所引该传文作了校异、讨论了谥法的起源并引用《左传》中加谥号的例子做以说明等等；《春秋左传注》亦依次对这些问题做了阐释解说，或对有些问题做了进一步发挥，或提供了更多的文献依据。但从总体上看，注释的重点不变。再如：隐公元年传："孟子卒。"《会笺》通过举例讨论了妇人从夫谥之说，是否为必然。《春秋左传注》也通过举例探讨了该问题。又如：隐公元年传："宋武公生仲子，仲子生而有文在其手，曰为鲁夫人，故仲子归于我。"《会笺》对文与字意义异同关系的历史演变、此条传文中的"手（即掌）"在其他各种文献所引的该传文中的反映及关于"有文在其手，曰为鲁夫人"的推理论说等问题做了讨论。《春秋左传注》也以此为注释的对象，依次阐述了这些问题，等等。两书类似的解说不遑枚举，由于篇幅有限，此处不便引述原文，具体内容详见于两书相关传文下的"笺曰"和"杨注"。

**桓公十八年传："公会齐侯于泺，遂及文姜如齐。齐侯通焉。公谪之。"**

笺曰："服虔云：'旁淫曰通。'言旁者非其妻妾，旁与之淫，上下通名也。"

杨注："昭二十年《传》'公子朝通乎襄夫人宣姜'，《诗·鄘风·墙有茨序》云'公子顽通乎君母'，是以下淫上也；襄二十五年《传》云'齐棠公之妻，东郭偃之妹也'，'庄公通焉'，三十年《传》云'蔡景侯为太子般娶于楚，通焉'，是以上淫下也。此则兄妹通奸，故服虔云：'凡淫曰通。'"

案，杨注与《会笺》的注释角度一致，两者的解说若汇合一处即为刘文淇《疏证》对"通"的疏证之意。

**定公四年传："庚辰，吴人郢，以班处宫。"**

笺曰："《穀梁》云'妻其妻'，恐是杂说……不可通于左氏。"

杨注："《穀梁传》云：'君居其君之寝而妻其君之妻，大夫居其大夫之寝而妻其大夫之妻。'《吴越春秋·阖闾内传》亦谓'闾阖妻昭王夫人，伍胥、孙武、白喜亦妻子常司马城（戎）之妻，以辱楚之君臣也'。《传》无此说。"

**定公四年传："夫概王人之。"**

笺曰："子胥入郢，而鞭平王之尸，此野人之语耳。子胥忠而智者也，岂有是邪？"

杨注："吴入郢，《传》仅叙子山、夫概王之事，不及伍员。后人书如《淮南子》《吴越春秋》，甚至《史记》俱言伍员掘平王之墓，鞭其尸；《列女传》且叙伯嬴之贞节，皆不足信。"

案，就文本的表面意义而言，这两条传文下的注释内容都属于不是必须要说明的问题，其注释带有些演义色彩，似乎可注可不注，《会笺》涉及了，杨注也都做了解释，这显然是受《会笺》的影响而把注释的着眼点放置于此处。

**定公六年传："昭公之难，君将以文之舒鼎……择用一焉。"**

笺曰："卫尝为狄灭，大路、少帛扫地无遗，故言宗器自文公始。"

杨注："何焯《义门读书记》谓'卫尝为狄灭，大路、少帛扫地无遗，故言宗器自文公始'。"

案：杨注选择了与《会笺》相同的角度注释文本，应是参照了《会笺》。

通过上述的分析，不难看出，《左氏会笺》在《春秋左传注》编述过程中，是很受杨伯峻先生重视的。且就《左氏会笺》在《左传》研究史上的地位而言，杨伯峻先生也不能忽视它。《左氏会笺》是迄今为止，能够看到的为数不多的对《春秋》经传全文逐条注释的较权威性的著作之一。《左氏会笺》以前的一些对《经》《传》解说的注本，如杜预《春秋经传集解》、洪亮吉《春秋左传诂》等，都很简约，且因年代久远，某些语言对于今人来说已难懂，需要再作疏解。《左氏会笺》上承前人，辑录了东西古今有关《左传》的主要注释解说，再加以周详考察，成就了这部诠释极其详赡的专著。在日本，该书问世后受到学界瞩目，凡读《左传》的人大都参照《左氏会笺》；许多治《左传》的学者也常在论说中引用它的笺注；作者本人因该书的问世而获博士学位。在台湾，二十世纪八十年代，许多大学中文系的《左传》课，都曾以该书为教材。在大陆，研究《左传》的许多学者，也都对其予以注意。杨伯峻先生重注《左传》，自然也考虑到了它的笺注。它的出现既承继了前代之成果，又开启后人之伟业。杨伯峻先生的《春秋左传注》之所以成为目前《左传》学史上注释的集大成之作，很大程度上就在于它十分重视对包括《左氏会笺》在内的诸多前代成果的吸取、改造和在此基础上的创新。

沈玉成先生在《春秋左传学史稿》中说，《春秋左传注》的主要特色大体有三方面："第一，广甄严采，详略得宜。作者在《前言》中说：'在注解中，搜集并且考虑了前人成果，有所取舍，有所增补，或者提不同意见和自己的心得，以供读者参考而已。'虽然是应有的谦逊，但事实上对浩瀚的材料作出选择取舍，从中就见出了功力和识力。"① 沈玉成先生的这个评价恰好可用来揭示《春秋左传注》与《左氏会笺》的关系。

杨氏会总群籍，融贯旧说，撰为《春秋左传注》一帙，沾溉后学，无有涯涘，而竹添光鸿之《左氏会笺》，实为其重要参考资料。

当然在《左氏会笺》与《春秋左传注》对比中，还有一种情况值得注意，

---

① 《春秋左传学史稿》，江苏古籍出版社1992年版，第409－410页。

那就是竹添光鸿的《左氏会笺》中还有些有价值的更为正确的解说，杨伯峻没有采纳。因而可以利用它以补正杨伯峻注。如：

**隐公元年前传："是以隐公立而奉之。"**

杜注："隐公继室之子，当嗣世。以祯祥之故，追成父志，为桓少，是以立为太子，帅国人奉之。为《经》'元年春，不书即位'传。"

案，杜注认为"立"乃隐公立桓公为太子。《会笺》不同意杜预的说法。《会笺》据《左传》前后文义及《经》文、《传》文的书法义例，认为"立"作"立为君"解，此处"立"指隐公立为君。它订正了杜注之误。

杨伯峻《春秋左传注》引下文《传》"公摄位而欲求好于邾，公立而求成焉"等句，断定桓公年幼，"是隐公行国君之政，而实奉桓公为君，非立之为太子"。杨注又云："讫隐公之世，不称即位，惠公之葬弗临，于桓公母仲子之死则用夫人之礼，于己母则仅称'君氏卒'，是不用夫人礼，处处皆足明之。此与下《传》'元年春，王正月，不书即位，摄也'为一《传》。"杨说虽甚辩，但掩盖不了一个基本史实，即隐公是作为鲁国的一代君主书诸史策的。这不同于周公，周公践阼摄政，而年号一仍武王。此隐公并未假桓公之号，摄位就是摄君位。至于《左传》载"不书即位"，不临惠公之葬礼，母称"君氏卒"，皆用来说隐公贤明，是准备将来把君位让于桓，而反被桓公杀害，表明"隐贤而桓贱"而已！

值得注意的是，当代学者陈恩林先生在他对杨伯峻《春秋左传注》所作的补正中，多处利用了《左氏会笺》以助其说，这也体现了《左氏会笺》在当代《左传》研究中的价值。① 不仅在对《春秋左传注》的补正上，在其他有关《左传》注释的纠谬和上古社会历史问题的研究中，陈先生也多能利用《左氏会笺》的讨论，如其《左传译文纠谬七则》（载《古籍整理研究学刊》）和《先秦两汉文献中所见周代诸侯五等爵》（载《历史研究》1994 年第 6 期）诸篇皆如此。此外，大陆的何琳仪②、宋公文③、张维慎④、香港的陈建⑤、台湾的阎鸿中⑥、

① 见陈恩林先生《〈春秋左传注〉辨正十二则》，载《文史》第 54 辑，中华书局出版，2001 年第 1 期；《〈春秋左传注〉注人商榷五则》，载《吉林大学学报》，1999 年第 4 期；《〈春秋左传注〉辨正六则》，载《古籍整理研究学刊》，2005 年第 5 期。

② 见其《战国兵器铭文选释》，载《考古与文物》，1999 第五期，注（36）。

③ 见其《试论楚成王初霸中原》，载《湖北大学学报》，1998 年第 4 期。

④ 见其《"面缚"古代投降仪式解读》，载《中州学刊》，2004 年第 2 期。

⑤ 见其《春秋时期两种军赋性质的检讨》，载《中国史研究》，1996 年第 4 期。

⑥ 见其《东汉时代家庭伦理的思想渊源》，载《中国家庭及其伦理研讨会论文集》，台北：汉学中心印行 1999 年，第 23 - 67 页。

黄圣松①、日本的小仓芳彦②等学者在探讨中国古代社会历史思想文化等问题时都将《左氏会笺》的研究作为参考。

**十、吴静安《春秋左氏传旧注疏证续》对《左氏会笺》的吸纳**

除杨伯峻《春秋左传注》，吴静安的《春秋左氏传旧注疏证续》对《左氏会笺》也有参看，兹录如下，以见其所受到的影响：

**昭公元年传："叔弓帅师疆郓田。"**

《疏证续》云："静安按：……'疆郓田'，竹添光鸿说：'疆者，聚土为堑，其外沟之，为关以通出入。'《春秋》凡四言疆某田，均为疆界之义，竹添说非。"

**昭公二十四年传："刘子谓苌弘曰：'甘氏又往矣。'对曰：'何害？同德度义。《大誓》曰：纣有亿兆夷人，亦有离德；余有乱臣十人，同心同德。'"**

《疏证续》云："竹添光鸿曰：'度与宅通，犹在也。言所谓同德者，唯在于义耳。'"

**定公二年传："吴子使舒鸠氏诱楚人，曰：'以师临我，我伐桐，为我使之无忌。'"**

《疏证续》云："竹添光鸿曰：'当是吴伪伐桐，使舒鸠导楚以乘吴师耳。试移以师临我四字置无忌下看，则意义明了，若果为楚伐桐矣，楚何为更伐吴乎？'"

**哀公三年传："公父文伯至，命校人驾乘车。"**

《疏证续》云："竹添光鸿曰：'定五年被阳虎逐，意虎败乃归也。'"

**哀公七年传："晋师侵卫，卫不服也。"**

《疏证续》云："竹添光鸿曰：'定十四年经，齐侯、宋公盟于洮，是始从齐也。然经书郑、卫之盟，而宋则无盟齐文，盖宋虽叛晋，与郑、卫自异。今观齐之不竞，又去齐即晋也。'"

**哀公十一年传："鲁之群室众于齐之兵车。"**

《疏证续》云："竹添光鸿曰：'群室盖指国都之大夫、士也。'"

**哀公十一年传："公使大史固归国子之元，寘之新箧，褽之以玄纁，加组带焉。寘书于其上，曰：'天若不识不衷，何以使下国？'"**

---

① 见其《〈左传〉舆人考》，载《文史哲》2005年第6期。

② 见其《左传中的霸与德——德概念的形成与发展》，载《日本学者研究中国史论著选译》第七卷，刘俊文主编，中华书局1992年版。

《疏证续》云："竹添光鸿曰：'不衷，斥齐侯也，非斥国子；使下国者，使下国得克也。'"

**哀公十一年传："初，晋悼公子慭亡在卫，使其女仆而田，大叔懿子止而饮之酒，遂聘之，生悼子。悼子即位，故夏戊为大夫。悼子亡，卫人翦夏戊。"**

《疏证续》云："竹添光鸿曰：'懿子娶慭女，生悼子及一女。女适夏氏生戊，故戊是懿子之外孙，于悼子为甥舅。二十五年，弥子饮公酒，纳夏戊女，嬖，以为夫人；其弟期，太叔疾之从孙甥也。前后相照，而夏戊为悼子姊妹之子审矣。'"

**哀公十三年经："夏，许男成卒。"**

《疏证续》云："竹添光鸿曰：'元公也，国灭后，楚立之。'"

**哀公十六年传："晋人伐郑，楚救之，与之盟。胜怒，曰：'郑人在此，雠不远矣。'"**

《疏证续》云："竹添光鸿云：'去冬，晋侯伐郑，盖是也。'"

**哀公十六年传："竖告太子。太子使五人舆豭从己，劫公而强盟之，且请杀良夫。公曰：'其盟免三死。'曰：'请三之后有罪杀之。'公曰：'诺哉！'"**

《疏证续》云："竹添光鸿曰：'辄立时，公子郢第云：亡人之子辄在，不言及疾，盖疾与父俱亡也。至是辄亡，疾因有大子之称，又恶良夫之欲招辄，故必杀之。'"

# 第六章

# 《左氏会笺》版本与校勘成就

古籍流通于世，在传抄、传刻的过程中，时常出现脱文、衍文、倒字、妄改、错简等讹误，这些字句错误往往影响文意的正确表达，影响阅读，只有经过校勘才能发现问题，及时更正补订，得以恢复古籍的本来面貌。因此素来研究者都很重视古籍的校勘工作。

学者们在注释古书时，往往要先对其进行校勘，订正古籍文字的讹误，因为正确的文字是准确理解和解释的前提。

竹添光鸿在《左传》的注疏过程中，在版本和校勘的整理研究方面，做了许多有意义的工作。①

## 一、《左氏会笺》的版本成就

读书贵求善本，治学更要求工作底本的精确无误。竹添光鸿在从事《左传》汇释之前，首先选定了明治天皇御库所藏的旧钞卷子金泽文库本作为校勘工作底本，以此与所聚其他《左传》众本参校比勘，确定了一个较精确的《左传》定本。金泽文库是日本中世纪时武家北条氏政权的文教设施，它创建的确切年代已不可详考。十三世纪北条实时在六浦庄的称名寺内建一文库收储北条氏家族世代所收藏的全部日汉书籍，书上盖以“金泽文库”的墨印，这便是金泽文库本的起始。金泽文库位于今天的东京都之南端神奈川县横滨市内，临东京湾，西南衬日向、稻荷、金泽三山，景色绮丽。这里从中世纪以来，就以讲授汉学，

① 上野贤知《〈左氏会笺〉三稿》援引岛田翰《古文旧书考》的《自序》《卷子本提要附记》《阙民字本提要》及《访余录》《春在堂笔谈》等的记载，证明《左氏会笺》的校勘工作全部都是他的学生，日本十九世纪著名的书志学家岛田翰担任的。笔者调查发现，中国清代学者黄绍箕在《古文旧书考跋》及日本高野静子在《苏峰和他的时代（十九）：天才的版本目录学家——岛田翰》中也持同样的观点。无论谁做的工作，成果都体现在该书中，本书分析《左氏会笺》的校勘成就，为叙述方便，仍用竹添光鸿之名。

收藏汉籍而闻名遐迩。随着镰仓幕府崩溃，北条氏政权灭亡，金泽文库的旧藏也渐渐散出。大部分被江户幕府大将军德川家康的红叶山文库（又称“枫山文库”或“枫山官库”）所收藏。明治时代废藩后，枫山官库藏书一部分入于宫内省图书寮（今宫内厅书陵部），成为天皇御府之秘籍，其余流散于世。所有现存“金泽本”汉籍，则全部属善本类。① 竹添光鸿所选定的《左传》注释底本就是这样一个汉籍善本，是日本收藏的《左传》的最古本。② 阅读《〈左氏会笺〉自序》会发现竹添光鸿对这个版本之时代、篇卷之多寡、完足与否、文字音训之特点（如多用异字、句绝处多用语辞、唐讳之多不阙）、授受之源流、形制之特征、行款之疏密、版框之广狭、装帧之敝好、纸质之精粗，莫不一一探讨说明。他指出，该书从音博士清原氏家世代私藏之物，被收入镰仓幕府的执政者北条氏的金泽文库，又转出江户幕府的大将军德川家康的红叶山文库，最终归藏明治天皇御库的流传、收藏过程。并记录了该本上的各家藏印、识语、跋文，以佐其说。

竹添氏介绍金泽文库的遗址、来源，说明该卷子本的时代，描摹它的外貌和比勘其字画与刻本的异同时，每每检寻文献，或结合相应时代的文化特征，稽考分析，沿波讨源，推究原委。比如他追溯日本推古、天智王朝曾通使于中国隋唐，朝廷讲学用《左传》服、杜二注的故事；考察《隋书·经籍志序》和《大唐六典》论及隋唐内府藏书的分类典藏，卷轴装帧的特点，以印证该卷子本“盖隋唐之遗经”。他遍考书册制度，从三代至汉魏以后，从竹帛至纸，从简策至纸书卷子，通说书籍载体之变迁，揭示纸书卷轴装帧形式的起源。他征引《广川书跋》、岳珂《宝真斋法书赞》所叙唐诗人许浑诗集用乌丝栏事及《三国志·吴志·孙策传》注引《江表传》所云于吉得白素朱界神书事，讨论缣帛用界栏的起因和上限，是师简策之遗意，远在六朝以前就有了，那么后世纸书卷子的界隔产生自不待言。他详细介绍了日本古代音博士授读经书的方法，又对比日本私家、寺院、古刹所藏几种隋唐遗经，发现“当时音博士仍隋唐真本、施点相授，以贵传统，真本面目丝毫不改。其零卷残叶，亦是吉光片羽。而《左传》三十卷，独为足本，洵绝世之宝也”③，他指出了卷子本最古最真最完整的特点，确定了它的善本价值。他排比《抱朴子》《南史》《大唐书仪》的记

① 严绍璗:《汉籍在日本的流布研究》，第 262－268 页。

② 据《〈左氏会笺〉自序》及杨守敬《日本访书志》（辽宁教育出版社2003 年版，古钞卷子本《春秋左传集解》三十卷的提要。）

③ 《〈左氏会笺〉自序》。

载和邾子钟、盄龢钟、齐侯镈钟的款识，证说该卷子本纸背有记、边框上下及行间有标记、卷尾记其钞读起止，虽不记写者名，亦卷末隔一行留空纸，这些特征乃古卷子之制皆备于此书的体现。他通过《诗·小雅·四月》毛传和《周礼·地官》《春官》郑注中援引的旧钞卷子本《玉烛宝典》，对比今本与钞本文字的异同，并佐以其他唐钞如《扬雄传》注、金泽文库卷子本《文选注》，结合雕印书籍省工惜费之缘，说明该本多有语辞，亦古卷子体制之特点，并探讨了刻本弃此古意之因。他列举卷子本中的大量异字，并援引《后魏书》《宋景文笔记》，从六朝文化风气入手，分析了齐梁间通行俗字的原因；更以证明该卷子本俗体讹文“比比有之，是其源于六朝可知矣”。①

竹添光鸿在《自序》中对金泽文库古钞卷子本的甄录巨细靡遗，纤毫毕现，读之历历于目，如在眼前。足见作者对该本点滴幽微处莫不心营目识、再三致意之状。竹添氏又能对卷子本的特征，上溯厥源，下涉变迁，罗致文献，略做分析，亦足见其有版本研究之意。他在《自序》中对该本的阐释介绍，颇类版本目录的提要，能循项而录，条理秩然，全然可与杨守敬《日本访书志》、森立之《经籍访古录》等互勘有无，以补苴什一。他利用该本所做的校勘，将在后面仔细分析。

总之，竹添氏对古本善本的选择，对卷子本以目录著录方式所作的周详介绍、研究及校勘均能体现出他的版本学、校勘学和目录学修养；在《自序》中他还对几种宋刻本做了介绍、甄别，也都能体现出他在书志学方面的见识；另一方面，十九世纪日本学界版本学、校勘学、目录学的发达状况，亦可得以从中管窥蠡测。

江户时期，汉籍的大量传入和清代考据学风的影响促进了日本汉籍考据学的发展。与考据学有密切关系的版本、校勘、目录学（又称书志学），一方面由于清代校雠学的传入，另一方面由于本国考据之风的盛行，也获得了很大的发展。日本古代汉籍的版本、校勘、目录实践，有很悠久的传统。“日本古代治中国文化的学者，在接受汉籍的过程中，最早形成汉籍‘善本’的概念，大概是在十五世纪中期。当时，西日本九州的福冈地区富豪阿佐井野家族刊刻汉籍，开始注意到原本汉籍中有错字，需要用它本校定，提出了本子的‘善与不善’的概念。如1467年阿佐井野家族刊印《韵镜》，其《跋文》说：‘订诸本善不善者，且从且改，因命工锓版，期其归一，以便于览者’云云。但是，真正从版本学上来考定版本，确认‘善本’，这是在十七世纪江户时代之后才得以形成

① 《〈左传会笺〉自序》。

的学术。”“日本古代撰著汉籍目录著作，历史相当悠远。但是，在日本汉学史上，汉籍版本目录学作为相对独立的专门学问进行研究，则大约开山于吉田篁墩（1745—1798）。吉田氏是第一位把中国清代版本学与目录学引入日本的汉学家。1791 年刊出的《论语集解考异》，便是吉田篁墩的重大的学术业绩——不是从义理方面去阐述，而是从不同的版本的异同处入手，进行《论语集解》的研究。吉田氏在目录学方面独立的成果，便是完成了《活版经籍考》。继吉田篁墩而起的汉籍目录学大家，便是狩谷掖斋（1775—1835）了。”“狩谷掖斋极好中国文献，建楼收储，名为‘求古楼’。1815 年，狩谷氏以自身收藏的汉籍为中心，举办‘求古楼书展观’。参加这一次‘展观’的，大都是当时汉学界的一些藏书巨擘，如市野迷庵（1765—1826）、伊泽兰轩（1777—1829）、多纪元坚（1795—1857）、小岛宝素、近藤正斋（1782—1841）等。”“江户中期之后，书志学家们便试图编撰一部大型汉籍善本目录学著作，著录当时保存的汉籍善本，厘定版本，论述价值。‘求古楼书展观’便是这一要求的表现。”① 而真正能代表十九世纪日本汉籍书志学的发展水平的，是森立之、涩江道纯的汉籍善本目录《经籍访古志》。它被认为“是日本在中国典籍的研究方面的综合成果”，“是江户时代中后期，日本的书志学家们表现他们汉籍目录学版本知识总汇的一种集体性创作”②。正是由于中国清朝学术的迅速传入和巨大影响，日本汉学界在十九世纪最终完成了这样一部杰出的汉籍善本目录的编撰，“就其表述的关于汉籍版本目录学的知识来说，它无疑应该成为日本古代汉籍目录学著作的一个总结”③。由此可见这一时期日本的版本、目录、校勘学已经比较成熟。竹添光鸿在《左氏会笺》中对版本、目录、校勘学所体现的深刻意识就是在这种学术背景下形成的，可见清代学术对他的影响是多方面的，是很深入的。

从总体上看，竹添光鸿在《左传》版本的整理研究上做了两件最有意义的工作。

第一，他向世人介绍了日本汉籍善本中最古的《左传》版本，即三十卷金泽文库古钞卷子。从金泽文库藏本，枫山官库藏本到明治御府藏本，这个卷子本在流传过程中一直对外秘而不宣，世人不易看到。竹添光鸿就说，“惟夫秘府所储，学者未由寓目。此浅学余之所以请观于秘府”④。杨守敬也是再三请托内

① 严绍璗：《汉籍在日本的流布研究》，第 86、113 页。
② 严绍璗：《汉籍在日本的流布研究》，第 112 页。
③ 严绍璗：《汉籍在日本的流布研究》，第 119 页。
④ 《〈左氏会笺〉自序》。

部人员，费尽周折才得观其书。杨氏说即便是日本的足利士族山井鼎列侯也未曾睹见其书。“金泽文库的藏书与足利学校藏本不同，并不作‘公用’。它是一个武家的私人文库，其目的仅是供当时北条氏一门，及称名寺僧人所利用，所以，一般僧俗士人也就难以窥得其蕴奥，十五世纪五山僧人万里集九于1486年曾游学金泽文库。他在《梅花无尽藏》中记其事曰：‘文明十八年二月有七己亥，槃桓濑户六浦之滨。遗庙之前，挂昔时诸老所作之诗板，边傍点画不泯，如新镌之也。渐进入称名律寺间，西湖梅以未开放为遗恨矣。珠帘、猫儿、支竺群书之目录——称名寺水晶帘，唐猫儿之孙，一大时教及群书，盖先代贮焉——无介者而不能触目。对案书卷，遂不扬面。吁，律缚之传，但守法而已云云。’由万里集九这一趟‘扫兴’的金泽之游来看，金泽文库在建立百余年后，于管理上仍然承传统先旧规则，无绍介者则不得与书卷‘触目’，制度是极严的。”① 不仅金泽，枫山文库和明治御府也都如此，没有特别的机遇，普通学人是很难与这里的善本汉籍相与谋面的。竹添氏对卷子本的精细描摹，恰似书影留真，清晰逼真，使学人不入御府，而得睹其“真”“善”之貌。② 他利用卷子本，与其他版本互校，“校其异同，仍其体式”③，亦可谓向世人彰显了卷子本的内容。从古籍的外貌到文字内容，竹添氏的研究不啻为学人提供了一个完整的卷子本，也为学人能真正地参考它，利用它提供了方便。由于该本是日本现存《左传》版本中最古、最真、最完善者，其价值自然很高。竹添氏保存和传播古籍的功绩也是不小的。

第二，他以卷子本为底本，参稽众本的校勘工作，也为《左传》提供了一个准确可信的版本。这一点将在下文详细分析。竹添光鸿在《左氏会笺》中将卷子本与石经、宋刻及其他旧抄本参校比勘，对《左传》进行了全面、广泛的校订工作。

首先，他对卷子本《左传》最明显最普遍的文字特点做了说明。他在《〈左氏会笺〉自序》中指出，“试以宋本对校，文字异同不少，而印本脱误可赖此补正者极多。如年首‘经’‘传’二字，是始合《经》《传》时所题别，其在栏上，体例固当然也。开成之刻于石，既无栏界，故连书之，而北宋以来刻本皆入诸栏内，与本经无别，是误之尤大者也。余深为斯经慨焉。乃以卷子本为底本，参之石经与宋本，而《经》《注》之有异同者，加小圈于右旁。一一

① 严绍璗：《汉籍在日本的流布研究》，第263页。

② “真”取真本，“善”取善本之意。

③ 《〈左氏会笺〉自序》。

疏明，但《注》中‘之’‘也’等字，无关义理者则略焉，避其烦也”。又指出，“古遇重文，多省不书，只于下作 = 画，以识之”，“虽文不相连属者，亦为 = 字”，“至唐以后则亡，而是卷子中重文多用 = 画矣”。又指出，“《注》中‘之也’‘义也’‘也矣’之类极多”，“盖先儒传注之体，每于句绝处，乃用语辞，以明意义之深浅轻重，而后人不察焉，视为繁芜。及刻书渐行，忧工多费钜，于是务芟语辞，以省其工。而古意扫地矣”。还指出：“卷子中多用异字。如爾作尒，肉作宍，殺作煞，包作苞协恊作叶，叔作𡭟，禮作礼，役作伇之类是也。至經作經，傳作傅，興作㒷，春作𣌾，夷作𡗝之类，则皆齐梁间通行俗字。而唐讳则多不阙焉。”“俗体讹文之行，六朝为甚。而卷子中比比有之。是其源出于六朝，亦可知矣。今亡论异字、俗字，于其始出，皆著于篇。及后屡见，则改从宋本，避好异之嫌也。”他在校勘中不仅说明了这个古钞卷子本与后世刻本文字上的明显差异，还表明了校勘的某些原则。比如尽量保持卷子本的古意，保存古书的原貌，不改重文，不弃语辞。又，对卷子本中的异字、俗字，处理谨慎，其始出，皆不变，以后屡次出现，则改从宋刻。这样既保持了古书真貌，又做到了匡谬正误。

其次，他广聚众本，与卷子本进行了具体的对校。据《〈左氏会笺〉自序》可知，竹添光鸿“以卷子本为底本，参之石经与宋本”。石经主要是唐石经。“所对校宋本凡四通”，即“阙民字本”“北宋监本”“正中覆宋本”“江公亮本”“兴国军学本”，此外还参考了宋淳熙间坊刻本、阮仲猷种德堂本，以及其他旧抄本。他用卷子本与这些版本对校，校其文字异同、是非、优劣，订谬正讹，补脱删衍，发现倒文错简。他将校勘的结果，逐一写成校记，散入文中各条注释之下。既保持了古籍的原貌，避免以意校改之误，又起到了纠谬补缺的校订作用。

## 二、《左氏会笺》的校勘成就

竹添光鸿颇为在意古籍校勘事宜，其《左氏会笺》后记云：

> 余罢官之后，养疾于海濒，屏绝人事，专攻经藉。矻矻二十年，殆不知病苦之在身，《诗》《书》《论语》皆有会笺，而左氏之传先脱稿矣。第宿疴与老益加，精神日以衰耗，印本讹谬，徒付扫落叶之叹，是为憾耳。兹又钞兴国军学本、江公亮本、种德堂本、正中覆刻本诸

跋坿后，读者由此审所引宋本之源委，以资考证。盖不无小补云。①

竹添对《左传》版本虽已不乏扫落叶之功，但仍有抱憾。其于书前排列异本，彰明校勘之本；于书尾遍录诸本之跋，以资后世校雠之用，正意耿耿于此者。

其在《左氏会笺》中丹铅事点勘，雌黄不妄下，做了大量的古籍雠校工作。这里将其校勘的成果，举例条述如下：

（一）校其异同

竹添光鸿将上述《左传》的各种版本，尤其是四种宋刻和涉及《左传》的相关文献与卷子本一一比勘，对比其文字异同，作以校异，标明各本与卷子本的不同之处。兹举例如下②：

1.《春秋左氏传序》云："求名而亡，欲盖而彰。"

《笺》曰："宋本彰作章。"

2. 又云："而更膚琠公羊、穀梁适足以自乱。"

《笺》曰："石经、宋本足下俱无以字，琠作引，乱作亂。"

3. 又云："故微其文，隐其义。"

《笺》曰："宋本逊作孙，避作辟，隐作隱，石经同。隱后悉从宋本。"

4. 又云："则西周之美可寻，文武之跡不墜。"

《笺》曰："宋本跡作迹，墜作隊。"

5. 隐公元年以前传："繼室以声子，生隐公。"

《笺》曰："宋本继作繼，石经同。后皆从之。"

6. 隐公元年以前传："宋武公生仲＝子＝生而有文在其手，曰为鲁夫人。"

《笺》曰："宋本'仲＝子＝'作'仲子，仲子'，石经同。凡遇重文，于本字下加＝画以识之，是古书之体也，纲领论之详矣。"

案，此条《会笺》指出卷子本抄写的一个凡例，并再一次强调《〈左氏会笺〉自序》中所说明的处理卷子本重文的原则。

7. 隐公元年传："生莊公及共叔段。"

《笺》曰："莊字，卷子本皆作庄；盖荘之讹，庄俗字。今从石经及宋本作莊，后皆同。"

---

① 竹添光鸿：《左氏会笺》，巴蜀书社 2008 年版，第 2471 页。

② 参见《〈左传会笺〉自序》，本文采用台湾新文丰出版公司，汉文大系本《左氏会笺》，1987 年版。以下引用《会笺》原文所据版本皆同。

8. 又云："爱其𡙇段，欲立之。"

《笺》曰："𡙇石经、宋本俱作叔，欧阳率更因隶翻作𡙇。《韵会》古作𡙇。"

9. 又云："公赐之食，食而舍宍。"

《笺》曰："宍，宋本作肉，《正字通》云：'《集韵》肉或作宍，《淮南子·原道训》注宍古肉字，从宀从六，或古之讹，诸籀书不收，惟孙愐收之，以为俗作宍。颜元孙《干禄书》亦云：'宍俗肉字。'"

10. 又云："公从之，公入而赋：'大隧之中，其乐也融＝。'"

《笺》曰："张衡《思玄赋》'展泄泄而彤彤'，注引作其乐也彤彤，云融与彤古字通。"

11. 隐公元年传："姜出而赋：'大隧之外，其乐也泄＝。'"

《笺》曰："泄泄，石经避太宗讳，改作洩洩，宋以后本，皆仍唐刻。"

12. 隐公二年经："冬十月，伯姬归于纪。"

《笺》曰："注无字宋本作無。凡经、注无字，石经、宋本皆作無。"

案，《注》云："无传。"

13. 隐公九年传："公子突曰：'使勇而无刚者，尝寇而速去之。'"

《笺》曰："寇宋本作寇，石经同，后皆从宋本作寇。"

案，此条反映竹添光鸿在《左氏会笺》中所云其对卷子本的俗字讹文的处理方式。再如，隐公四年传："九月，卫人使右宰丑涖敍州吁于濮。"《笺》曰："敍宋本作殺，石经同，后皆从宋本。"又，隐公四年传："君为主，敝邑以赋，与陈、蔡从，则卫国之愿也。"《笺》曰："石经、宋本弊俱作敝，后皆从之。"又如，桓公五年传："仍叔之子，蒻也。"《笺》曰："宋本蒻作弱，石经同。后皆从宋本作弱。"等都具体地体现了他的校勘原则，即凡首次遇俗字讹文，不改原文，均先校出异同，指出正俗，继而标明以后再出现皆从宋本。

14. 桓公二年传："惠之廿四年晋始乱，故封桓叔于曲沃。"

《笺》曰："石经凡经传中二十字皆作廿，三十字皆作卅，与卷子本合。……蔡邕石经《论语》云'卅而立'，又云'年卅而见恶焉'，是廿、卅、卌正古文也。"

15. 桓公六年传："周人以讳事神，名终将讳之。"

《笺》曰："宋本注终上有名字。"

16. 桓公八年传："冬王命虢仲立晋哀侯之弟缗于晋。"

《笺》曰："石经缗作緍，石经凡从民字，皆从氏，避讳省笔。"

17. 桓公十二年传："诗云：'君子屡盟，乱是用长，无信也。"

《笺》曰："《释文》屡作娄，云本又作屡，娄乃古屡字。《汉书》凡屡字皆作娄。"

18. 桓公十七年经："夏五月丙午，及齐师战于奚。"

《笺》曰："石经无夏字，《序正义》云：'桓十七年五月无夏。'与石经合。"

19. 庄公元年经："夏单伯送王姬。"

《笺》曰："注菜字，宋本作采。"

案，《注》云："单，菜地也。"

20. 庄公四年传："令尹斗祁莫敖屈重除道梁差，营军临随。=人，行成。"

《笺》曰："差石经宋本俱从水作溠，注字琐，宋本作郧。"

案，杜《注》云："水在义阳厥县西，东南入水。"

21. 庄公十八年传："王飨醴，命之宥。"

《笺》曰："注命下之字，宋本无；驩字作歡。"

案，《注》云："饮宴则命之以币物。宥，助也，所以助驩敬之意，言备设。"

22. 闵公元年传："公曰：'若之何而去之。'对曰：'难不已，将自弊。'"

《笺》曰："石经、宋本并弊作毙。"

23. 闵公二年传："梁余子养曰：'帅师者，受命于庙，受脤于社。'"

《笺》曰："《说文》：'祳，社肉也。'脤乃祳之俗字。"

24. 僖公十年经："秋七月，冬大雨雪。"

《笺》曰："注'书'宋本作'为'。"

案，《注》云："平地尺书大雪。"

25. 僖公十五年传："使以絻服衰绖逆，且告。"

《笺》曰"石经、宋本絻作免。"

26. 文公四年传："公使行人私焉。"

《笺》曰："公字石经、宋本俱无。"

27. 文公五年传："五年春王使荣叔来归含且赗。"

《笺》曰："石经、宋本俱无归字。"

28. 宣公元年传："郑穆公曰：'晋不足与也。'遂受盟于楚。陈共公之卒也，楚人不礼焉。"

《笺》曰："卒下也字，补碑、宋本皆无。"

29. 宣公二年传："宋华元、乐吕御之"。

《笺》曰："御；禦同。"

30. 宣公二年传："二月壬子战于大棘，京师败绩，囚华元，获乐吕。"

《笺》曰："注特下獲字，宋本作護。"

案，《注》："经言獲华元，故传特獲之曰囚，以明其生獲，故得见赎而还。"

31. 成公元年传："刘康公徼戎，将遂伐之。"

《笺》曰："石经徼作儌。"

32. 成公二年经："九月取汶阳田。"

《笺》曰："九月二字，石经、宋本皆无。"

33. 襄公十年传："士匄听之，王叔之宰曰：'筚门闺窦之人，而皆陵其上，其难为上矣。'"

《笺》曰："《释文》闺本亦作圭，《文选》李注谢元晖《拜中军记室辞随王笺》引作筚门圭窦。《说文》引云筚门圭窬。《礼记·儒行篇》郑注，筚门，荆竹织门也；圭窬，门旁窬也，穿墙为之如圭矣。《玉篇》亦引作窬，《儒行释文》窬徐音窦，是窬与窦同音同物。"

案，谢朓《拜中军记室辞随王（萧）子隆笺》云："清切藩房，寂寥旧荜。"李善《文选》注引《左氏传》曰："荜门圭窦之人，皆陵其上。"此条中竹添光鸿引《经典释文》所录一本的记载并参考《文选》李善注、《说文》《礼记·儒行》《玉篇》的相关引文与卷子本相校，校定异同。

34. 昭公三十二年传："王有公，诸侯有卿，皆其贰也。"

《笺》曰："其字宋本作有。"

35. 定公十四年经："天王使石尚来归脤。"

《笺》曰："《说文》脤作祳，郑注《周礼地官·掌蜃》引作蜃，盖神之谓之祳，据其器则谓之蜃，其作脤者，乃俗字也。"

36. 定公十四年经："五月于越败吴于檇李。"

《笺》曰："《越世家》正义引注南下多有字，醉作檇。檇、醉同音通假。"

案：《注》云："檇李，吴郡嘉兴县南醉李城也。"

37. 定公十五年经："郑罕达帅师伐宋。齐侯、卫侯次于渠蒢。"

《笺》曰："渠蒢当为宋地，《公羊》作'蘧蒢'，《左氏传》作'蘧挐'，皆假音字。"

38. 哀公四年经："道还公宫。"

《笺》曰："《释文》還本又作環。"

39. 哀公四年经："秋七月庚寅，楚子轸卒。"

《笺》曰："昭廿六年《传》太子壬弱，杜《注》：'壬昭王也，盖即位之后，改名轸耳。'《十二诸侯年表》《楚世家》皆作珍，珍、轸形声相近。"

40. 哀公六年传："盍及其未作也，先诸作而悔后。"

《笺》曰："石经同，宋本作后悔。"

41. 哀公八年传："公闻之怒，命反之，遂灭曹，执曹伯阳及司城强以归，杀之。"

《笺》曰："宋本无阳字，石经有。"

排比《左氏会笺》中的大量校异，可以发现各种版本之间文字的不同，主要由几种关系构成：通假关系，如上述例10、29、36、37、38、39等；古今关系，如上述例3、4、5、8、9、12、14、17、21等；正俗关系，如上述例2、7、13、23、35等。在一些校异中竹添光鸿明确指出了这些情况。另有一些因改字、缺笔等造成的文字相异，他也指明是由避讳现象所致。当然造成各个版本文字不同的原因很多，再如，使用异体字、或体字，随手借用音近、音同之字，或抄刻马虎等，都能导致传本出现异文。竹添光鸿虽然没有对各版本出现的异文逐条分析原因，但他在《左氏会笺》中所做的校异是最基本的最必要的校勘工作，为进一步校勘和研究做了准备。比如以下面两条为例，对比一下竹添光鸿与杨守敬的校勘，就能更清楚地认识到校异的意义。隐公九年传："衷戎师，前后击之，尽殪。"《笺》曰："宋本注过作遇，不叠伏兵二字。"杨守敬云："注：'以过二伏兵。'① 各本'过'作'遇'，山井鼎所见兴国本亦作'遇'，旁注'别本作过'，盖校者据此本耳。而阮氏《校勘记》非之。② 窃谓此一字千金也。盖祝聃引戎师超过二伏兵，至后伏兵，后伏兵起，戎还，二伏兵御其前。后伏兵击其中，祝聃反逐其后。故注云：'前、后、中三处受敌。'衷戎师之情景如绘。若初即已遇见二伏兵，戎师不斗即还走矣，安得更随祝聃至后伏兵处乎？此得不谓宋椠以下妄改乎？"③

昭公廿七年传："夫鄢将师矫子之命，以灭三族，三族，国之良也"《笺》曰："石经、宋本国上并不叠'三族'二字。"杨守敬云："今各本不叠'三族'二字，得不谓是唐石经以下之脱文乎？"④

---

① 《左氏会笺》中抄录杜注云："以过三伏兵。"杨守敬、竹添光鸿同用一个金泽文库本，不应有异，据杜注，"二"字符合文意，窃疑竹添光鸿抄写卷子本误二为三。

② 阮元《春秋左传正义校勘记》云："山井鼎云足利本遇，后人改作过，非。"

③ 杨守敬：《〈春秋左传集解〉三十卷（古钞卷子本）》提要，《日本访书志》卷一，辽宁教育出版社2003年版，第8－9页。

④ 杨守敬：《〈春秋左传集解〉三十卷（古钞卷子本）》提要，《日本访书志》卷一，辽宁教育出版社2003年版，第8页。

这两条校勘中，竹添光鸿虽都只做了校异，但通过杨守敬的分析可以发现，这些最基础的对比文字异同的校异，却可能启发人们深入理解文意，判断版本是非优劣。

综而观之，《左氏会笺》中的校异是非常普遍的，可谓俯拾即是。其对深入研究《左传》的版本及文意的作用也是毋庸置疑的。

（二）校其是非

《左氏会笺》中，有些地方，竹添光鸿在校异的基础上，判定孰是孰非，孰优孰劣，注明或证说卷子本与石经、宋本等各自的正误。这些在校异的基础上判断是非优劣的校勘工作，《左氏会笺》中一般有几种情况：

1. 利用卷子本及相关文献校订宋本、石经之非，或者说明卷子本之优，如：

（1）隐公四年传：“秋，翚帅师会宋公、陈侯、蔡人、卫人伐郑。”

《笺》曰：“岳本《注》上‘鲁’字作‘国’，与‘已’字连读，‘已’作人己之‘己’，似优。”

（2）文公二年传：“公自晋未至。”

《笺》曰：“自晋二字，石经、宋本并无，似脱。”

（3）文公二年传：“仲尼曰：‘臧文仲其不仁者三，不知者三。’”

《笺》曰：“《注》仁字宋本无，遂使读者已欲上疑脱仁者二字。”

案，《注》：“文仲知柳下惠之贤，而使在下位，已欲立而立人仁。”

（4）宣公二年经：“秋，九月乙丑，晋赵盾弑其君夷皋。”

《笺》曰：“朱梁补碑，弑误殺。”

（5）宣公二年传：“及甲车四百六十乘，俘二百五十人，馘百。”

《笺》曰：“《释文》亦作‘馘百’，云或作‘馘百人’者，‘人’衍字，补碑、宋本皆衍。”

（6）定公八年传：“叔仲志不得志于鲁。”

《笺》曰：“《注》叔仲带，宋本作叔孙带，误写也。”

案，《注》云：“志，叔仲带之孙也。”

（7）哀公八年传文：“齐侯使如吴请师，将以伐我，及归邾子。”

《笺》曰：“《注》‘鲁，鲁’，宋本脱一字。”

案，《注》云：“齐未得季姬，故请师也。吴前为邾讨鲁，鲁惧二国同心，故归邾子也。”

（8）哀公十四年传：“乃止。子我归，属徒攻闱与大门。”

《笺》曰：“石经归下有帅字，衍文也。”

（9）哀公十四年传：“已有丧而止。”

《笺》曰："公孙不速介达，荏苒涉日之中，豹有丧而止，故曰已曰既。语势重复，不可漫然读过。或据《史记》'豹有疾而止'，读已有之已作人己之己，与石经合，然非是。"

2. 利用石经、宋本及相关文献校出卷子本之误，如：

（1）隐公六年传："冬，京师来告饥，公为之请籴于宋、卫、齐、郑，礼也。"

《笺》曰："石经、宋本飢作饑，是也。饑饉、飢餓二字有别。"

（2）桓公十七年传："高伯为其戮乎？复恶已甚矣。"

《笺》曰："宋本'为其'作'其为'，石经同，卷子本倒。"

（3）僖公二十八年传："晋侯患之，听舆人之诵，称舍于墓。"

《笺》曰："宋本'诵'作'谋'，《正义》曰，此'谋'字或作'诵'，涉下文而误耳。其云'诵'者，音韵如诗赋，此称'舍于墓'，直是计谋之言，不得为'诵'，今定本作'谋'，《正义》是也。"

案，王引之《经义述闻》"曰称舍于墓"条云："二十八年传'听舆人之谋，曰称舍于墓'，《正义》曰，此'谋'字或作'诵'，涉下文而误耳。谓涉下文'舆人之诵曰'而误也。"① 据此，《会笺》采王引之说证明卷子本"诵"为"谋"之误。

（4）定公十年传："城其西北隅而守之。"

《笺》曰："石经、宋本俱无隅字。《正义》曰：'本或北下有隅，昭二十五年传：陷西北隅以入，又云：登西北隅以望，涉彼而误耳。'"

（5）哀公十五年传："太子友曰：'战而不克将亡国，请待之。'弥庸曰：'不可。'属徒五千。"

《笺》曰："太子下'友'字，弥庸下'曰'字，石经、宋本皆无。'曰'字涉上二曰而衍。"

3. 指出征引文献与卷子本相合。如：

（1）桓公十年传："遂伐虞公，故虞公出奔洪池。"

《笺》曰："《御览》三百四十二引作洪池，与卷子本合。《释文》作共，云'共音洪'。"

（2）桓公十三年传："及鄢，乱次以济其水。"

《笺》曰："《释文》'本或作乱次以济其水'，《水经·沔水注》，沶水与夷水乱流东出，谓之淇水。《春秋》莫敖自罗败退，及鄢，乱次以济淇水，是也。

---

① 王引之：《春秋左传上》，《经义述闻》，江苏古籍出版社2000年版，第412页。

郦所见本亦有淇水二字，惟以济淇为败后，误也。《后汉·南蛮传》注引作‘以济其水’与卷子本及《释文》一本合。《水经注》作淇者，犹廛水、间水，后世加水旁作瀍水、涧水耳。”

（3）桓公十七年传：“高伯为其戮乎！复恶已甚矣！”

《笺》曰：“注殺宋本作弑，《文选》李善注《长笛赋》，引作殺与卷子本合。”

（4）僖公二十八年传：“晋侯患之，听舆人之诵，称舍于墓。”

《笺》曰：“《诗经》宋本并‘称’上有‘曰’字，亦涉下文‘听舆人之诵’而衍[①]。郑注《射义》曰，称犹言也[②]，下云‘师迁焉’，则称‘舍于墓’者，乃舆人之言，称上不当有‘曰’字。《通典·兵十五》《太平御览·兵部四十五》引此皆无‘曰’字，与卷子本合。”

案，王引之《经义述闻》“曰称舍于墓”条云：“二十八年传‘听舆人之谋，曰称舍于墓’……家大人曰，‘曰’字，亦涉下文‘听舆人之诵’而衍，郑注《射义》曰，称犹言也。舆人之谋言舍于墓也，称上不当复有‘曰’字，唐石经以误衍，《通典·兵十五》《太平御览·兵部四十五》引此皆无‘曰’字。”[③] 据此知，《会笺》用王引之说证明《通典·兵十五》《太平御览·兵部四十五》所引与卷子本合。

（5）哀公十四年传：“夏五月壬申，成子兄弟四乘如公。”

《笺》曰：“《注》子芒盈，宋本作芒子盈，非。《世家索隐》与卷子本合。”

（6）哀公十四年传：“逢泽有介麇焉。”

《笺》曰：“《释文》云：‘麇本又作麋。’《说文》云：‘麇，麞也；麋，鹿属。’二字形相涉而浑，《释名》：‘麋，泽兽。’《宣十二年》：‘及荧泽见六麋。’今有于逢泽，应是泽兽之麋，作麋是也。石经亦作麋，与卷子本合。”

4. 用卷子本校订相关文献之误，或利用相关文献校订《左传》传本之误，如：

（1）文公四年经：“冬十有一月壬寅，夫人风氏薨。”

《笺》曰：“经曰风氏，注不必言风姓。林注作成风，《正义》亦云：‘以成风本是庄公之妾。疑杜注旧本作成风，今本误耳。”

---

① 案，“下文”为“僖公二十八年传：听舆人之诵曰：原田每每，舍其旧而新是谋”。

② 《礼记射义篇》注曰：“称犹言也。”

③ 王引之：《春秋左传上》，《经义述闻》，江苏古籍出版社 2000 年版，第 412 页。

（2）文公四年传："君子曰诗云。"

《笺》曰："《正义》云：'遍检诸本，君子曰下皆无诗云，则传文本自略也。'然石经亦有此二字。"

（3）昭公三十二年经："冬，仲孙何忌会晋韩不信、齐高张、宋仲几、卫世叔申、郑国参、曹人、莒人、薛人、杞人、小邾人城成周。"

《笺》曰："《公羊》莒人下有邾娄人，《穀梁》亦有邾人二字，而左氏无之，盖后写脱之。"

（4）哀公六年传："孔子曰：'楚昭王知大道矣。'"

《笺》曰："《释文》云：'大道本或作天道。'非。"

（5）哀公十四年传文："阮氏葬诸丘舆。"

《笺》曰："《注》'南城'当作'南武城'。"

案，《注》云："泰山南城县西北有舆城，录其卒葬所在。"

正如竹添光鸿在《〈左氏会笺〉自序》中所说，用卷子本与宋本对校，订补其脱误不少，在以上这几种校勘情况中，此类相对多些。

### 三、《左氏会笺》的校勘方法

竹添光鸿在《左氏会笺》中运用了各种方法进行校勘，使其校勘工作更为全面、周详。兹条述如下：

#### （一）对校法

对校法就是用同书别本互校的校勘方法，即刘向《别录》云"一人持本，一人读书，若怨家相对"者。对校又称版本校。甄别异本，选择最好的底本，广聚众本，互相参校，是对校的主要内容。从对校中可以发现古籍中的错误，并且对校本身或可以提供改正错误的依据，其发现和改正错误，都以版本为依据，这就极大地避免了臆改古籍之弊端。应该说，对校法是校勘中最简单最稳妥的办法，所以校勘家陈垣提倡："凡校书，必须先用对校法，然后再用其他校法。"①

竹添光鸿校是书，主要采用对校法。《左氏会笺》中凡以金泽文库卷子本为底本，与石经、宋本、旧钞等其他各种《左传》版本进行的校勘皆为对校，该著中比比皆是。前文校勘举例中对校也颇为繁夥，此不赘引。"对校法的主旨在校异同，不校是非"②，即不参己见，以保存古籍原貌。竹添光鸿在卷子本与各

① 陈垣：《校勘学释例》卷六，《校法四例》，中华书局1959年版，第144页。

② 陈垣：《校勘学释例》卷六，《校法四例》，中华书局1959年版，第144页。

本的对校之中，互勘正误，不只校异同，而且校订是非，虽如此，但因他没有直接校改原书，而是以校记形式合于注释之中，对校法的存古之功，丝毫未减。这种方法的普遍运用，体现竹添光鸿实事求是、严谨认真的校勘精神。为了保证校勘的质量，他搜罗、依据的版本很多。确定金泽文库善本《春秋经传集解》为校勘底本，四种宋本为主校本，石经、其他私家和坊间宋刻及旧钞为辅校本和参校本。在卷子本与各本的对校中，他一方面校出文字异同，一方面比勘优劣，互勘谬误，或以卷子本校出宋本、石经之讹，证明卷子本之优；或以宋本、石经校出卷子本之误。可以说为审定左传文意奠定了基础。

（二）本校法

刘向《别录》云："一人读书，校其上下，得谬误，为校。"即是本校法。所谓"本校法者，以本书前后互证，而抉摘其异同，则知其中之谬误"①，古籍只要出自一人之手，整部书的语言风格和思想内容就会保持一致性，本校法正是利用这个特点，从书中前后行文遣词和结构布局的完整性出发寻找依据，进行校勘的。竹添光鸿在《左氏会笺》中也用到了这种方法，兹举例如下：

1. 隐公元年传："称郑伯失教也，谓之郑志，不言出奔，难之也。"

《笺》曰："宋本郑伯下有讥字，考传例失教，不必更下讥字；石经刓灭；推每行字数，盖亦有讥字。"

案，据著述的笔法，传文阐释"失教"的原则、凡例，校订有"讥"字者，为衍文。

2. 桓公四年经："夏，天王使宰渠伯纠来聘。"

《笺》曰："桓在位十八年之中，元年冬十月、九年夏四月、十二年春正月、十三年秋七月、冬十月、十八年秋七月皆以无事书首时，而此年及七年经，并阙秋七月、冬十月六字，为春秋以后之脱文无疑。"

案，据春秋笔法及正文前后文字互证，比较其异同，从而断定其中的错误，校订脱文。

3. 宣公二年传："二年春，郑公子归生命于楚伐宋。"

《笺》曰："补碑、宋本并作受命，然传文无受字，故注云受楚命，若传本作受命于楚，则文义已明，杜可无庸注矣。《释文》亦作命于楚，云本或作受命于楚，非也。"

案，古书的注解在解说原文时，常联系原文的词句，所以原文字句是否有误，可据注文判断。上述依杜预注对传文的解释，可证《左传》原文无"受"

---

① 陈垣：《校勘学释例》卷六，《校法四例》，中华书局1959年版，第145－146页。

字，有者则为衍文。

4. 定公六年经："季孙斯、仲孙忌帅师围郓。"

《笺》曰："仲孙何忌，昭三十二年始见于《经》，自是厥后，定三年、八年、十年、十二年、哀元年、二年、三年、六年、十四年，皆书何忌。唯此《经》无'何'字，为笔削后之阙文，显然易见。《公羊》乃曰：'曷为谓之仲孙忌，讥二名。'夫当春秋时，人臣二名者多矣，圣人褒贬，岂在名之一字二字，亦断无一书再书之后，方去一字以示讥也。《公羊》讥二名之说，凿矣。"

案，据前后经文、传文所载，此经无"何"字为脱文。并驳《公羊》"讥二名"之说，以辅其证。另，笔者以为，定公六年经"夏季孙斯，仲孙何忌如晋"，又是一证。

5. 哀公十四年传："已有丧而止。"

《笺》曰："公孙不速介达，荏苒涉日之中，豹有丧而止，故曰已曰既。语势重复，不可漫然读过。或据《史记》'豹有疾而止'，读已有之已作人己之己，与石经合，然非是。"

案，《会笺》据上下文义校正《史记》、石经已作己之误。

在没有同书别本可以对校的情况下，采用本校法是一种较好的方法，当然对校与本校相结合，刊正原文就更好了。

（三）他校法

"他校法者，以他书校本书。凡其书有采自前人者，可以前人之书校之；有为后人所引用者，可以后人之书校之；其史料有为同时之书所并载者，可以同时之书校之。此等校法，范围较广，用力较劳，而有时非此不能证明其讹误。"① 所谓"他书"可能是引用本书或涉及同一内容的书，也可能是内容相近的同类书，范围很广。利用他校资料，一般而言，时代越早，越接近古籍原貌，就越可靠。所以有时他校法，比用同书异本对校，更为优长。同书异本或许是辗转传抄或翻刻而来，往往以讹传讹，反不及前代书中所引可靠。竹添光鸿在《左氏会笺》中也多次用到了这种校勘方法，试以数例观之：

1. 隐公十年经："秋，宋人、卫人入郑，宋人、蔡人、卫人伐戴，郑伯伐取之。"

《笺》曰："《公》《穀》作伐载，《释文》载，《字林》作戴，《释名》载，戴也，戴在其上也，又云：'戴，载也，载之于头也。'《荀子·解蔽》注载读曰戴，二字互相训，亦音近义同，故古多通用。《说文》䣫，故国在陈留，从邑

① 陈垣：《校勘学释例》卷六，《校法四例》，中华书局1959年版，第146－147页。

戋声，此乃本字，载、戴皆戋声，故皆得假借用之，《说文》戠孙愐音作代切，与陆氏音再合，则作载为长。《风俗通》以载为姬姓国。”

案，《会笺》将《公羊传》《穀梁传》《经典释文》与卷子本对校，指出卷子本“戴”其均应作“载”。又以《释名》《荀子·解蔽》注及《说文》分析证明载、戴、戠古音通用，戠为载、戴之本字，载、戴均假借字，并指出《说文》戠字音切与《经典释文》所载亦相合，通过援引文献，比勘核校，最终证明原文中用字，戴、载相比，作载为长。

2. 桓公十七年传：“日官居卿以厎日，礼也。”

《笺》曰：“《汉书·律历志》引此传文，师古曰：‘厎，致也。’《说文》‘厎，粟石也’，今借训为致，厎日即致日也。《尧典·敬致》冯相氏冬夏致日，言推致其期度也，杜直训厎为平，未的确。别本厎作底，非也。《说文》：‘底，山居也；一曰，下也，都礼反。’唯襄二十九年‘处而不底’，昭元年‘勿使有壅闭湫底’，从广，音丁礼反，余皆从厂，音旨。”

案，《会笺》引《说文》指出厎与底字音异，以暗论其义有别。且据《汉书·律历志》《尚书·尧典·敬致》说明别本厎作底，非。

3. 僖公九年传：“里克、㔻郑欲纳文公。”

《笺》曰：“《晋语》《秦本纪》作丕郑，《说文》：‘丕，大也。’汉石经《尚书》丕作㔻，《五经文字》云：‘丕、㔻，上《说文》，下《石经》’，是㔻为隶变体。”

案，《会笺》以卷子本《国语·晋语》《史记·秦本纪》对校，校出异文，后引《说文》、汉石经《尚书》《五经文字》证明异文丕、㔻的字体演变关系。

4. 定公九年传：“猛笑曰：‘吾从子，如骖之有靳。’”

《笺》曰：“《释文》作如骖之靳，云或作如骖之有靳，非。然《诗·小戎》《释文》《说文》《系传》引并作如骖之有靳。《郑风·太叔于田》《正义》引之亦作如骖之有靳，则是孔本原有‘有’字，与沈重所引同。不当改孔以从陆也。”

案，《会笺》用卷子本与《经典释文》所载《左传》一本对校，揭示两本文字异同。并引《诗经·小戎》篇《经典释文》的载录和《说文》《系传》及《诗经·郑风·太叔于田》《正义》说明《经典释文》所载《左传》一本无“有”字，非。

5. 哀公十一年传：“季孙曰：‘须也弱。’有子曰：‘就用命焉。’”

《笺》曰：“子有（案：此处当为有子，《会笺》抄刻致误）者，冉求字也。刘敞云：‘仲尼门人字，多云子某者，不得云有子也，有子当作子有，传写误之矣。’然古人于字下加子字，如匡章称章子、田盼称盼子、田婴称婴子，田文称文子，魏冉称冉子，此类甚多。冉有称有子，不必倒转也。”

案，《会笺》引文献中相类情况，证明文中作“有子”不误，并驳刘敞“有子当作子有”之说。

他校法需要广征博引典籍文献，方可证成其说，所以只有熟悉古籍才能很好地使用他校法。运用他校法，首先要了解各个时代四部典籍的存佚情况，特别是现存古籍的情况，并要掌握大量常用文献，尤其是类书的内容梗概。这都要求校勘者学识渊广、博闻强记，具有广博的目录学知识。《左氏会笺》中诸多他校内容正体现了竹添光鸿宏富的学识和深厚的目录学修养。

（四）理校法

“段玉裁曰：‘校书之难，非照本改字不讹不漏之难，定其是非之难。’所谓理校法也，遇无古本可据，或数本互异，而无所适从之时，则须用此法。此法须通识为之，否则卤莽灭裂，以不误为误，而纠纷愈甚矣。故最高妙者此法，最危险者亦此法。”①

理校法是运用分析、综合等推理方式进行校勘的方法。理校通常需要从文字、音韵、训诂、文体、历史文化知识等方面找寻推理的依据，而不是主观臆断。运用理校可以在没有资料可供对比校勘的情况下，没有任何对证的情况下，对原文讹误进行核校，推定古书中文字的讹误；也可以对对校、本校、他校方法所校出的异文推断正误，论证是非。《左氏会笺》中有不少地方用理校法进行校勘，且举例释之：

1. 隐公八年传：“无骇卒，羽父请謚与族。”

笺曰：“岳本謚作諡也。经文字謚、諡二字音常利反，上《说文》，下《字林》，以謚为笑声，音呼益反，今用上字；据此《说文》作謚，并不从兮从皿，即《字林》以謚代諡，亦未尝增一从兮从皿之字。《众经音义》引《说文》亦作謚。”

案，《会笺》通过分析謚、諡在《说文》和《字林》中情况，辅以《众经音义》援引《说文》亦作謚的材料，推论出岳本謚作諡之误。

2. 桓公十三年传：“郑不堪命，故以纪、鲁及齐与宋、卫、燕战。”

《笺》曰：“石经、宋本亦皆有‘与’字，松崎复曰：‘《经》云：及齐侯、宋侯、卫侯、燕人战，“齐”下不当有“与”字。或云，齐大国，故下一“与”字，以殊三国，“及”“与”原不相复，若然《注》《疏》不容不解，今《注》《疏》无说，则“与”字恐当为衍文。’”

---

① 陈垣：《校勘学释例》卷六，《校法四例》，中华书局1959年版，第146－147页。

案：竹添氏引松崎复的推理，说明“与”字当为衍文。

3. 桓公十七年经文：“癸巳，葬蔡桓侯。”

《笺》曰：“五等诸侯，卒从其爵，葬称公，称公，非僭也。周公、太公之后，皆侯爵耳，故曰齐侯、鲁侯；而太公之子孙曰丁公、曰乙公、曰癸公，周公之子孙曰考公、曰炀公、曰幽公，皆成康之盛世，亦可谓之僭乎？则诸侯称公者，礼也。今蔡桓侯葬而书侯，修经之后，传写误耳。”

案：竹添氏据周代诸侯卒从其爵，葬称公之制，推断《经》文“蔡桓侯”应为“蔡桓公”之误。

4. 宣公二年经：“秋，九月乙丑，晋赵盾弑其君夷皋。”

《笺》曰：“朱梁补碑，弑误殺。唐石经立于京师务本坊，天祐中改筑新城，而石经在城外，梁时刘鄩守长安，移碑入城。《左传》亡去宣公两碑，当时补刻，非奉朝命，故字迹丑恶，纰缪甚多。全忠祖名信，父名诚，故信字、成、城字，俱阙笔避梁讳，而遇唐讳亦乃阙笔，其字体之缪，如盾作盾，穿作穿，鍼作鍼，竸作竞者甚多。”

案，竹添氏以卷子本与朱梁补碑对校，校出异文弑作殺，但其据补碑产生的历史情况判断补碑错误多多，盖将弑误作殺。

5. 定公二年传：“阍乞肉焉，夺之杖，以敲之。”

《笺》曰：“《说文·殳部》有毃，云：‘击头也，从殳高声。’孙愐音口卓反。《支部》有敲，云：‘横擿也，从支高声。’徐曰：‘从旁横击也。’孙愐音口交切。今毃作敲，转写之误也。”

案，《左氏会笺》通过《说文》的《殳部》《支部》所收字，区别了敲与毃意义之不同，以此结合文义推断原文中敲字误，当作毃。

6. 定公四年传：“王于是乎杀管叔，而蔡蔡叔。”

《笺》曰：“上蔡当作𥻆，《说文》：‘𥻆，散之也。从米殺声。’𥻆为放散之义，故训为放也。隶书改作，已失字体，𥻆字不复可识，辨已见前。”

案，《会笺》将《说文》中𥻆的字形、字义和《左传》句义结合，分析说明文中上蔡当作𥻆，并推断𥻆被误作蔡，原貌已失，是文字隶变的结果。

7. 定公五年传：“复命子西问高厚大小焉。”

《笺》曰：“宋本无‘大小’二字，石经旁增。《正义》曰：‘董遇云：问城高厚丈尺也，本或有小大者，涉下文而误耳。’”

案，《会笺》引《正义》据上下文内容的推理，说明卷子本有“小大”为衍文，暗论宋本为是。这就是在对校出异文的基础上进行的论证其是非的理校。

理校一般是没有资料凭借或对证而靠推理判断进行的校勘，工作难度较大。

校勘者只有具备丰富广博的知识，才能洞烛幽微，发现古籍中的校勘问题，而后运用各种知识分析研究所要校勘的对象，解决问题，得出定论。竹添光鸿在《左氏会笺》校勘工作中对理校法的运用，亦反映了他具有渊广的汉籍古典文化知识。如上述诸例中，竹添氏若不精通文字、音韵、训诂，就无法分辨敲与毃、謚与諡之别，卷子本敲与毃、岳本謚与諡，形近致误；若不通晓古今文字形体的演变，就无法说明𣪠与蔡的隶变关系；若不了解石经、朱梁补碑的历史渊源，就无法推断朱梁补碑以弑为殺之误；若不知晓礼制就无法辨明蔡桓侯为“蔡桓公”之误。

总之，若不是竹添氏拥有丰富的学识，他不可能发现各种校勘问题，更莫论解决问题了。

（五）综合考辨法

在校勘实践中将对校、本校、他校、理校几种方法结合起来使用的方法，为综合校勘法，即综合考辨。较单用一种校勘法而言，综合考辨效果更好。单用一种校勘法，如对校，有时虽校出了异文，却未必能准确地判断异文的正误；再如，理校即使有时靠推理判断得出结论，不要其他证据，难免主观武断，也不一定可靠。而几种校勘法参互使用，就易于取得可信证据，纠谬正讹，断定是非。所以在校勘实践中，其实，对校、本校、他校、理校这些校勘方法往往都是综合地加以使用的。也就是说，在实际校书中，往往使用的都是综合考辨。

在《左氏会笺》中竹添光鸿也常常将多种校法综合运用于校勘中，常常能以可靠的版本对校作依据，或参考上下文义，或排比他校的文献资料，综合分析，以定是非。兹以数例析之如下：

1. 昭公十九年传：“若大城城父，而寘太子焉。”

《笺》曰：“注城父当作父城。《汉书·地理志》：‘颍川郡父城县也。’《水经注》，汝水又东南与龙山水会，水出龙山，北流迳父城县故城东。楚平王大城父城以居太子建，故杜曰：即襄城之父城县也。据《晋书·地理志》，襄城郡统父城县，谯郡统城父县。今杜解作襄城城父，乃传写误倒也。父城近叶之方城，故费无极之谗言曰：‘建与伍奢将以方城之外叛。’若城父，在今颍州府，去方城远矣。”

案，竹添氏以《水经注》引杜预注与卷子本对校，校出异文，卷子本杜注城父，《水经注》引作父城。并据《汉书·地理志》《晋书·地理志》说明城父与父城异地，在襄城郡者乃父城，非城父，卷子本杜注作城父者，乃父城之倒文。在对校与他校的基础上，竹添氏又循上下文义推理判断，其据昭公二十年传推测离方城近者为太子建所居，应是父城，由此断定卷子本杜注作城父，离方城太远，实误。这里竹添氏综合运用对校、他校、本校、理校，精确地校订出卷子本文字之误。①

竹添光鸿的论证实乃清代几家学者的说法融贯而成的。江永曰："汝水又东南与龙山水会，水出龙山龙溪，北流，际父城县故城东。昔楚平王大城城父以居太子建，故杜预曰：'即襄城之父城县也。'《一统志》：'故父城在汝州东南。父城近叶之方城。'故无极曰：'建与伍奢将以方城之外叛。'"梁履绳曰："《晋书·地理志》：'襄城郡……城父县。'杜解襄城城父县，倒写。父城于汉属颍川，城父属沛郡。"沈钦韩曰："城父前志属沛，续志属汝南。"王引之曰："昭二十传：'建与伍奢将以方城之外叛。'杜注：'城父，今襄城之父城县也。'方城山在叶县南四十里，父城故城在宝丰县西北。自宝丰东南至叶县六十八里，又四十里而至方城山。则父城故城当在方城西北百余里，正所谓方城之外也。自高诱误以沛国之城父为太子建所居，而阚骃《十三州志》《楚世家正义》并同其误，惠氏仍之以规杜，非也。"② 对比可以发现，竹添光鸿采用了江永、梁履绳的论说，参考了沈钦韩的注释，归纳了王引之的观点，折中众意，以成其说。

2. 昭公十九年传："其父兄立子瑕。"

《笺》曰："《世本》：'子游、子瑕并公孙夏之子。'下文'且以为不顺'，杜注'舍子立叔'，是杜从《世本》，以瑕为丝之叔父，则此注不当以子瑕为子游叔父，盖杜本作'丝叔父'，转写者涉《传》'子游生丝'之文，遂误丝作子游耳。"

案，此传杜预注云"子瑕，子游之叔父驷乞"，但联系上文传"是岁也，郑驷偃卒。子游娶于晋大夫，生丝，弱"，和此传"其父兄立子瑕"及下文传'且以为不顺'的杜预注'舍子立叔'，知子瑕应为子游之兄弟，即子游之子，丝的叔父，而非子游的叔父。由此，此传杜预注与下文杜预注矛盾。竹添光鸿通过本校，指出两注之异文。并援引《世本》，知下文杜注据《世本》，不误；而此传杜注误。并联系上文传的内容，推断杜注原为"子瑕，丝之叔父"，盖抄写者据上传涉及子游的内容而"误丝作子游"。这里竹添光鸿先因本校校出异文，又结合他校、理校，校定是非。考据与校勘相合，论证可云精谨。清人马

---

① 《水经注》云："汝水又东南与龙山水会，水出龙山龙溪，北流，际父城县故城东。昔楚平王大城城父以居太子建，故杜预曰：'即襄城之父城县也。'"《会笺》约取大意而用，并将其所引《左传》"昔楚平王大城城父以居太子建"误作"平王大城父城以居太子建"。因未影响校勘结果，笔者只做说明而已。

② 《春秋左传旧注疏证续》，第 1304 页。

宗琏也解说过此传杜注。马氏曰："《世本》：子瑕，子游之弟，下文且以为不顺，杜注舍子立叔。是杜从《世本》以子瑕为丝之叔。此注云：子瑕，子游叔父，乃杜之误也。"对比《会笺》可知，竹添光鸿发展了马氏之说。马氏就事论事，而竹添氏联系上下文，将其处理为校勘问题，更为合理。下文杜预注不误，前文若何轻易生误？循上下文之迹，可明杜预注原本不误，盖为后人转抄致误。

3. 定公五年传文："复命子西问高厚大小焉。"

《笺》曰："宋本无'大小'二字，石经旁增。《正义》曰：'董遇云：问城高厚丈尺也，本或有"小大"者，涉下文而误耳。'"

案：此校勘中有对校法，即卷子本与宋本、石经的对比；有他校，即引《左传正义》为证；有本校、理校，即据《左传》上下文推断正误。下文有"城不知高厚，小大何知？"《笺》曰："小大与高厚本不一例，既云小大，当云高卑厚薄。但云高厚，则'小大'字不应上属，王肃断'小大何知？'为句宜从。盖由于城麇复命，则城之大小固当具言之，而子西又从而问其高几何，厚几何，由于遂不能对，子西谓，不知高厚则所谓小大者亦不足凭矣。'小大何知？'句乃是倒句，犹云：'城不知高厚，何知小大乎？'"联系下文传文及《会笺》，清楚地了解到子西与对话者的谈话内容及过程，而此处的定公五年传文就包括在其中，依当时情景，城建完后，与子西对话者先去汇报了城的大小，君又命子西问高厚，对方不能答，子西不悦，就说："城不知高厚，何知小大？"意味对方先前汇报城的大小，也是虚言。由此推断，君复命子西的问话自然不会再问小大，只问高厚而已。但因子西怒语，才带出前言云"城不知高厚，何知小大？"。此处的定公五年传文不应有"大小"可知矣。剖析竹添氏细腻的推理过程，不能不认为他关于石经、卷子本涉下文而误的论断是可信的。

4. 定公十二年传："子伪不知。"

《笺》曰："《释文》'伪'作'为'，云一本作'伪'。成九年，'为将改立君者'，《释文》曰：'本或作伪将也。'是'为'读'伪'之证，此处传文作'为'，故杜注云：'佯不知。'若本作'伪'，则无烦注矣，当据《释文》定作'为'。"

案：竹添氏通过杜预注推断此传文中"伪"原应作"为"，且辅以《释文》及成公九年传文作为佐证，这就将推理判断与他校法、本校法相配合，运用于校勘活动中。

5. 哀公四年传："公孙翩逐而射之，入于人家而卒。"

《笺》曰："宋本'人家'作'家人'，说者因谓家人言民家。《鲁世家》'迁于下邑为家人'，《汉书·汲黯传》'家人失火，屋比延烧'，师古曰'家人犹言庶人家也'，《冯唐传》'夫士卒尽家人子，起田中从军'，师古曰'家人子谓庶人家之子也'，《高祖本纪》'不事家人生产作业'，《光武纪》：'刘縯不事家人居业'，皆谓不学庶人家之操作也。《游侠传》：'子独不见家人寡妇邪？'亦谓庶人家之寡妇也。然《传》作'家人'，杜注不可无注，而无之，则杜本作'人家'明矣。"

案：竹添氏引用大量文献说明"家人"在古汉语中有专指意义，与"人家"不同。且据传文杜预注没有对这一具有特殊意义的名词作以解说这一现象，断定杜预所见到的《左传》原文为"人家"，由此暗示出宋本作"家人"是后人传写之误。这一校勘过程中既有卷子本与宋本的对校，又有引用《史记》《汉书》等大量文献为证的他校，更有通过杜预注内容揣测推理的理校法，几种办法粹合一体，得出了令人信服的结论。

6. 哀公十六年传："（石乞）曰：'市南有熊宜僚者。'"

《笺》曰："熊，姓；宜僚，名。《释文》云'本或作熊相宜僚'，盖因宣十二年楚有熊相宜僚，涉彼文而误衍耳。市南熊宜僚，亦出《庄子》。楚自有熊氏、有熊相氏，熊负羁见宣之传，熊相禖见昭之传。"

案，《会笺》以卷子本与《经典释文》对校，指出异文。并联系《左传》上下文，即宣十二年、宣之传、昭之传，运用本校法分析熊氏、有熊氏自别为姓氏，不相混。又引他校资料《庄子》，翼其说。终而合理推断《释文》一本作"熊相宜僚"，"相"为衍文。李富孙、吴静庵、杨伯峻亦持此说。①

本校法要求古籍的撰作出自一人之手，整体风格体例一致，对于文词歧出的著作，最好不要使用本校法。他校法要特别注意古人引书约取其意，删节原文，所据不属善本的情形。对校法只能校出文字异同，无法断定是非。理校法的推理判断可能会因主观臆断致误。这些校勘方法单独运用都有其局限性，而取长补短，综合使用则能达到良好的校勘效果。由《左氏会笺》中的这些校勘释例可见在校勘古籍工作中运用综合校勘法是非常必要的，是校勘质量的保证。

《左氏会笺》中的校勘工作全面细致，广泛周详，校勘成果比比皆是，不可殚述，但举一二大者，以见其梗概。书中的校勘不仅使卷子本更臻于精善，提供了一个可靠的《左传》版本，而且丰富了校勘学释例。

### 四、《左氏会笺》的校勘特点

《左氏会笺》中的校勘颇为繁多，不胜枚举，综观之，表现为以下几方面的

① 参见《春秋左氏传旧注疏证续》及《春秋左传注》。

特点：

（一）校勘范围广泛

竹添光鸿在校勘上，不仅广聚众本，而且博征群籍，以金泽文库卷子本与各种异本对校。前文已经提到，据《〈左氏会笺〉自序》，竹添光鸿收聚了汉、唐石经、宋代官刻本、家藏本、坊刻本、数种旧抄本等各种版本与精心挑选的卷子本《左传》，参互比勘，校出异同，订正讹误，判定是非短长。除此而外，他对相关文献古籍亦普收广采，将其中所著录的异本，所援引的《左传》材料及相类内容，与卷子本《左传》一一雠校，互勘异同优劣。比如：

1. 桓公十一年传："莫敖患之。"

《笺》曰："莫敖，《汉书·五行志》作莫嚣，注颜师古曰字或作敖。"

案，《会笺》以《汉书》对校，校出异文。

2. 桓公十七年传："高伯为其戮乎？复恶已甚矣。"

《笺》曰："《韩非子》亦载此事，复恶作报恶。"

案，《会笺》以《韩非子》对校出异文。

3. 昭公十六年传："既成贾矣，商人曰：'必为君大夫。'"

《笺》曰："《释文》云'本或作價'，《说文》價新附俗字，古但通用贾字。"

案，《会笺》以《释文》所录一本校对，校出异文，并指出卷子本贾与《释文》所录一本價，二字为古今关系。

4. 定公四年传："（伍员）谓申包胥曰：'我必复楚国。'"

《笺》曰："此复字当读为倾覆之覆。《史记》作覆楚，《鲁语》夕而习复，韦注云：'复，覆也。'《论语·学而篇》言可复也，孔注曰：'复犹覆也。'是复、覆声近义通，《周易·乾传》'反复道也'，《释文》本亦作'反覆'是其证也。"

案，《会笺》以《史记》对校，校出异文，并援引《国语·鲁语》《论语·学而》《周易·乾传》《经典释文》，考证古籍中复与覆的通假关系。

5. 定公六年传："获潘子臣、小惟子。"

《笺》曰："小惟子，《吕览·察微》引作小帷子。"

案，《会笺》以《吕览》对校，校出异文。

6. 哀公六年传："孔子曰：'楚昭王知大道矣。"

《笺》曰："《释文》云：'大道本或作天道。'非。"

竹添光鸿所引群籍，诸如《经典释文》《诗经》《史记》《汉书》、诸子之书、《说文解字》《文选》注等，遍及四部，不可胜数，可谓繁夥。

竹添氏广备众本，博览众籍，异本罗布，校对的范围十分广泛。不唯对卷子本及石经、各种宋本、旧抄本进行了校勘，其将各文献所录异本、异文与手中版本参酌比勘，仔细雠正，亦不啻通校了有关《左传》的古书。

（二）校勘内容丰富

竹添光鸿不仅将《左传》的各种版本及有关文献对校了文字异同，校正了讹文、脱文、羡文、倒文各种古籍中的错误，而且对标点的错误，句子、篇章的错简也做了校正。比如：

1. 隐公三年传："不书姓。"

《笺》曰："又以'不书姓'三字下属为句，文义割裂不可从。"

2. 桓公六年传："周人以讳事神，名终将讳之。"

《笺》曰："《淮南子》曰：'祝则名君。'高诱注云：'周人以讳事神，敬之至也。'《曲礼》郑注引《春秋传》曰'名终将讳之'，皆以神字绝句，《释文》以名字绝句，非也。"

3. 定公五年传："城不知高厚，小大何知？"

《笺》曰："小大与高厚本不一例，既云小大，当云高卑厚薄。但云高厚，则'小大'字不应上属，王肃断'小大何知？'为句，宜从。"

4. 哀公十五年传："吴子使大宰嚭劳，且辞曰：'以水潦之不时，无乃廪然陨大夫之尸，以重寡君之忧，寡君敢辞。'上介芋尹盖对曰：'寡君闻楚为不道……'"

《笺》曰："'上介'下属，《释文》属上，非。"

从这些例子可以看出，竹添光鸿结合上下文义，利用相关文献，对《左传》的句读也做了校勘。

再如：

1. 隐公十一年传："师出臧否亦如之。"

《笺》曰："《注》'灭而'以下当在后，不书于'策'之下，转写误属此。"

案：该传杜预《注》："臧否谓善恶得失也。灭而告败，胜而告克，此皆互言，不须两告乃书也。""灭而"后的杜注内容与此传内容无关，却与下句传"虽及灭国，灭不告败，胜不告克，不书于策"相关。竹添光鸿将上下传文及杜预注对比，证明杜预注中"灭而"句发生错简，本应属下文后注，转写而误至此。

2. 昭公三十二年传："各有妃偶。"

《笺》曰："或疑此解本在'贰也'下，误出于此。"

案，杜注云“谓陪贰”，解该句，义有牵强。竹添光鸿认为它应该是传文“王有公，诸侯有卿，皆其贰也”句下之解，窜入此句，为错简。揆之以理，确为可信，宜从。

竹添氏对句子、篇章等顺序发生前后颠倒、错乱之误也进行了校正。他校勘句读、错简的例子也不少，不可一一尽数。总之，从文字、句读到句子、篇章次序，《左氏会笺》所涉及的校勘内容是比较丰富的。

（三）校勘的方法多种多样

如上举例所示，竹添光鸿在《左氏会笺》中或以本书上下对读，循文而校；或错举他刻，择善而从；或以群书所引，校其异文，改其误字，补其脱漏；或推理判断，以定是非；或本书、他本、群书折中考虑，综合分析，自为审断。他运用了对校、本校、他校、理校，综合考辨多种校勘方法，对《左传》的版本进行雠校，不仅使卷子本更趋精善，而且丰富了校勘学的释例，也为校勘学理论的发展积累了一些实践经验。

（四）参用清人研究成果

有清一代，随着考据学、训诂学的勃兴，校勘学也得到了更大的发展。清代许多小学功底深厚的学者如戴震、段玉裁、王念孙、王引之等很善于把考证用于校勘，使考据与校勘结合，以此校正古籍，往往多所创获。这种治学方法对竹添光鸿也产生了很大的影响。一方面，在校勘中，他时常依据文字、音韵、训诂知识，或考证异文的是非正误，或论明异文的通假、古今关系，这点从前文所举例中，可以窥见一斑；另一方面，利用了许多清人关于《左传》的校勘成果。兹举例观之：

1. 隐公八年传：“无骇卒，羽父请謚与族。”

《笺》曰：“岳本謚作諡也。经文字謚、諡二字音常刊反，上《说文》，下《字林》，以謚为笑声，音呼益反，今用上字。据此《说文》作謚，并不从兮从皿，即《字林》以謚代諡，亦未尝增一从兮从皿之字。《众经音义》引《说文》亦作謚。”

案：《会笺》引段玉裁《说文解字注》校正岳本謚作諡之误。

2. 隐公八年传：“诸侯以字为謚，因以为族。”

《会笺》引阮元《春秋左传正义校勘记》驳杜预读“诸侯以字”句绝。

3. 僖公十五年传：“穆姬闻晋侯将至，以大子弘与女简、璧登台而履薪焉，使以免服衰逆，且告曰：‘上天降灾，使我两君匪以玉帛相见，而以兴戎。若晋君朝以入，则婢子夕以死；夕以入，则朝以死。唯君裁之。’”

《笺》曰：“《释文》云：‘曰上天释灾至此，凡四十七字，检古文皆无。寻杜注亦不得有。有是后人加也。'《释文》'四十七字'，七当作二，盖传写之误。《正义》亦云：'《左传》本无此言，后人妄增耳。'然《列女传》叙穆姬并从传文而有此语，则汉时古本旧有焉。孔陆之本，偶尔褫夺耳。孔又以杜解婢子不于此，而于二十二年，徵此文妄增。然杜解不注于前而注于后，亦复不少，则唯此一义不足为徵也。"

案，清人臧琳《经义杂记》①、洪亮吉《春秋左传诂》、沈钦韩《春秋左氏传补注》都讨论过《经典释文》与《左传正义》所提及的此处衍文问题。臧琳、洪亮吉肯定《释文》说，而沈钦韩持论相反。竹添光鸿采用了沈钦韩的结论，但具体论述对臧、洪二家亦有参考。如辨《释文》"四十七字，七当作二"等，可为其证。对比竹添氏与几家阐述可知，他在《左氏会笺》中的提法是融合了众家之说冶于一炉而出之，并非简单抄撮而已。竹添氏先以卷子本与《经典释文》《左传正义》对校，校出异文。后据《列女传》说明汉时古本《左传》有此，以证卷子本不误，说明《释文》《正义》本脱文。并驳孔疏"杜解不注"之说，以增佐其证。竹添氏证说有据，理固宜然，足为可信。

4. 昭公七年传："有加而无瘳。今梦黄熊入于寝门。"

案，传文熊字，《经典释文》以为"亦作能，读如字"，且"今本作能者胜也。"《左氏会笺》参用清王引之《经义述闻》驳之。

5. 定公十五年传："十五年春，邾隐公来朝，子贡观焉。"

《笺》曰："汉《论语》石经作子赣。"

案，此系引李富孙之说。《会笺》并引《说文·贝部》加以分析，以说明作子赣为是。但吴静安《春秋左氏传旧注疏证续》云："子贡见《论语》，《史记》《仲尼弟子列传》《货殖列传》《十二诸侯年表》《乐书》《吴世家》《伍子胥传》《鲁世家》《孔子世家》《儒林列传》均载之。"杨伯峻亦如是说。据此，竹添氏之说不免牵拘，从约定俗成的角度看，作子贡也不误。

6. 哀公十四年传："司马牛致其邑与珪焉，而适齐。"

《笺》曰："《论语》《左传》并称司马牛，则牛是其名，犁其字。史传以耕为名者，盖因冉耕字伯牛而误也。"

案，《会笺》参梁履绳说，以证"《史记·仲尼弟子传》作司马耕"之误。

7. 哀公十六年经："夏四月己丑，孔丘卒。"

案，杜预注云："襄二十二年生，至今七十三也，四月十八日乙丑，无己丑，己丑五月十二日，日、月必有误。"《史记·孔子世家》谓孔子生于鲁襄公

① 《左传衍文卅二》，《清经解续编》卷204，上海书店1988年版。

二十二年，享年七十三岁，由此知杜注所据。而《公羊传》《穀梁传》俱谓生于鲁襄公二十一年，宋吴文英、清俞樾等以此为据，博征文献，引申发挥，论说《史记·孔子世家》记载有误。竹添光鸿采吴文英、俞樾之论入于“笺曰”中，以驳斥杜预注“日月必有误”之说。并援引钱大昕古人周一岁为一年的观点，弥缝吴文英（称享年七十四）与俞樾（称享年七十三）说法的矛盾。关于孔子生年与享年，杨伯峻《春秋左传注》说，《左传》无载，而《公羊传》《穀梁传》与《史记·孔子世家》又歧出，前后有一岁之差，因而古今聚讼二千余年莫能定。① 所以竹添氏所引亦只备一说。

8. 哀公十六年传：“晋人使谋于木请行而期焉。”

《笺》曰：“俞樾曰：‘而字衍文也，左氏原文作请行期焉。’昭七年传曰：‘君若不来，使臣请问行期。’与此传文义相似。杜云‘请行袭郑之期’，是所据本未衍而字。’此说有理，俟考。”

案，《会笺》引俞樾说订正衍文。

《左氏会笺》中很多校勘都参考和利用了清代学者的研究成果，虽不可一一详述，但其受到清人校勘成就的影响从以上诸例，亦可见一斑。

（五）校勘记与注释结合。

焦循云：“校雠者，《六经》传注，各有师授。传写有讹，义蕴乃晦。鸠集众本，互相纠核。其弊也，不求其端，任情删易，往往考者之误，失其本真。宜主一本，列其殊文，俾阅者参考之也。”② 古籍不仅在流传、抄刻过程中可能产生错误，而且在校勘过程中，也可能因考订不精，以意刊改而导致讹误，以讹传讹，尽失其貌。古籍校勘的目的是要“去伪存真”，尽量恢复原书的本来面目，所以传统的校勘学反对直接改动原书，而提倡别撰校勘记以保存校勘成果。

竹添光鸿在《左氏会笺》中将校勘与注释相结合，将校勘成果体现为与注释结合的校勘记。他在传文相应的注释中融合了相应的校勘结果，使校勘记附在每条传文之下的注释之中。他的校勘记大量记录了校异内容。他罗列各本之异同，虽心知其善误，亦不妄断是非，只将异文记注下来，以存各本之真面目，使读者能够参校其异同，斟酌其是非，择善而从。他的校勘记很多地方也注明了据某本或某书对卷子本的校改。他的校勘记另有很多地方不仅胪列了各本的

---

① 关于孔子生卒时间及杜注说法之正误，宋人孔传《孔子生年月日考异》（载《东家杂记》）、洪兴祖《阙里谱系》、明人宋濂《孔子生卒岁月辨》（载《文宪集》卷二十七）及清人江永《乡党图考》（卷二）等多有辩论，可参。

② 《雕菰集·辨学》卷8，商务印书馆1937年版，《国学基本丛书》本。

异同，还通过精核细校，严密考证，判定异文的是非正误。他的校勘记包含了多种形式的校勘成果。

竹添氏创用校勘记避免了臆改原文，以意取舍异文的校勘弊病，保存了古本的真貌，他广备众本，博征群籍，搜集详细的校勘资料，胪载校勘记中，虽有时不加判断，却留给后来读者许多思考余地；而校勘记中那些判定异文是非，结合校异进行的文字考订工作，带有一定的学术研究性质，对读者更有裨益。

竹添光鸿的校勘记因与注释结合，不仅便于阐释内容丰富的校勘成果，而且融合于相应传文的注释中，十分方便读者阅读。

另外，竹添光鸿在《左氏会笺》中提出了几条校勘凡例，并能对具有普遍规律的异文现象加以总结。比如：

1. 隐公元年以前传："宋武公生仲 = 子 = 生而有文在其手，曰为鲁夫人。"

《笺》曰："宋本'仲 = 子 = '作'仲子，仲子'，石经同。凡遇重文，于本字下加 = 画以识之，是古书之体也，纲领论之详矣。"

案，此条《会笺》指出卷子本抄写的一个凡例，并再一次强调《〈左氏会笺〉自序》中所说明的处理卷子本重文的原则，由此反映出竹添光鸿对整部书的一以贯之的校勘原则，即要保持卷子本的古真面貌。

2. 隐公元年传："姜出而赋：'大隧之外，其乐也泄 = 。'"

《笺》曰："泄泄，石经避太宗讳，改作洩洩，宋以后本，皆仍唐刻。"

3. 隐公二年经："冬十月，伯姬归于纪。"

《笺》曰："注无字宋本作無。凡经、注无字，石经、宋本皆作無。"

案，《注》云："无传。"

4. 隐公三年经："癸未葬宋穆公。"

《笺》曰："穆，《公》《穀》皆作缪。凡谥曰穆者，《史》《汉》多作缪，盖古文假借。"

5. 隐公九年传："公子突曰：'使勇而无刚者，尝冦而速去之。'"

《笺》曰："冦宋本作寇，石经同，后皆从宋本作寇。"

案，此条反映竹添光鸿在《左氏会笺自序》中所云其对卷子本的俗字讹文的处理方式。再如，隐公四年传："九月卫人使右宰丑涖，敍州吁于濮。"《笺》曰："敍宋本作殺，石经同，后皆从宋本。"又，隐公四年传："君为主，敝邑以赋，与陈、蔡从，则卫国之愿也。"《笺》曰："石经、宋本弊俱作敝，后皆从之。"又如，桓公五年传："仍叔之子，㣌也。"《笺》曰："宋本㣌作弱，石经同。后皆从宋本作弱。"等都具体地体现了他的校勘原则，即凡首次遇俗字讹文，不改原文，均先校出异同，指出正俗，继而标明以后再出现皆从宋本。

6. 桓公二年传："惠之廿四年晋始乱，故封桓叔于曲沃。"

《笺》曰："石经凡经传中二十字皆作廿，三十字皆作卅，与卷子本合。……蔡邕石经《论语》云'卅而立'，又云'年卅而见恶焉'，是廿、卅、卌正古文也。"

7. 桓公八年传："冬王命虢仲立晋哀侯之弟缗于晋。"

《笺》曰："石经缗作緍，石经凡从民字，皆从氏，避讳省笔。"

8. 桓公十二年传："诗云：'君子屡盟，乱是用长，无信也。'"

《笺》曰："《释文》屡作娄，云本又作屡，娄乃古屡字。《汉书》凡屡字皆作娄。"

综上而言，竹添光鸿通过校勘，纠谬摘瑕，不仅为研究者提供了比较正确的《左传》版本，而且也积累了经验，为丰富校勘学的例证做出了贡献，可谓有功于后学。

# 结　语

我国记事之载籍，首推《左传》。其记载春秋史事富赡翔实，可以信据，是研究先秦社会历史文化的重要凭据。日本学者竹添光鸿的《左氏会笺》是一部汇释《左传》的重要著作。其在对《左传》注疏过程中，深受中国清初考证学及乾嘉考据学的影响，遵循《左传》以事解经①的原则，重视对《左传》中的实事的研究，即名物、典章制度的训诂、山川地理的考释及历史事件的考证。古文经学家所说的“以事解经”，近现代学者徐复观先生称之为“以史传经”，②他认为《左传》通过叙述历史事实，敷衍《春秋》史实以诠释《春秋》经典。那么事即史，是史学研究的主要对象。可见竹添氏的《左氏会笺》是以史学研究的主要对象和内容为主，对《左传》进行阐释说明的。加之其笺解广征博引，丰富详赡，对许多问题能做一定程度的展开讨论，所以颇具史学研究意义。

竹添光鸿的《左氏会笺》对《春秋》《左传》的注疏和研究主要表现在以下几个方面：

第一，该著是在中国清代学者掀起的纠驳西晋杜预《春秋经传集解》，提倡

---

① 《左传》之于《春秋》，不像《公羊》《谷梁》以义说经，空发大义，而能论本事作传，以明经旨。对此，历代学者多有评论。如班固云：“（左丘明）论本事而作传，明夫子不以空言说经也。”（《汉书》卷30，《艺文志》第十）桓谭《新论》云：“《左氏》经之与传，犹衣之表里，相持而成。经而无传，使圣人闭门思之，十年不能知也。”（上海人民出版社1977年版）朱熹论《春秋》纲领曰：“看《春秋》，且须看得一部《左传》首尾意思通贯，方能略见圣人笔削与当时之大意。”（《朱子语类》卷83，中华书局1988年版，第2148页）《四库全书总目提要》则谓：“《左氏》之义明，而后两百四十二年内善恶之迹，一一有征。”（永瑢等人撰《四库全书总目提要》卷26，《春秋类一·春秋左传正义》）一般来说，态度客观，实事求是的学者都认为《春秋》三传中，《左传》对《春秋》的解释更有学术价值。

② 徐复观先生认为《左传》以史传经，是让历史自己说话，与《公羊传》《谷梁传》“以义传经”，替代历史说话不同。见徐复观《两汉思想史》卷三“原史——由宗教通向人文的史学的成立”，台湾学生书局，1984年版）

恢复汉学旧注之风的影响下产生的，其对《左传》的注疏，广采前贤，特别是清人之成说；泛引相关文献，也为补正和增衍杜预注做了不少贡献。

第二，竹添氏撰著该书受清初和乾嘉学者的考证学风熏染甚深。在《春秋》《左传》的研究中，重视版本文字的校勘，强调考据，精于字词、名物训诂，详于山川地理、典章制度及史实的考索。

在校勘上，首先，竹添氏选择了日本金泽文库古钞卷子本《左传》为底本，弥足珍贵。生当于中国清代康熙、雍正间的日本校雠学家山井鼎，曾撰《七经孟子考文》，深受清代考据校勘大儒及著名学者、藏书家，诸如卢文弨、杭世骏、鲍廷博、吴骞、阮芸台等人的敬重与称好，并将该著作为他们校勘古籍之资，以其能发日本足利学校所藏中国古本为校勘之依据也。据杨守敬《日本访书志》可知，竹添氏校勘《左传》所依之金泽文库古钞卷子本，则为山井鼎所不及见。① 由此，竹添氏之校勘可补山井鼎《考文》之未备，足为《左传》校勘之资。其次，竹添氏广备唐石经、旧抄及诸种宋版《左传》，旁参相关文献，反复比勘，辨明各本文字异同、优劣，说明通假字、区别字、古今字、正俗字，校订讹误，在《左传》校勘中务求其真，必求其是，以恢复《左传》原貌为目的做了大量工作。不仅为《左传》研究提供了一个可以利用的版本，而且丰富了校勘学释例，为校勘学的发展也做出了贡献。

在字、词、名物的训诂上，竹添氏的《左氏会笺》十分精细深入，它不仅注释字、词、语言的意义，而且往往说明其所以然，有时也探求字、词之语源，求其事物命名之源；它不仅就字论字，就词论词，而能触类而长，比类而知，举一隅而反三隅，揭示规律。某种程度上，具有了通释古书的意味。其能够利用音同、音近、音转及形声字右声说等清代学者继承和发展前人而总结的声训理论和训诂实践积累的声训成果，阐明通假，解释联绵词，系联同源词，探求同族词，申明方言音转。它能够以声音为线索，探求词与词之间的意义，这就使字、词的训诂从单纯的释义阶段进入了语言研究的领域，为汉语语言学研究提供了可资借鉴的材料。它在释词上，也常常能够辨别同义词，探明词的本义、近引申义、远引申义，注意彰明词义系统自身的发展形迹；有时也或者说明字、词的古今意义的演变，或者以形索义，辨章形体，分析字形的演变，并探讨字

① 参见《山井鼎与〈七经孟子考文〉》，载梁容若著：《中日文化交流史论》，商务印书馆 1985 年版，第 192－300 页。该文原为日本学者狩野直喜大正丙寅，即 1926 年所撰《山井鼎与七经孟子考文补遗》一篇，由梁容若先生撮其精要，略参己见，转译为汉文该篇。另见杨守敬《日本访书志》，辽宁教育出版社 2003 年版，第 8 页。

形的演变与钞刻致误的校勘问题的关系。对于字、词、名物这些方面的训诂，都使竹添氏的《左氏会笺》在和杜预的《春秋经传集解》的对比中，体现出精深细致的特点。

在山川地理、礼仪典章制度、人物姓氏爵里及史事的考证上，竹添光鸿的《左氏会笺》都尽力做到详细全面。该著频繁地援据《汉书·地理志》《水经注》《括地志》《方舆胜览》《舆地纪胜》《路史》《元和郡县志》《太平寰宇记》《清一统志》等地理类书籍及清代学者江永的《春秋地理考实》、顾栋高的《春秋大事表》、沈钦韩的《春秋左氏地名补注》、洪亮吉的《春秋左传诂》等有关地理研究的成果，并旁参诸史、类书以辨认山川地望，稽考古今地理之沿革变迁①。这些都将是研究古代地舆的有益材料。《左传》氏族繁难，不易明辨；史事纷然，或有难于探明其踪者，或有惑于真伪者，《左氏会笺》于氏族名字多能征引《氏族谱》、陈厚耀《春秋氏族谱》《春秋大事表》诸书，上稽《国语》《世本》《竹书纪年》诸史，加以指认和考辨；于史事源流、真伪亦常做详尽考释和辨正，或补充史料之不足，或补正史实之阙误。在礼仪典章制度的注释上，竹添氏所下功力尤多，《左氏会笺》这方面的成绩亦尤为突出。该书能够依据《三礼》及郑玄、贾公彦诸辈经师注疏，以及清人黄以周《礼记通故》②、胡培

---

① 例如，桓十八年传："秋齐侯师于首止。"笺曰："近郑之地，亦属宋。僖五年'会王世子于首止'，即是也。在今归德府睢州治东南。"刘文淇云："服虔云：'近郑之地。'"（见刘文淇《春秋左氏传旧注疏证》所引《郑世家》集解）据此知《左氏会笺》用服虔注。又采清沈钦韩《春秋左氏传补注》所引《清一统志》的说法。杜注："陈留襄邑县东南有首乡也。"刘文淇又云："《郡国志》'陈留已吾有首乡'，刘昭注补《左传》桓十八年'齐侯师于首止'。《方舆纪要》'首乡在睢州东南'，刘恭冕云：'杜注：卫地，然服言近郑，固以首止为卫地而近郑也。'"由此《会笺》与杜同，上稽服虔和杜预注，下考竹添氏注，则可看出首止的地理沿革。但据清刘文淇《疏证》知《会笺》'宜属宋'说不确。

② 黄以周（1828—1899）字元同，清浙江定海人。同治九年（1870）举人。研经索义，积十昼夜，而知孟子"夏五十、殷七十、周百亩"之异，异在步尺，不在井疆。自谓足破二千年之疑难。如考释报祀立庙之典，明堂封禅之制，学校选举之制，皆务在求通以告。积十九年之功著《礼书通故》一百卷，考释古代礼制、学校、封国、职官、田赋、乐律、刑法、名物、占卜等，论者谓其博学详说，去非求是，足以窥见古代制礼之深意。

翚《仪礼正义》、朱彬《礼记训纂》①、孙希旦《礼记集解》②、孙诒让《周礼正义》等礼学专书，和散见于诸著中的前人特别是清人有关典制的研究成果，并参稽历代史书的“舆服制”和相关文献，对礼仪典章制度的出处、源流、具体内容及社会历史意义等问题进行了展开讨论。这些探讨都将有助于《左传》的深入研究。

从总体上看，《左氏会笺》无论是对字、词、名物的训诂，还是对山川地理、礼仪典章制度和史事的考释均能重视经籍依据，强调考据。在字、词、名物的训诂上，《左氏会笺》所采集的经史子集传注，《尔雅》《说文解字》《释名》《方言》《玉篇》等小学家书，以及音义类书之流庶几遍布全书。在山川地理、礼仪典章制度和史事的笺解上，《左氏会笺》考献征文，荟萃群书，摘发诸说，以推寻其故，详举所由，定其始终。《左氏会笺》罗致文献证据，排比材料，辗转证发，以助其论，这种强调考据的做法，不仅使其笺解多可信据，而且令其阐释深入细致。

第三，一方面竹添光鸿的《左氏会笺》深受清代乾嘉汉学影响，偏重于对《春秋》《左传》所载实事之类具体问题的考据；另一方面，竹添光鸿生长海东，身处江户中后期，一直以来，掌政的德川幕府都尊崇宋学，宋学成为江户时代儒学的主流。竹添光鸿自然受其陶染，学崇朱子。他在《春秋》经传的注疏中，不仅重视《左传》，而且多有史评和探求历史发展之迹的内容。因而其《左氏会笺》呈现出以汉学为主，汉宋兼宗的特点。竹添光鸿笺解《春秋》经传，因重事而重史，以治史法治经，其目的在于通过研究《春秋》《左传》中的名物、典章、史事以了解孔子所生活的春秋时代的社会历史状况，从而阐明孔子的“道”。正所谓其《左氏会笺》有意在名物训诂之外者。③ 由此，在注疏上具有以史为主，经史结合的特色。竹添光鸿因受乾嘉汉学影响偏重古文经学，但能不拘门户，在注释中，对《公羊传》和《谷梁传》等今文经学之说择取其

① 朱彬（1753—1834），字武曹，号郁甫，江苏宝应人。幼颖异，承乡先达白田先生教法，又及高邮王石臞、伯申父子切劘有年，以从事经传训诂声音文字之学，久遂与外兄刘台拱齐名。江都汪中尝谓：“治经者固多，义章则无作者。”故君于文用力尤深。自少至老，嗜学弗倦。一言之善，书而藏之。凡手写书数十册，丹黄者不下千册。著《经义考证》八卷，援引详确，辨订精当，阮文达为收入《皇清经解》。晚年更撰《礼记训纂》，虽仍以注疏为主，而撷其精要，纬以古今诸说，如肉贯串，其间附己意，亦恒发前人所未发。成书四十九卷，大率不薄今而爱古，不别户而分门，言简意赅，示学者之涂术焉。

② 孙希旦（1737—1784）。

③ 俞樾：《〈左传会笺〉序》。

自以为宜理者而用之，体现出以古文经学为主，今古兼采的特质。作为二十世纪初期的一部《左传》汇释之作，《左氏会笺》晚出，汲取了中日注释《左传》的重要研究成果，融会贯通，参酌明非，铸就己说，表现出博采众长，不主一家的风格。

综之，汉宋兼综，经史结合，① 今古兼采，博采众长，不仅反映了《左氏会笺》在《左传》注疏上所具有的学术集大成之特点，而且某种程度上，也反映了直接促发该著产生的清代学术对传统学术问题的总结和终结认识。

作为二十世纪初期的一部《左传》注疏的集大成之作，《左氏会笺》汲取中日前代学者，尤其是中国清代学者的研究成果，继承和发展了《左传》旧注，特别是杜预注，② 并对今人的《左传》注释之著，诸如杨伯峻《春秋左传注》、吴静安《春秋左传旧注疏证续》产生一定的影响，能被其所受容；它在《左传》注疏史上承上启下，继往开来，对《春秋》经传的注疏做出了重要贡献。它采用《左传》古本，细勘诸种《左传》版本；它细致地训释和探讨字、词、语言等问题；它深入地阐释和讨论《春秋》《左传》中名物、礼仪典章制度及史事等内容。这些工作对校勘学、汉语训诂学、汉语语言学史、《春秋》《左传》学史及上古社会历史文化的研究均能提供有价值的资料，具有重要意义。

《左氏会笺》决疑通滞，推求文理，注释丰富，对《春秋》经传的研究贡献较大，但竹添氏以一人之力，成此鸿篇巨制，难免有发挥未尽，诠释不足人意者。

比如，在其笺注上，偶有辞意不够了然，解说欠妥，或当注而漏注的，等等，皆是其不美。田宗尧和李维棻③及陈恩林④、赵群生⑤等都对其注释做过一些补正。

又如，《左氏会笺》对金石材料的利用几乎没有，亦是其瑕適。我国自宋代以来金石研究的著作已经很多，成果也很丰裕。自宋代以来许多注疏家也都很注意使用金石文佐证其说，如朱熹在其《诗集注》等传注中就能多以吉金文为

---

① 经史结合体现清代学者对《春秋》《左传》亦经亦史的观念，体现了清代学者对汉唐以来有关《春秋》《左传》经史之辨问题的终结认识。

② 研究者证明杜预注吸取了大量汉人旧注，是对汉人旧注的继承和发展而来的。

③ 参见田宗尧《读〈左传会笺〉札记》（载《孔孟学报》1965 年第 9 期）；李维棻《竹添光鸿〈左传会笺〉论评》（载《大陆杂志》1963 年第 26 卷 10 期）。

④ 见陈恩林先生《〈春秋左传注〉辨正六则》中的“第二则”等，载《古籍整理研究学刊》，2005 年第 5 期。

⑤ 见赵生群《〈左传〉志疑》《〈左传〉志疑》（二）及《〈左传〉志疑》（三），分别载《中国典籍与文化》2005 年第 2 期、第 4 期及 2006 年第 1 期。

据作解。竹添光鸿笺注《春秋》经传没有注意利用前人这方面的成果，令人遗憾；若将其《左氏会笺》与今人杨伯峻的《春秋左传注》相比，则更突显这方面的不足。

再如，竹添氏受宋学影响，注释中往往驰发议论，高谈骋说，虽或论叙指归，常有所得；然亦致有支离蔓衍，繁累芜杂，与文旨或渺不相涉者。李维棻就曾指出《左氏会笺》这一瑕疵。此外，盖因受到程朱理学的熏陶，竹添氏议论人事，每有从封建道德的角度出发，纠缠于所谓德行者。这一点也颇为可议，当审鉴之。

尽管《左氏会笺》有些不足之处，但瑕不掩瑜。其于《左传》注释"博览群书而匠心独运，融化百花以自成一味，皆有来历而别具面目"①。既能独具特色，又能众家兼理，集其大成，可云为功甚巨，启益后学良多。对此不可不明察。

《左氏会笺》注释内容十分丰富，本书仅对其字、词的训诂，名物的辨正，山川地理的考索，礼仪典章制度的阐释及史事的考释等方面的研究情况进行了探讨。这些内容对于了解先秦社会的历史文化特征具有相当重要的作用。在《左氏会笺》的注疏中还包含着竹添氏对《春秋》经传文理的寻究，对《春秋》《左传》中历史义理和有关思想问题的认识，在本书中都没有涉及，而这些对于研究《春秋》经传的学术价值也是非常重要的，还有待于今后进一步探讨。

① 钱钟书《管锥编》引 Seneca 语，中华书局 1979 年版，第 1251 页。

# 参考文献

《左氏会笺》，（日）竹添光鸿著，台北：新文丰出版公司1987年汉文大系本。

《春秋左传注》，杨伯峻编著，北京：中华书局1981年版。

《十三经注疏》中“春秋经传类注疏”，清阮元校刻，北京：中华书局，1980年版。

《清经解·清经解续编》中“春秋经传类注疏”“经传类考证与札记”，（清）阮元、王先谦编，上海：上海书店1988年版。

《四库全书》中“春秋经传类注疏”，文渊阁《四库全书》本。

《春秋释例》，（晋）杜预，四库全书本；（清）孙星衍辑校，《丛书集成》本。

《左传纪事本末》，（清）高士奇撰，北京：中华书局1979年版。

《春秋宗朱辨义》，（清）张自超著，清光绪七年（1881）刻本。

《十三经客难·春秋客难》，（清）龚元玠撰，清道光二十六年（1846）刻本。

《春秋三传异文释》，（清）李富孙撰，北京：中华书局1985年版。

《左传补注》，（清）姚鼐著，江阴南菁书院，清光绪十四年（1888）刻本。

《读左补义》（清）姜炳璋撰，《续修四库全书》本。

《春秋左传诂》，（清）洪亮吉撰，北京：中华书局1987年版（洪《诂》）。

《左通补释》，（清）梁履绳撰，上海：上海蜚英馆，清光绪十五年（1889）影印本。

《春秋左氏传补注》，（清）沈钦韩著，商务印书馆1937年版。

《春秋左氏传地名补注》（清）沈钦韩著，北京：中华书局1985年版。

《左传杜解集正》，（清）丁晏撰，北京：文物出版社1992年版。

《左传䇲记》，（清）钱绮撰，清咸丰七年（1857）年刻本。

《春秋传服氏注》，(汉) 服虔撰，(清) 袁钧辑，《续修四库全书》本。

《春秋内传古注辑存》(清) 严蔚辑，《续修四库全书》本。

《春秋左氏传旧注疏证》(清) 刘文淇撰，北京：科学出版社 1959（简称《疏证》)。

《春秋左传平议》，(清) 俞樾，《春在堂全书》本，清光绪二十五年(1899) 刻本。

《左传别疏》，(清) 陶鸿庆著，北京：中华书局 1963 年版。

《春秋左传读》，章炳麟著，《章太炎全集》第二卷，上海：上海人民出版社 1982 年版。

《读左札记》，刘师培著，《刘申叔先生遗书》，载《刘师培全集》第四册，北京：中共中央党校出版社 1997 年版。

《春秋左氏传答问》，刘师培著，《刘申叔先生遗书》，载《刘师培全集》第四册，北京：中共中央党校出版社 1997 年版。

《读左传》，杨树达著，《积微居读书记》，北京：中华书局 1962 年版。

《左传疏证》，徐仁甫著，成都：四川人民出版社 1981 年版。

《春秋左传旧注疏证续》，吴静安撰，长春：东北师范大学出版社 2005 年版(简称《疏证续》)。

《左传微》，吴闿生著，合肥：黄山书社 1995 年版。

《敦煌写卷〈春秋经传集解〉校证》，李索著，北京：中国社会科学出版社 2006 年版。

《义府》，(清) 黄生著，北京：中华书局 1985 年新 1 版。

《群书疑辨》，(清) 万斯同著，清嘉庆二十一年 (1816) 刻本。

《古经解钩沉》，(清) 余萧客著，文渊阁《四库全书》本。

《钟山札记》，(清) 卢文弨著，北京：中华书局 1985 年版。

《戴震文集》，(清) 戴震著，北京：中华书局 1980 年点校本。

《说文解字注》，(清) 段玉裁著，上海：上海古籍出版社 1981 年影印本。

《洙泗考信录》，(清) 崔述著，载《崔东壁遗书》，上海：上海古籍出版社 1983 年版。

《广雅疏证》，(清) 王念孙著，北京：中华书局 2004 年版。

《揅经室集》，(清) 阮元著，道光三年 (1823) 刻本。

《癸巳类稿》，(清) 俞正燮撰，辽宁教育出版社 2001 年版。

《东塾读书记》，(清) 陈澧撰，北京：生活·读书·新知三联书店 1998 年版。

《春在堂随笔》,(清)俞越著,南京:江苏人民出版社1984年版。

《茶香室经说》,(清)俞越著,《春在堂全书》本,清光绪二十八年(1902)刻本。

《越缦堂日记》(清)李慈铭著,扬州:广陵书社2004年版。

《香草校书》,(清)于鬯撰,北京:中华书局1984年版。

《周礼正义》,(清)孙诒让撰,北京:中华书局1987年版。

《仪礼正义》,(清)胡培翚撰,上海:商务印书馆1937年版。

《礼书通故》,(清)黄以周撰,清光绪十九年(1893)刻本。

《礼记集解》,(清)孙希旦撰,北京:中华书局1989年版。

《世本八种》,(汉)宋衷注,(清)秦嘉谟等辑,上海:商务印书馆1957年版。

《国朝耆献类征初编》(清)李桓辑,台北:明文书局1985年版。

《文史通义校注》(清)章学诚著,叶瑛校注,北京:中华书局1985年版。

《汉学师承记·宋学渊源记》,(清)江藩撰,上海:上海书店1983年版。

《清儒》,(清)章太炎著,载《章太炎经典文存》,洪治纲编,上海:上海大学出版社2003年。

《汉学堂经解》(清)黄奭著,扬州:广陵书社2004年版。

《圆督庐日记》,(清)叶昌炽著,南京:江苏古籍出版社2002年版。

《经学通论》,(清)皮锡瑞著,北京:中华书局1954年版。

《经学历史》,(清)皮锡瑞著,北京:中华书局1959年版。

《汉籍善本考》,(日)岛田翰著,北京:北京图书馆出版社2003年版。

《左传文法研究》,何淑霜著,上海:商务印书馆1941年版。

《左传通论》,方孝岳著,上海:商务印书馆1934年版。

《中国近三百年学术史》,梁启超著,北京:中国书店1985年版。

《清代学术概论》,梁启超著,北京:东方出版社1996年版。

《清儒得失论——刘师培论学杂稿》,刘师培著,北京:中国人民大学出版社2004年版。

《两汉经学今古文平议》,钱穆著,北京:商务印书馆2001年版。

《中国近三百年学术史》,钱穆著,北京:商务印书馆1997年版。

《中国经学史》,马宗霍撰,上海:商务印书馆1937年版。

《十三经概论》,蒋伯潜著,上海:上海古籍出版社1983年版。

《周予同经学史论著选集》,朱维铮编,上海:上海人民出版社1983年版。

《清儒学记》,张舜徽著,齐鲁书社1991年版。

《西汉经学与政治》，汤志钧等著，上海：上海古籍出版社 1994 年版。

《谈艺录》，钱钟书著，北京：中华书局 1984 年版。

《左传正义六七则》，载《管锥编》，钱钟书著，北京：中华书局 1979 年版。

《春秋经传研究》，赵生群著，上海：上海古籍出版社 2000 年版。

《中国经学史》，吴雁南等主编，福州：福建人民出版社 2005 年版。

《论戴震与章学诚》，余英时著，北京：生活·读书·新知三联书店 2005 年版。

《钱大昕的史学思想》，王记录著，北京：社会科学文献出版社 2004 年版。

《明治维新史》，伊文成、马家骏主编，沈阳：辽宁教育出版社 1987 年版。

《江户时代日中秘话》，（日）大庭休著，徐世虹译，北京：中华书局 1997 年版。

《江藩与汉学师承记研究》，漆永祥著，上海：上海古籍出版社 2006 年版。

《明末清初的学风》，谢国桢著，上海：上海书店 2004 年版。

《以礼代理——凌廷堪与清中叶儒学思想之转变》，张寿安著，石家庄：河北教育出版社 2001 年版。

《清代朴学大师列传》（全三册），支伟成著，长沙：岳麓书社 1986 年版。

《清代七百名人传》，蔡冠洛编著，北京：中国书店 1984 年版。

《论六经皆史》，载《章太炎学术史论集》，傅杰编校，北京：中国社会科学出版社 1997 年版。

《清代学术探研录》，王俊义著，北京：中国社会科学出版社 1996 年版。

《清代经学与文化》，彭林编，北京：北京大学出版社 2005 年版。

《从宋明儒学的发展论清代思想史》，余英时著，台北：联经出版事业公司 1976 年版。

《历史与思想》，余英时著，台北：联经出版事业公司 2004 年版。

《先秦军事制度研究》，陈恩林著，长春：吉林文史出版社 1991 年版。

《逸斋先秦史学术论文集》，陈恩林著，长春：吉林文史出版社 2003 年版。

《左传义法》，（清）王望溪口授，王兆符传述，台北：广文书局 1977 年版。

《春秋左传研究》，童书业著，上海：上海人民出版社 1980 年版。

《春秋左传学史稿》，沈玉成，刘宁著，南京：江苏古籍出版社 1992 年版。

《春秋学史》，赵伯雄著，济南：山东教育出版社 2004 年版。

《春秋三传比义》，傅隶朴著，北京：中国友谊出版公司 1984 年版。

《春秋左氏经传集解序疏证》，程元敏著，台北：台湾学生书局 1981 年版。

《春秋左传逐字索引》，刘殿爵、陈方正主编，香港：商务印书馆（香港）

有限公司 1995 年版。

《古典的阐释》，董洪利著，沈阳：辽宁教育出版社 1993 年版。

《中国古典解释学导论》，周光庆著，北京：中华书局 2002 年版。

《经典与解释的张力》，刘小枫、陈少明主编，上海：上海三联书店，2003 年版。

《中国孟学诠释史论》，黄俊杰著，北京：社会科学文献出版社 2004 年版。

《汉籍在日本的流布研究》，严绍璗著，南京：江苏古籍出版社 1992 年版。

《日本的中国学家》，严绍璗著，北京：中国社会科学出版社 1980 年版。

《日本中国学史》，严绍璗著，南昌：江西人民出版社 1991 年版。

《日本访书志》，杨守敬撰，沈阳：辽宁教育出版社 2003 年版。

《日本汉学研究初探》，张宝三、杨儒宾编，台北：喜玛拉雅研究发展基金会，1991 年。

《日本汉学史——转折与发展》，李庆著，上海：上海外国语教育出版社 2004 年版。

《日本幕末之汉学家及其著述》，连清吉译，台北：文史哲出版社 1992 年版。

《张以仁先生七秩寿庆论文集》，张以仁先生七秩寿庆论文集编辑委员会主编，台北：台湾学生书局 1998 年版。

《章学诚国际学术研讨会论文集》，中国历史文献研究会编，北京：北京图书馆出版社 2004 年版。

《嘉庆以来汉学传统的衍变与传承》，罗检秋著，北京：中国人民大学出版社 2006 年版。